ジェンダーと政治理論

インターセクショナルなフェミニズムの地平

明石書店

Gender and Political Theory

Feminist Reckonings

メアリー・ホークスワース

新井美佐子／左高慎也
島袋海理／見崎恵子
［訳］

GENDER AND POLITICAL THEORY (1st Edition)

by Mary Hawkesworth

This edition is published by arrangement with Polity Press Ltd., Cambridge
through The English Agency (Japan) Ltd.

ジェンダーと政治理論——インターセクショナルなフェミニズムの地平　目次

凡例

・本文中の［ ］内は原著者による補足、〔 〕内は訳者による補足である。

・文献の引用に関する記述のなかの［ ］はリプリントの出版年、〔 〕は、邦訳書の出版年と引用箇所を示す。なお、原書中の引用箇所の訳については、本書「参考文献」に記載の邦訳を利用もしくは参考にした。

・文脈に応じた訳語を当てたため、各原語に対する訳語は同一とは限らない。
　例　sex の訳語として「セックス」「性別」など。

第一章　性別化された身体――挑発

「女性」が意味する対象には、先立つ統一性も、容易に認識される一束の特徴、特性、性向もない（Hartman 1997: 99）。

一九九五年八月、キンバリー・ニクソンは、〔カナダのブリティッシュ・コロンビア州にある〕バンクーバー・レイプ被害者救援協会が出した募集広告に興味を引かれた。性暴力に苦しんできた女性のために、電話相談サービスやカウンセリング・サービス、小規模のシェルターを提供するフェミニストの非営利団体であるバンクーバー・レイプ被害者救援協会は、無給のピア・カウンセラー[1]としてトレーニングを受けるボランティアを探していた。ボランティアたちは、トレーニングを受ける資格を得るために、四つの中核的な信念への賛同を要求された。すなわち、(一) 暴力はけっして女性の責任ではないこと、(二) 女性は人工妊娠中絶を選択する権利を有していること、(三) 女性は自身の性的パートナーが誰であるかを選択する権利を有していること、(四)ボランティアは、人種差別を含めた既存の偏見に継続的に取り組まなければならないこと、である。ニクソンは、これらの信念を共有していた。さらに彼女は、自身の男性パートナーによる身体的暴力および精神的暴力の被害者であるというだけでなく、性暴力の被害者でもあった。ニクソンは、バンクーバーの被虐待女性支援協会(Battered Women Support Services)の個別カウンセリングを受けた後に、被虐待女性支援協会と、身の危険にさらされている女性のためのハーフウェイ・ハウス〔社会復帰施設〕の双方においてボランティア活動に携わってきた。彼女は、性暴力のトラウマを経験している女性を助けたいと考えていたし、バンクーバー・レイプ被害者救援協会が提供するトレーニングの受講者としてふさわしいと感じていたので、そのトレーニング・プログラムに応募した。彼女は、電話と対面による面接を経て、そのプログラムに加わるよう促された。しかしながら、トレーニング受講中の休憩時に、ニクソンは、トレーニングを担当するダニエル・コーミアに呼び出され、生まれてからずっと女性であったのかどうかをたずねられた。ニクソンは次のように答えた。「私は、生まれてからずっと私という人間であり続けてきました。私は女性なのです。私は、ただ間違った形で生まれてきただけです(I was just born wrong)」。彼女は、性別適合手術を一九九〇年に受けたことを認めた。それでコーミアは、「レイプ被害者救援協会でボランティアになるためには、生まれてからずっと抑圧されてきた女性でなければならないのです。ニクソンは男性として生きてきたので、参加できないのです。男性は、トレーニング・グループに参加することが認められていないのです」(Wall 2007)といい、ニクソンに去るよう求めた。

ニクソンは、トレーニングから排除された日の翌日に、ブリティッシュ・コロンビア人権裁判所に提訴した。この裁判所は、人種、肌の色、性別、性的指向、宗教、障がい、年齢に関わる差別事案を解決するために、州政府によって創設された。裁判所は、未処理案件を抱えていたため、二〇〇〇年一二月になるまで審理は開始されなかった。その開始を待つ間、バンクーバー・レイプ被害者救援協会は、ニクソンに対して公式に謝罪すること、そして「感情を傷つけたこと」に対する補償として五〇〇ドルの支払いを申し出た。同時に、資金調達委員会に加わって協会の仕事に参加できるようにするとも申し出た。しかしながら、トレーニング・プログラムから彼女を排除した決定の見直しについては拒否した。ブリティッシュ・コロンビア人権裁判所は、二一日間続いた審理と、一一か月にわたる追加の審議の後に、バンクーバー・レイプ被害者救援協会はニクソンを差別したとの判決を下し、ニクソンの自尊心と尊厳を傷つけたことに対する補償として、七五〇〇ドルの罰金——裁判所の歴史のなかで最高額の賠償金——を科した。裁判所は、「レイプ被害者救援協会の行為は、ニクソン氏の尊厳を傷つけ、彼女がブリティッシュ・コロンビアの経済的、社会的、文化的生活に完全かつ自由に参加する権利を否定した」と結論づけた（*Vancouver Rape Relief v. Nixon et al.* 2003 BCSC 1936 [150]; [　]内は判決の項番号。以降同じ）。

バンクーバー・レイプ被害者救援協会は、以下の理由から自身の行為は差別にあたらないと主張して、裁判所の決定をブリティッシュ・コロンビア上級裁判所に上訴した。すなわち、ブリティッシュ・コロンビア人権法は、「トランスセクシュアリズムを含む性自認」に対する保護を含んでいないため、裁判所はその管轄を越えていること。人権法によれば、「差別」が発生するのは、「雇用」ないし「サービスの提供」の文脈においてのみであって、ボランティア活動は対象とされていないこと。ニクソンの排除は、トレーニングのための真正な資格――女性として育てられてきた人生経験があること――を彼女が欠いていたことによるものであるため、差別ではないということ。そして最後に、ブリティッシュ・コロンビア人権法は、結社の自由の問題として、歴史的に不利益を受けてきた集団が、自身の利益を促進するために、自分たちの間で組織化を行うことを許容する特別免除（第四一条）を含んでいること、である（Namaste and Sitara 2013: 214-215）。

二一世紀の最初の一〇年間、カナダの裁判所は、分類上のスキーム、法的地位、個人的資質、主観的認識、知識の対象としての性別に関わる多くの複雑な疑問を解決することを求められた。上級裁判所判事エドワーズ（E. R. A. Edwards）によって作り上げられた「バンクーバー・レイプ被害者救援協会 対 ニクソンほか事件」（*Vancouver Rape Relief v. Nixon et al.* 2003）における判決は、国家が身体を規制する包括的な権力や、性別を決定するために国家が用いる疑わしい基準を示している。キンバリー・ニクソンは、解剖学的には女性であったし、ブリティッシュ・コロンビア政府によって付与された、法的に女性であることを示す出生証明書も所持していた。しかしながら、州上級裁判所は、解剖学と法的地位は、彼女が女性であることを立証するには不十分であると判決を下した。「ニクソン氏が女性であることを示す出生証明書の存在ないし不在をもって、本件の結論を確定させることはできない」[44]。

エドワーズ判事は、この着目すべき見解を裏づけるために、性別適合手術を受けた人々に、修正した出生証明書を発行する権限を与えるというブリティッシュ・コロンビア議会が通した法律（人口統計法第二七条）には、欠落があることを主張した。州法は、ブリティッシュ・コロンビアで生まれた人々のみに適用される。州議会は、州の境界を越えた地理上の点から出生証明書を管理監督する権限を主張することはできないので、裁判所は、ブリティッシュ・コロンビアの出生証明書が、地理的に限定されているとともに、時間的に制約されていると結論づけた。出生証明書には、氏名、家系、性別、生年月日が登録されているが、裁判所は、トランスセクシュアル[2]の場合、性別適合手術の後の性別のみを同定していると主張した。裁判所の論理は、州議会が実際には有していない権限——ほかの政治的管轄区域の市民を統治する法を制定する権限——を州議会に与えるものである。それは、出生証明書には実際には含まれていない情報——身体を変更する前の性別と、変更した後の性別——を、出生証明書が伝達していることを示唆している。さらには、裁判所の決定は、法律文書——出生証明書——の客観的地位を、それをみる人の主観的評価に委ねている。「それ〔その法律〕は、そういった証拠が、出生証明書を変更した人々の性別を確定するものとして、あらゆる人々によって受け入れられなければならないと定めたわけではない」［50］（強調は引用者による）。

エドワーズ判事によれば、キンバリー・ニクソンの性別は、物理的身体性の問題でもなければ、公式の出生証明書によって示されている法的地位の問題でもなかった。それは、バンクーバー・レイプ被害者救援協会による主観的決定の問題だったのである。そしてその協会は、「少女ないし女性として一生を過ごしたことがない人は、ピア・カウンセラーとして不適当であるという確信としての……政治的信念」［54］を抱いている。裁判所は、キンバリー・ニクソンの性暴力の経験が、ピア・カウンセラーにとっての特別な資質となりうるかもしれないと考えるよりも、トランス女性[3]は女性ではないという、レイプ被害者救援協会によるトランス嫌悪的な判断を是認した。「女性のような格好をしていたり、男性が女性のように装っていたりしても、いく分かの男性的な特徴を依然として備えているかもしれない男性カウンセラーは、極度に不安や恐怖を抱えている人々からすれば、不安を生じさせるという重大な危険がある」[29]。レイプ被害者救援協会は、「人権法第四一条に従って『特定可能な集団』としての女性の利益および福祉を促進する」ので、裁判所は、誰が女性であるのかを決めるにあたって、協会に特別な地位を与えた[84]。

「特定可能な集団」は、カナダ憲法の文脈において特別な意味を帯びている。それは、カナダ市民に対する差別禁止を義務づける三つの平等条項を含んでいる。しかしながら同時にカナダ法は、ファースト・ネーションズ[4]のような「特定可能な集団」のために特別条項を設けている。それは、ヨーロッパ入植者がやって来て以来、体系的な不利益を被ってきた人々のことである。裁判所は、ブリティッシュ・コロンビア人権法第四一条を援用することによって、キンバリー・ニクソンに対するあらゆる差別は、歴史的に不利益を受けてきた集団が、その利益促進を目的とした組織化を行うための権利との競合関係で考慮されなければならないと主張した。

この点からすると、レイプ被害者救援協会は、人権法第四一条のもと、ほかの非営利組織と同様の立場にあり、人種、宗教、家柄、肌の色などによって定義される「特定可能な集団」にどの人が当てはまるのかを決定するためには、必然的に微細な区別が必要である。人種、宗教、家柄、そしてたしかに肌の色は、長らく確立している、もしくは多かれ少なかれ明白な、下位集団、セクト、組み合わせ、傾向を有している。それに対して、この事例を特徴づけているのは、「性別」は慣習的に二分法的な概念として考えられてきたが、今となってはもはやそうではないという事実である[93]。

裁判所は、「特定可能な集団」を容易に特定することができないという可能性に対処する際に、言語に苦心している。裁判所が主張するには、過去において二分法的な分類は、性の同定を容易にすると思われていたが、もはやこれは該当しない。それでは、女性（もしくは男性）を定義するための特徴が何であるのか、そして、どの個人がそれらを備えているのかを、いかにして裁判所は知るというのだろうか。以前の社会的慣習を支配してきた、性別の二分法的な構築が存在しないので、裁判所は「女性」を定義するために、バンクーバー・レイプ被害者救援協会に従った。裁判所は、「その一生を女性として生きてきた人々として定義される『女性』が、『特定可能な集団』を構成しており、ニクソン氏は、その集団の一員ではない人として特定することができる」[88]という、レイプ被害者救援協会の基本的な主張を受け入れた。そのため裁判所は、キンバリー・ニクソンの排除は、差別にあたらないと主張した。

この論理を支えるために裁判所は、カナダ最高裁判所による決定、すなわち *R. v. Powley*（2003 SCC 43）を参照した。これは、カナダ憲法のもとにおいて特別な保護を受ける、歴史的に不利益を被ってきた集団を定義することを試みたものである。ポーリー判決は、メティスの人々、すなわちファースト・ネーションズとヨーロッパ入植者の子孫に関係するものであった。エドワーズ判事は、メティスと同様に、「女性」は、その特徴があまり確立していない「特定可能な集団」の一員であると主張した[94]。ポーリー判決は、アイデンティティを決めるために三要件からなる基準を定めた。すなわち、「自己認識、祖先とのつながり、コミュニティの受容」[96]である。しかしながら、この基準を適用するにあたって裁判所は、それぞれの基準を同程度に重視したわけではなかった。エドワーズ判事は、キンバリー・ニクソンの自己認識は矛盾しているとして、それを斥けた。「この事例において第一の基準に関しては、レイプ被害者救援協会は、ニクソン氏が自己を女性として認識していることを認めている。しかし証拠によれば、彼女は同時に、人生をもっぱら女性として生きてきたわけではないことを、コーミア氏に対して打ち明けている」[97]。

祖先とのつながり〔という要件〕は、植民地社会において問題含みの歴史を有している。そこでは、祖先とのつながりが、先住の人々から略奪を行い、「白人」の祖先とのつながりを断つために、裁判所によって頻繁に用いられた。ポーリー判決においてカナダ最高裁判所は、これらの人種差別主義的な遺産を避けようとするために、原告は「その実践が、主張されている権利を基礎づける歴史的コミュニティとの実際的なつながりを有して」いなければならないと主張した。「われわれは、最低限度の『血の濃さ』を必要としないであろうけれども、原告の祖先が歴史的なメティスに帰属しているという証拠を必要とするだろう」[32]。エドワーズ判事は、メティスと女性との間の類似性を引き出すにあたり、「性別」を生物学的な基盤に引き戻すために、祖先とのつながりの意味を再解釈した。

裁判所は、先祖による養子縁組もしくは「ほかの手段」を認めており、祖先とのつながりという基準を満たすための単一的な基盤としては、「血」もしくは遺伝的特徴を認めなかった。しかし、何が代替的な客観的要件となりうるかは決まらないままであった。もし遺伝的特徴が客観的に証明されなければならない正統な基準であるとするならば、性転換手術を行う前にあった男性の性質が存在しないことは、少なくとも女性という「特定可能な集団」のメンバーシップを認めるための客観的基盤であるように思われる[99]。

エドワーズ判事は、バンクーバー・レイプ被害者救援協会の見解を、生物学的決定論とだけでなく、「男の欠けたもの（male-minus）」として、すなわち——その特徴が、合理性、強さ、勇気、もしくは物理的性質（ペニス、精巣、顔ひげ）のいずれの観点から構成されていようと——特定の男性的な特徴を欠いている人々として女性を構築するという長きにわたるミソジニー[6]とも結びつけた。これは、フェミニストが何世紀もかけて拒絶してきた見解であるというのに。

エドワーズ判事は、特定可能な集団としての女性を議論するにあたって、「コミュニティの受容」を何よりも重要視した。これこそが、特定可能な集団におけるメンバーシップのためのもっとも客観的な法的基盤を提供すると主張したのである。「コミュニティの受容の核心は、共有されている文化、すなわち、……コミュニティのアイデンティティを構成し、他の集団から区別する習慣や伝統に、過去そして現在進行的に参加していることである」[102]。カナダ最高裁判所は、ポーリー判決において、オンタリオ州スーセントマリー〔カナダのオンタリオ州中央部の都市〕におけるメティスのコミュニティを、メンバーシップを決定することができる正統な集団として認めた。それとは対照的に、誰が女性として受け入れられ、誰が受け入れられないのかを決定する権力を有するコミュニティとして、エドワーズ判事が指名したのは、バンクーバーの女性やブリティッシュ・コロンビアのトランス女性コミュニティではなく、本件の訴訟当事者の一つであるレイプ被害者救援協会の集団であった。「もしレイプ被害者救援協会の集団がコミュニティと類似しているとするならば、ニクソン氏がレイプ被害者救援協会のコミュニティのメンバーシップの基準を満たしていなかったことはかなり明白である」[103]。

ブリティッシュ・コロンビア上級裁判所は、ブリティッシュ・コロンビア人権裁判所の決定を覆すにあたり、「小規模で相対的に不明瞭な自己定義的な私的組織」[145]として特徴づけられるバンクーバー・レイプ被害者救援協会に、ブリティッシュ・コロンビア議会ができなかったこと――「女性」を定義すること――を許可した。ブリティッシュ・コロンビア人口統計法第二七条の明示的な文言とは対照的に、バンクーバー・レイプ被害者救援協会は、女性を、「もっぱら少女ないし女性としてつねに生きてきた人々」として定義し、キンバリー・ニクソンをトレーニング・プログラムから排除するために、その定義を利用した。皮肉なことに裁判所は、このフェミニスト活動家の小さな集団は、私的組織であったからこそ、この権力を行使することができると主張した。実際に裁判所は、小さな自己定義的な集団からの排除は、差別のレベルに達していないと主張した。「自己定義的な『特定可能な集団』からの排除は、公的なプログラムの受給資格からの法制化された排除とは、客観的な意味においてけっして同等ではない」[155]。エドワーズ判事は次のように述べる。「国家行為による排除は、レイプ被害者救援協会のような自己定義的な集団による排除がけっしてもたらすことがないであろう潜在的なインパクトを、人間の尊厳に対して与えることになる。法制化された排除は、誰の目にとっても明白である。レイプ被害者救援協会がニクソン氏を排除したことは、私的なものであった。……それは、公的に尊厳を傷つける行為ではなかった」[147]。

レイプ被害者救援協会がキンバリー・ニクソンの尊厳を傷つけ、彼女が経済的、社会的、文化的生活に完全かつ自由に参加する機会を否定したという、ブリティッシュ・コロンビア人権裁判所の決定とは対照的に、ブリティッシュ・コロンビア上級裁判所は、次のように述べた。

> レイプ被害者救援協会は、州の経済的、社会的、文化的生活のうち、ほんのわずか一部分へのアクセスを提供しているにすぎない。レイプ被害者救援協会による自己定義をもとにすると、おそらくはそのメンバーの少なさにも反映されているように、当該プログラムからの排除は、州の経済的、社会的、文化的生活の傍流からの排除であって、主流からのそれではないということは、かなり明白である。そのメンバーやニクソン氏からすれば、それは重要な傍流かもしれないが、それは主観的な評価である[154]。

エドワーズ判事による判決の最終部分は、レイプ被害者救援協会のプログラムからの排除に結びつけられる公的侮辱のすべては、キンバリー・ニクソン自身の行為によるものであるということを示唆している。

人間の尊厳に対する客観的な影響という観点からすると、……レイプ被害者救援協会によるクラブのような女性の連帯からのニクソン氏の排除を、公的給付を受ける権利からの法的排除と同一視することはできない。それが、レイプ被害者救援協会とニクソン氏の間の私的な関係性を越えて、注目を集め、政治的重要性を帯びるようになったのは、単にニクソン氏が人権法の下で申し立てを始めることを選んだからというだけである [161]。

エドワーズ判事は、被害者非難の論理に共鳴して、レイプ被害者救援協会による排除に由来するあらゆる公的損失は、キンバリー・ニクソンの身から出た錆であったと主張している。彼女には、自分自身以外に責めるべき相手がいなかった。

エドワーズ判事は、最後のただし書きにおいて、「自身の尊厳が損なわれたというニクソン氏の主観的感覚に、あたかも客観的であるかのような見せかけ」[162] を与えたとして、人権裁判所を非難した。彼は、私的な諍いを公的に吹聴したとして、バンクーバー・レイプ被害者救援協会とキンバリー・ニクソンの両者を叱責した。

自ら定義した「特定可能な集団」の利益を促進するために設立された私的組織と、そのメンバーないし将来的なメンバーとの間の政治的論争において、国家による制裁を伴うペナルティを科す権限をもったレフェリーを提供することは、人権法が果たす機能ではない。この論争を解決しようとするために何年もかかったし、当事者と公庫にとっては非常に大きな損失となったはずである。本件は、こういった論争の解決にあたって、人権法がどれだけ不適当であるかを際立たせている[157]。

キンバリー・ニクソンは、不正義を救済してもらうために、人権裁判所、その次には裁判所にも訴えを起こした。ブリティッシュ・コロンビア上級裁判所を代表して、エドワーズ判事は、彼女の申し立てを、不正義の水準に達していない——したがって救済ないし賠償をすることができない——、競合する私的利益の間の個人的論争として、新たに判断し直した。

エドワーズ判事が本件を法的プロセスの濫用であると描写したにもかかわらず、さらにカナダの二つの裁判所がこの問題の検討に加わった。ニクソンは、ブリティッシュ・コロンビア上級裁判所の判決を、ブリティッシュ・コロンビア控訴裁判所に控訴した。二〇〇五年に控訴裁判所のメアリー・E・ソーンダーズ判事は、自身の見解ではレイプ被害者救援協会の行為は、実際には人権法の下では差別を構成していると述べながらも、上級裁判所の判決を支持した。ところが彼女は、キンバリー・ニクソンに対する危害は、競合する権利、とりわけ、その利益や福祉を促進するために特定の人々の集合を重要視する「特定可能な集団」の結社の自由との比較衡量で測られなければならないと認めた（Wall 2007）。ニクソンは、最終上告としてカナダ最高裁判所に対して訴えを起こしたが、二〇〇七年には最高裁は何も理由を述べることなく、事件を審理することを拒否した。カナダ最高裁判所は、時間をとられることもあって、持ち込まれた事件のうち八九％の事件の審理を拒否している（Flemming 2004: 30）。しかしながら、カナダ最高裁判所は、審理なしで本件を棄却するにあたり、キンバリー・ニクソンに対して、一〇万ドルを超えると推定される訴訟費用を支払うように命じることを選択した。

キンバリー・ニクソンは、カナダの裁判所からまったく救済を受けることができなかったけれども、その後カナダ議会は、カナダにおけるトランス女性、トランス男性、[7]ジェンダー非定の人々[8]の権利を確保するために介入した。議会は、カナダの社会的正義をめざす多種多様なアクティヴィストからの継続的な圧力を受けて、ジェンダー・アイデンティティやジェンダー表象にもとづく保護を与えるために、カナダ人権法と刑法典を改正した。「カナダ人権法および刑法を修正する法律」（Bill C-16）[9]は、圧倒的多数で下院と上院を通過し、二〇一七年六月一九日に国王の裁可を得た。これらの法の変化は、世界中の五四の国家によって支持されてきた、人権法の適用に関するジョグジャカルタ原則と足並みをそろえている。その第三原則は、あらゆる人々の人権を尊重、保護、履行すべきであるという国家の義務に関するガイドラインを提供することを意図して、以下のように規定している。

> すべての者は、すべての場所において、法律の前に人として認められる権利を有する。さまざまな性的指向および性自認の者は、生活のすべての場面において法的能力を享有する。各人が自己定義する性的指向および性自認は、自己の人格と不可分であり、自己決定、尊厳および自由のもっと

も基本的な側面の一つである。何人も、自己の性自認の法的承認のための条件として、性別適合手術、不妊またはホルモン治療などの医療処置を強制されない。いかなる地位（婚姻または親であることなど）も、個人の性自認の法的承認を妨げるために援用されない。何人も、自己の性的指向または性自認を隠匿、抑圧または否定する圧力を受けない[10]（Shrage 2012: 230）。

カナダ連邦政府による法的承認は、ブリティッシュ・コロンビア上級裁判所の判決に埋め込まれた論理の欠陥が、将来の事例に影響を及ぼさないようにすることを意図している。しかし、特定の事例における、性別やジェンダーに関わる法の条項ないし文言の意味を解釈する際に、法律家が果たす役割を排除したわけではない。本章冒頭の引用文が強調しているように、「『女性』が意味する対象には、先立つ統一性も、容易に認識される一束の特徴、特性、性向もない」（Hartman 1997: 99）からこそ、解釈は必要とされるのである。

キンバリー・ニクソンと、バンクーバー・レイプ被害者救援協会およびカナダの司法制度との対決は、数多くの難問を突きつけている。女性とは何なのか。男性とは何なのか。生物学、心理学、社会化、対人関係、法、性暴力、公的な期待、権力、政治理論は、そういった疑問に答えるのに、どのように関わるのか。男性／女性という二分法は、性別化された身体性を理解するための最善の方法なのか。特定の特徴が、女性もしくは男性として誰が「適している」のかを決定するのか。異性愛が自然であるという前提は、セックス／ジェンダーの概念の是認を、どのように構造づけるのか。いつ、そしてどのような条件において、性別の検認を受ける可能性があるのか。誰が、そういった性別の証明を要求する権利を有するのか。そして誰が、そういった証明を構成する基準を決めるのか。性自認は、プライバシー保護のもとに正当に包含されるような個人的問題なのか。それとも、正統な国家が関心を抱く、身分をめぐる争点に関わる公的問題なのか。セックスとジェンダーは政治的なのか。セックスおよびジェンダーにもとづく抑圧は、是正されるべき明白な形態の不正義なのか。国家は、セクシュアル・シティズンシップの保護者として信頼できるのか。

これらの厄介な問いに対して、政治理論の西洋的伝統は即答することができない。というのも、それは、セックスとジェンダーを、自然で前‐政治的なものとしてつねに描写しているからである。本書『ジェンダーと政治理論――インターセクショナルなフェミニズムの地平』は、標準的な説明からは一般的に省かれていた国家権力の作用を探求することによって、身体化＝身体性が深く政治的であるということを示すであろう。次章以降では、法の前の平等を憲法が保障しているにもかかわらず、人間性、公と私、市民権、自由、国家、不正義に関する一般的な概念がいかにして、女性、有色人種、セクシュアル・マイノリティ、ジェンダー非定の人々を劣位に追いやっているのかを示すつもりである。加えて、伝統的な政治理論が、従属させられたり、スティグマを刻まれたりする主体を創り上げるという国家の役割を覆い隠すことによって、有害な形態の不正義に加担してきたということをも示唆するつもりである。本書は、批判的人種理論、フェミニズム理論、ポストコロニアル理論、クィア理論、トランス＊理論[11]（trans* theory）における洞察を活用することによって、正義に関する一般的理論の射程に疑義を唱え、有害な国家の行為と不作為を可視化し、訴えることを可能にするような方法で、不正義の概念化を拡張する。

これらの主張の基礎を築くためには、標準的な政治理論に行きわたっている、セックスに関する特定の主要な前提——とりわけ、セックスは、生物学的に決定されているにせよ、神によって定められているにせよ、階層的に秩序づけられているという考え——に対して、異議申し立てすることが必要である。

セックスを解釈する

バンクーバー・レイプ被害者救援協会 対 ニクソンほか事件（*Vancouver Rape Relief v. Nixon et al.*）におけるエドワーズ判事の主張が明らかにしているように、セックスの意味はけっして明白ではない。しかしながら、多くの人々が、「男性、女性、オス、メスは、……諸文化を横断して、存在論的に所与であり、安定的である」（Stryker and Aizura 2013: 9）と前提している。これらの前提は非常に浸透しているので、社会学者であるハロルド・ガーフィンケル（Garfinkel 1967）は、セックスの固定性（不変性）に関する信念を、「自然的態度」——ジェンダーを決定的にセックスと結びつける、一連の「疑いようのない」諸原理——として特徴づけた。これらの諸原理には、次のような信念が含まれる。つまり、二つの、そしてたった二つしかセックス／ジェンダーはないという信念、セックス／ジェンダーは不変であるという信念、生殖器がセックス／ジェンダーを本質的に示すサインであるという信念、オス／メスという二分法は自然であるという信念、男らしい、もしくは女らしいことは自然であって、選択の問題ではないという信念、あらゆる諸個人は、オスかメスのどちらかに分類することができる（そして、そうでなければならない）——そういった分類からの逸脱は、冗談か病理である——という信念である。ガーフィンケルはまた、ほとんどの人々にとって、自然的態度を構成する諸信念が「矯正不能な」ことに言及していた。つまり、ほとんどの人々がそういった信念に同意しているので、その妥当性に異議申し立てすることは、不可能に近いのである（Garfinkel 1967: 122-128）。

西洋政治理論は、自然的態度の事例に満ちあふれている。理論家たちは、推定上の性差を積極的に構築してきたけれども、自身が男性と女性に割り当てた属性を、自然で、国家の手が届く範囲を完全に越えていると特徴づけてきた。アリストテレス（紀元前三八四ごろ～三二二）は、性差の言語を用いた最初の一人であった。『形而上学』において彼は、「女性と男性とは反対のものどもであり、これらの差別性は反対性である」（1058a30）[12]と主張した。アリストテレスは、女性を、男性の「欠如態」として概念化することで、栄養摂取（つまり女性はあまり食べない）という点において、（性交における「受動的」役割によって裏づけられているように）「欲望の不足」という点において、「欠陥のある合理性」（熟議的能力は存在するが、「権威」を欠いている）という点において、生命の産出という点において、——つまり「雌はつねに質料を提供し、雄はそれをつくり上げるものを提供するのである」（738b20）——女性は男性と異なることを示唆した。アリストテレスは、これらの重大な欠陥を認識して、女性を「生殖力のない雄」（728a17-21）[13]と称した。

アクィナス（一二二五～一二七四）は、アリストテレスの考えを、キリスト教神学の要求に合うように適応させた。『神学大全』（1921 ad 1; 1992 ad 1）[14]においてアクィナスは、「欠落的な」もしくは「出来損ないの男性」としての女性観、または「ほかならぬ生みということの助力者」としての女性観を維持した。しかしアクィナスは、女性を身体や再生産と結びつけて、現実の身体性をより罪深い肉欲へと巧みに転換した。西洋政治思想を千年近く支配したキリスト教神学者の中では、男性の性欲は、女性が根っからの誘惑者であることを示す証拠であると捉えられた。女性の弱い性格と肉欲的本性は、色欲、貪欲、怠惰、狡猾に陥りやすいため、男性による支配を必要とし、それを正統化したのである。

近代政治理論家たちもまた、人間の平等についての主張と、女性の自然な従属についての主張との関係はごまかしながら、不親切にも女性の「自然」を構築した。ジョン・ロック（一六三二～一七〇四）は、『統治二論』（1690 [1980]）において、政治的権威の基盤としての家父長制的権力を拒絶し、あらゆる人間は平等で合理的で、公正性と互酬性の原理によって統治されていると主張した。ところが彼はまた、結婚に同意することで、女性はその夫に「従属し」、婚姻上の不平等に同意すると主張した（Locke 1690: 38）。実際にロックは、女性がその意思を夫に従属させることへの同意を、いく分か欠陥のある合理性――それは夫によるコントロールを必要とする――を裏づける証拠と捉えたのであった（Locke 1690: 150）。

ジャン＝ジャック・ルソー（一七一二～一七七八）もまた、「自然状態」における人間は、平等、自立的、無垢、完全であると断じた。しかしながら彼は、自由と平等によって統治されている理想的な民主社会においては、女性は、「まず拘束されることになれさせて、それがけっしてつらく感じられないようにしてやらなければいけない。あらゆる気まぐれを抑えて、それを他人の意志に従わせなければならない」

(Rousseau 1762 [1955]: 332〔1964: 30〕)と示唆した。ルソーは、「自然法」という言葉を、男性と女性が異なっていなければならないと主張するために用いた。

別々の使命に従って自然の目的にむかっていくのだが、……完全な女性と完全な男性とは容貌と同じように精神も似ているはずはないし、完全性には程度のちがいということはありえない。一方は能動的で強く、他方は受動的で弱くなければならない。必然的に、一方は欲し、力をもたなければならない。他方はそんなに頑強に抵抗しなければそれでいい。この原則が確認されたとすれば、女性はとくに男性の気に入るようにするために生まれついている、ということになる(Rousseau 1762 [1955]: 322〔1964: 7〕)。

イマヌエル・カント(一七二四~一八〇四)は、女性と男性は性差に沿って社会化されるべきであるというルソーの考えに依拠して、女性を「優美な性」、男性を「高貴な性」と定義した。カントは、「両性の相互関係に於ける崇高と美の区別について」(Kant 1764: 76-77〔1964: xxx〕)という評論において、美しさの原理を例示し、自身を心情、感情、情動の産物であると理解する女性を生み出すために、あらゆる慣習が用いられるべきだと主張した。対照的に、社会が利用しうるあらゆる資源は、公正性、知性、判断、義務の原理を具現する男性を生み出すために使われるべきという。

西洋の思想家たちは、目に見えない精神、神からの命令、自然の意思に訴えることで、性差を自由に発明したり、神秘化と歪曲を是認したり、これらの「自然な」資質から政治組織のための教訓を導き出したりしてきた。欠乏、欠陥、ひねくれもの、悪魔的のいずれと想像されるにせよ、女性は従属し支配され、社会的、文化的、経済的、政治的生活への完全な参加から排除されねばならなかった。西洋哲学の伝統の内部では、セックスの解釈はつねに、男性に権力と権利を付与する一方で、女性にはそれらを否定するという、二分法的な構築に依拠している。古代世界の理論家は、その排除についてあからさまであった。つまり、「異邦人」や「生まれつきの奴隷」とならんで、女性はポリスから締め出されたのである。近代政治理論家は、より巧妙な二枚舌を使っていた。彼らは、平等や自由といった用語を持ち出したが、その「包摂的な主張」は、「排除的な効果」をもたらす実践への道を切り開いたのである（Mehta 1997: 59）。キャロル・ペイトマンが『性契約』で指摘しているように、「両性間の違いは、典型的な生まれつきの自然による違いとして提示されている。男性の女性に対する家父長制的な権利は、自然による適正な秩序を反映させるものとして提示される」（Pateman 1988: 16〔2017: 20〕）。女性は、自然に従属すると特徴づけられることで、政治参加から排除されただけでなく、その劣位には疑問を差し挟む余地がないと位置づけられた。「古典的理論家が、両性間の複雑でさまざまな扱いや関係が批判的探求の外におかれているような遺産を残した」（Pateman 1988: 222〔2017: 275〕）。

法廷における法律家のように、西洋の大家とされる理論家たちは往々にして「普遍的主体」を主張しているが、自身の主張が、特定の歴史的経験を人間の条件と誤解していることに気づいていない。シモーヌ・ド・ボーヴォワール（一九〇八〜一九八六）の言葉を借りれば、「男は自分たちの視点から世界を描き、それを絶対的な真実と混同してしまうのだ」（Beauvoir 1949 [1974]: 162〔1997: 205〕）。しかしながら、古代および近代政治思想から引き出された、これらの簡潔な例が示しているように、政治理論家たちは往々にして「自然的態度」に非常にはまり込んでいるため、女性とジェンダーに関する自身の矛盾した主張が、人間性に関する主張の内的一貫性を掘り崩していることに気づいていない。彼らは、ジェンダー化された身体性に関して展開している仮説が、不適切に正当化されていることにつねに気づいていない（Okin 1979; Osborne 1979）。自然的態度の教義の内で活動する彼らは、女性を男性と区別することが容易だと仮定しているのである。

本書は、自然的態度と、それが正当と認めるセックスとジェンダーの二分法的構築の攪乱を試みる。ダナ・ハラウェイに従って本書は、「闘いのさまざまな場面で性差の自然化に対抗する」（Haraway 1991b: 131〔2017: 250〕）。その目的を達成するために私は、性別《セックス》、性差、セクシュアリティ、ジェンダー、性自認、ジェンダー表現、身体性、生物学的物質性そのものの意味に関して、いまだ吟味されていない前提を問い直すために、フェミニズム理論、批判的人種理論、ポストコロニアル理論、クィア理論、トランス＊

理論を活用する。これらの理論的伝統のそれぞれが豊かで、多彩である。そして、その間には、多数の重要な意見の相違がある。しかし全体から見るとそれらは、人間の身体化の複雑性、流動性、歴史特有の可能性について二分法的な類型化が公平に扱えていないことを説得的に主張している。

次章以降では、フェミニズム理論に対する新たなアプローチを提供する。フェミニズム理論に捧げられた多くの著作が、西洋政治思想史に沿って定着した一連の研究に合わせて主題を設定している。この枠組みのなかでは、リベラル・フェミニズムの理論が概念化されて、マルクス主義フェミニズムや社会主義フェミニズム理論、精神分析フェミニズム理論、ラディカル・フェミニズム理論、ブラック・フェミニズム理論、ポストコロニアル・フェミニズム理論、ポスト構造主義的フェミニズム理論、そしてポストヒューマン・フェミニズム理論と比較される（Jaggar and Rothenberg 1993; McCann and Kim 2003; Tong 2014）。しかしながら、キャロル・ペイトマンがずっと前に言及しているように、「フェミニストを『ラディカル』『リベラル』『社会主義者』というように分類することは、フェミニズムがいつも二次的で、ほかの原則の補完物であることを示唆する」（Pateman 1988: x〔2017: vii〕）。私は、このようなアプローチをくり返すのではなく、政治分析のカテゴリーを問い直し、具体的な歴史状況における政治的生活の特定の次元を際立たせるために、フェミニズム理論を包括的に利用する。

たとえば、ブラック・フェミニズムの理論家が発展させた、インターセクショナリティ[15]のフェミニズム的な理論化は、ジェンダーが、人種、階級、エスニシティ、国籍、セクシュアリティから独立して研究することができるという考えを拒絶するための説得的な理由を提示している（Crenshaw 1989, 1991; Hancock

2016; Cooper 2016)。「女性」について無条件に主張することは、時間、空間、文化、階級、人種、セクシュアリティ、国籍から独立して、女性の間に有機的な関係性が存在しているという誤った考えを伝達して、重大な権力のダイナミクスを覆い隠しているかもしれない。女性間の抑圧的な関係を隠蔽するような一般化を避けるためには、インターセクショナルなアプローチが、アイデンティティの政治——排除と周辺化のプロセスが、女性間および男性間の差異の階層序列構造をつくり出す、複雑な方法——に対して細心の注意を払うことを必要とする。ジェンダーとは、複雑な支配構造の一面であるが、インターセクショナルな分析は、ジェンダーがつねに、人種、階級、エスニシティ、国籍、セクシュアリティ、能力および障がいについての前提と関連しながら、構成されていることを明らかにする。

ブラック・フェミニズムの理論家たちは、「性的二形性」の前提（二つの、そしてたった二つしか性別は存在しないという信念）、人種は生物学的現象であるという考え、性欲は特定の生殖器を所有していることから自動的に生じてくるという見解に異議申し立てするために、インターセクショナリティを理論化してきた。インターセクショナリティの研究者たちは、人種、性別、異性愛、南北の地政学によって階層化された政治秩序の標準化を黙認するのではなく、人種化とジェンダー化を分業、社会的階層化、従属の様式、欲望の構造を創出、維持するような政治的プロセスとして概念化している。さらには、生物学的決定論に関する信念の歴史的な出現——そしてその信念によってなされた政治〔学〕的な成果——を、奴隷化、植民地化、「モダニティ」の発明といった実践と複雑に結びついたヨーロッパ政治理論そのものにまでたどって検討している。インターセクショナリティは、人種、性別、セクシュアリティの自然化を受け入れるのではなく、身体性を徹底的に「脱自然化」する。そうして、男性性と女性性についての人種化された概念が、征服、奴隷、有償・無償・強制労働、法的制約、政治的地位と関連しながら、どのように構築されているのか――そして、磨きのかかった差異の階層序列構造の国内秩序、および国際レジームへと統合されていくのか――を示す。インターセクショナルな分析は、人種とセックスに関する生物学的決定論の説明が、「自然的態度」を反映するどころか、それ自体がどのように、暴力的な形態の支配を覆い隠す、人種化とジェンダー化のメカニズムであるのかを説明する（Crenshaw 1989, 1991; Roberts 1997, 2011; Hancock 2007a, 2007b, 2011, 2016; Simien 2007; Alexander Floyd 2012; Cooper 2016）。

ポストコロニアル理論と脱コロニアル理論は、セックスとジェンダーの脱自然化に対する二番目の重要なアプローチを提示している。南側諸国の理論家たちは、ヨーロッパと北アメリカに淵源を有するモダニティについての説明に異議を申し立てており、ヨーロッパの植民地主義と帝国主義を正統化するような、進歩と文明化についてのナラティブに疑義を表明した。そういった理論家たちは、歴史的特定性を主張することで、「二つのヨーロッパ中心主義の創設神話、すなわち、（一）（進化と近代化において存在している）自然状態から自由民主主義的なヨーロッパにいたるまでの軌跡としての、人類の文明化の歴史、（二）ヨーロッパと非ヨーロッパとの差異は生物学的なものであって、特定の権力の歴史の帰結ではないという神話」（Quijano 2000: 542, 強調は原著者による）に異議申し立てをした。権力のテクノロジーとしての人種と性別は、社会的分類化のメカニズム以上のものを伴っている。キハノが言及しているように、「アメリカでは、人種というアイディアは、征服によって押しつけられた支配関係に正統性を付与する方法であった」(Quijano 2000: 534)。人種についての特定の理論化は、征服された人々を、「自然な」劣位に位置づけ、ジェンダー、地位、場所、役割にもとづいて、人間集団を配分した。それは、「富の抽出、そして先住の人々の知識生産、意味形成のシステム、文化的生活、記号システム、自己理解の様式の抑圧」(Quijano 2000: 541)を正当化したので、新たな社会的アイデンティティを生み出した。ポストコロニアルの理論家は、人種と性別を自然な特徴もしくは身体的属性として扱うのではなく、人種化とジェンダー化を支配の実践として扱うのである。

人種化は、植民地時代においてはジェンダー化されていた——先住の男女や奴隷化された男女は、入植者の手によって、異なる形態の従属に苦しんだ。そして、ジェンダー化は人種化されていた——男性性と女性性の規範は、「複数の人種」にわたって、著しく異なっていた。実際に、サリー・マーコウィッツが示しているように、「セックス/ジェンダーの強固な二形性」——それは生物学的決定論の現代版と結びついている——は、ヨーロッパのブルジョワジーにしか成し遂げられない文明化の達成として認識されていた。「セックス/ジェンダーの差異は、多様な人種が『進歩する』につれて、拡大するとされてい[た]。セックス/ジェンダーの差異というイデオロギーそれ自体が、男性と女性の間の単純な二分法的対立ではなく、男性的なヨーロッパ男性と女性的なヨーロッパ女性という形式を頂点に据える、セックス/ジェンダーの差異の、人種的にコード化された等級にもとづいていると判明した」(Markowitz 2001: 391)。植民地化された女性と男性は、征服者によって、人種化、ジェンダー化、セクシュアリティ化されている。男性は女性化され、性的に虐待され、女性は性的労働および再生産労働を割り当てられたので、ジェンダー化は、先住民の男女のより平等主義的な社会関係を破壊するための強力な方法を提示した（Lugones 2007; 2010）。ヨーロッパの人々は、補完性と互酬性の規範に裏打ちされた男女間の連帯を崩壊させる性の階層序列構造を導入した。

ヨーロッパの入植者たちは、［先住民の］男女を協調的な協力関係に替えて敵対者として位置づけた。入植者は、性暴力、搾取、内縁のシステムを通じて、先住民の男女の意思を打ち砕くためにジェンダーを使用して、植民地主義とともに制度化された新たな階層序列構造を押しつけた。女性の肉体は、先住民男性が、新たな植民地の状況下で生存を交渉するための領域となった。征服者の欲望に対して、先住民女性を生贄に捧げることが、かえって文化的生存のための唯一の方法となったのである（Mendoza 2016: 30）。

ポストコロニアルな理論化は、自然とされている関係性における権力作用の分析に対する真摯な取り組みを、インターセクショナリティの理論化と共有している。

クィア理論は、「ジェンダー本質主義は、世界を誤解している。男性が男性性に、女性が女性性に結びつけられるのは、生まれながらの気質や生物学的編成によるものではなく、言説、社会的期待、社会的制約、社会的権力によるものである」（Sjoberg 2016: 7）という、ポスト構造主義の洞察に依拠している。ひとたび言説の形成的権力が認識されると、「生来的かつ『前‐社会的』な人間が存在しているという考えと、それに付随するあらゆる生物学的決定論」(Buff 2013: 68) は、支持できなくなる。クィア理論家は、身体、欲望、性愛的実践を規律する社会的規範の権力を分析するときでさえも、身体を、より多様で、さまざまな解釈が可能で、多元的で順応的であると概念化する。とりわけ、そういった理論家は、異性愛を特権化し、促進する性的なカテゴリーと言説を通じた、セクシュアリティの社会的構築を分析する。マイケル・ワーナーは、生殖を伴うセクシュアリティの標準化に関わる多様な領域を捉えるために、異性愛規範性という用語を提起した。その領域には、「ジェンダー、家族、個人の自由という概念、国家、公的言論、消費と欲望、自然と文化、成熟、再生産の政治、人種や国民をめぐる幻想、階級アイデンティティ、真実と信頼、検閲、親密な生活と社会的表示、恐怖と暴力、医療、そして身体のふるまいについての根深い文化的規範」(Warner 1993: xiii) が含まれる。リサ・ダガンは、同性愛規範性を「解体されたゲイの有権者層、および家庭生活や消費に定着した私的化、脱政治化されたゲイ文化の発展可能性を約束する一方で、支配的で異性愛規範的な前提や制度に異議を申し立てるのではなく、それらを擁護、支持する政治」(Duggan 2003: 50) として概念化し、異性愛規範性が、ゲイやレズビアンのアクティヴィズムや生活にさえ浸透していることを示した。クィア理論家は、確立された性の秩序の政治的次元を可視化することで、性の階層序列構造と二項対立論の破壊を試み、「家族構造自体のみならず、セクシュアル・アイデンティティ(レズビアン、ゲイ、ストレート〔異性愛者〕)や異性愛規範的な家族役割(母、父、親、子)をも解体し」(Thomas 2017: 430-434) ようとする。クィア理論は、「好色のスティグマを刻まれた人々と、そうした人々を規制する社会的諸勢力との関係」を分析することで、「人々、近隣地区、居住パターン、移動、都市における対立、疫学、取り締まりの技術といった現象に関して、セクシュアル・ポリティクス」（Rubin 2011: 147）の理解を拡張している。クィア理論家は、性の多様性を包含するように正義概念を拡大し、周辺化、スティグマ化、排除を是正するための戦略について創造的に考えている。

トランス＊理論は、次のような人々、すなわち、

トランスセクシュアル、ドラァグ・クイーン、ブッチ・レズビアン、異性装者、女らしい男性、男らしい女性、Female to Male (FTM)、Male to Female (MTF)、ジェンダークィア、トランス女性、トランス男性、ブッチ・クイーン、フェム・クイーン、トランスの人、ドラァグ・キング、バイジェンダー、パンジェンダー、フェム、ブッチ、スタッド、ツー・スピリット、インターセックス状態にある人々、両性具有者、ジェンダー流動的な人々、ジェンダーユーフォリックな人々、第三の性の人々、そして男性と女性といった、抑圧されるすべてのジェンダー・マイノリティ[16]（Enke 2012: 4）

を結びつけようとするアクティヴィストによる運動が、ますます増えていくという文脈から生じた。トランス＊理論は、セックス、ジェンダー、身体性についての議論に重大な洞察をもたらす。そうした洞察は、「生まれたときに割り当てられた性別に関連づけられた文化特有の期待から、ジェンダーの自己決定へと移行する」（Enke 2012: 5）人々の経験に裏打ちされている。トランス＊理論家たちは、あらゆるトランス女性は同一であるという前提のみならず、トランス女性は、シス女性（ジェンダーの自己認識が、生

まれたときに割り当てられた性別と一致している人々）とは決定的に異なるという前提に対しても、異議を申し立てた（Heaney 2017: 196）。そのような理論家たちは、トランスミソジニーを「性暴力、女性化された仕事の低評価、知的劣等に関する生物学的根拠づけによるミソジニーの影響力を、人為的もしくは不適切な女性性に対する非難と、自己が女性であることの立証義務とを結びつける、トランス女性に向けられた特定の侮辱行為」（Heaney 2017: xiii）として概念化している。トランス＊理論家たちは、人体の外形はたった二つ（男性／女性）しかないという考えや、性別は生まれたときから固定されているという信念の偽りを暴露し、「割り当てられた性別と自認している性別とがつねに一致しているとする前提、およびそうした前提が万人に当てはまるわけではないことを示すあらゆる証拠の拒絶」（Heaney 2017: xiii）に言及するために、シスセクシズムという用語をつくり出した。トランス＊理論家たちは、「多くの人間が、――性自認やジェンダー表現において――どのような種類のジェンダーが、どのような種類の身体に『付随する』のかに関する、標準的なジェンダー期待や道徳的判断に従っていない」ことを強調し、「ジェンダーの多様性それ自体が、賢明かつ繁栄する社会にとって必要不可欠な創造的多様性の一面として非常に価値がある」と言及している（Enke 2012: 4-5）。トランス＊理論は、ボーヴォワールの洞察「人は女に生まれるのではない。女になるのだ」を拡張して、「誰もが女性（もしくは男性）になる自然なプロセスなどけっして存在しない。あらゆる人々のジェンダーがつくられる」（Enke 2012: 1）ことを示す。さらには、その理論は、ジェンダー化の強制的側面を解明する。つまり、「二分法的なジェンダー規範とジェンダー・ヒエラルキーは、そこから明らかに逸脱している人々に対する暴力を通じて、確立、維持される」。このようにしてトランス＊理論は、「肉体という現実において見たり感じたりされる政治的なプロセス」（Cameron, Dickenson, Smith 2013: 3）を可視化する。

フェミニズム理論、批判的人種理論、ポストコロニアル理論、クィア理論、トランス＊理論に基礎づけられた洞察は、身体性に関する論争的な前提を分析する際に重要であるばかりか、いかにして多様な人々が、同じ物事を見ていながら、それらを異なるように認識しうるのかを説明するのに役立つ。本書で提示するフェミニズム理論へのアプローチは、どのように「事実」が論争的でありうるか、そして政治的生活に関する一見中立的な記述が、なぜめったに見かけどおりではないのかを説明することで（Hawkesworth 2006）、知識の政治について説得的に記す。男性と女性の本性に関する暗黙の前提、人種、階級、性別、セクシュアリティに関する暗黙の前提、そして正統な国家行為の射程と、社会変化の可能性に関する暗黙の前提は、特定の政策スタンスを形成するのと同じくらい、あらゆる「事実」の認識を形成している。次章以降では、確立された「事実」に異議申し立てするため、受容されている見方に異議申し立てするため、そして特定の政治的問いに対するオルタナティブなアプローチを描くために、フェミニズム理論を用いる。その主題が、ジェンダーとセックス〔第二章〕、身体化〔第三章〕、公／私の区分〔第四章〕、国家〔第五章〕、不正義〔第六章〕のいずれの意味であっても、フェミニズム理論は、認識を形成したり、主張を形づくったりする理論的前提を明らかにする。本書は、継続中の論争に関わる要点の理解を豊かにすること、ならびに政治的生活の人種化およびジェンダー化された次元の認識を可能にすることを目的として、伝統的な政治理論、法、政策、制度的実践、プロセスの分析にフェミニズム理論を採用する。
社会的正義をめぐる継続中の闘争がもたらしたもの、つまりフェミニズム理論に対するこのようなアプローチは、ヴィヴィアン・メイ（May 2015: ix）の巧みな言葉を借りるならば、「従来の考え方を揺るがしたり、抑圧的な権力に異議を申し立てたり、構造的不平等の全体構成や非対称的な人生機会についてじっくり考えたり、より正義にかなう世界を追い求めたりするために発展していった、抵抗的知識の一形態」として、おそらくもっとも適切に理解される。本書の各章では、自然的態度の制約下では考えもつかないような問いを提起し、「権力関係を混乱させ、よりよい世界を想像し、それを達成するために取り組む」（Ferguson 2017: 283）ことをめざす。

訳注

1　ピア・カウンセラーとは、同じ悩みや障がいをもつ仲間の相談に乗り、それらの克服に向けて援助する人を指す。
2　トランスセクシュアルとは、出生時に割り当てられた性別とは異なる性自認を生きている人で、とくに性別適合手術など外科的処置を望んでいる人を指す。
3　トランス女性とは、出生時に「男性」の性別が割り当てられていたが、現在は「女性」の性自認を生きている人を指す。
4　ファースト・ネーションズとは、イヌイットとメティスを除いた、カナダの先住民を指す。かつては「インディアン」という呼称が用いられていたが、近年ではこの表現が一般的である。
5　「血の濃さ」とは、誰が先住民であるのかを判断するにあたって、当該人物の血液に占める「フル・ブラッド」の先住民の血の割合を重視する考え方を指す。

6　ミソジニーは「女性嫌悪」と訳されることもあるが、そのように訳すと個人の属性の次元に還元することになり、そうした「女性嫌悪」を生み出す社会構造ないし制度を見過ごす可能性があるため、ここでは「ミソジニー」とカタカナで表記している。

7　トランス男性とは、出生時に「女性」の性別が割り当てられていたが、現在は「男性」の性自認を生きている人を指す。

8　ジェンダー非定の人々（gender variant people）とは、社会の男女二元論的な規範とは違う方法で自分自身の性自認を認識したり、表現したりする人々を指す。

9　「カナダ人権法および刑法を修正する法律」では、性自認とジェンダー表現（gender expression）が差別禁止条項として追加されると同時に、刑法で禁止されているヘイトクライムおよびヘイトスピーチの保護の対象とされた。

10　ジョグジャカルタ原則の日本語訳については、谷口洋幸（2007）「ジョグジャカルタ原則の採択によせて——性的マイノリティと国際人権」『法とセクシュアリティ』を参考にした。

11　このように「トランス」の末尾にアスタリスク（＊）をつける（trans*）ことで、トランスセクシュアルや異性装など、トランスジェンダーに関わるさまざまなカテゴリーを包括している。

12　訳出にあたって、出隆訳『形而上学（下）』（岩波文庫、一九六一年）八三頁を参照した。

13　山本光雄／島崎三郎訳『アリストテレス全集〈第9巻〉動物運動論、動物進行論、動物発生論』（岩波書店、一九六九年）一六八頁と一三四頁を参照した。

14　高田三郎／山田晶訳『神学大全　第七冊　第I部９０～１０２問題』（創文社、一九六五年）三四－三五頁を参照した。

15　インターセクショナリティとは、もともと黒人女性が交差点内で人種差別と性差別の両方に「轢かれる」状態を表現する語として用いられ、現在では差別の複数性、複合性を強調する概念として使用されている。

16　エンケの引用内での各語の説明は以下の通り。

・ドラァグ・クイーン：女性的な装いや厚化粧などを通じて、女性を誇張してパフォーマンスする人を指す。
・ブッチ・レズビアン：同性愛者のコミュニティにおいて容姿や行動が男性的であるレズビアンを指す。
・Female to Male (FTM)：「女性から男性へ」を意味し、トランス男性を指す。
・Male to Female (MTF)：「男性から女性へ」を意味し、トランス女性を指す。
・ジェンダークィア：男女どちらでもない性自認を生きている人を指す。日本ではこれに相当するカテゴリーとして「Xジェンダー」が存在する。
・ブッチ・クイーン：男性的な装いやふるまいをするゲイを指す。
・フェム・クイーン：女性的な装いやふるまいをするゲイを指す。「ブッチ・クイーン」と「フェム・クイーン」は、アメリカのドキュメンタリー映画『パリ、夜は眠らない』(一九九〇年)のなかで使われたことで、広まったといわれている。

・ドラァグ・キング：男性的な装いをし、男性を誇張してパフォーマンスする人を指す。
・バイジェンダー：男女両方のジェンダーを有している、あるいは経験する人を指す。
・パンジェンダー：多くのジェンダーを有している、あるいは経験する人を指す。
・フェム：女性的な装いやふるまいをするレズビアンを指す。
・ブッチ：男性的な装いやふるまいをするレズビアンを指す。
・スタッド：マッチョで男性的なレズビアンを指す。
・ツー・スピリット：「二つの魂を持った人」という意味。アメリカ先住民の一部の文化において、男女両方の性役割を果たすような人をこの言葉で呼び始めたことがきっかけで、現在ではトランスジェンダーを指す言葉として使われることがある。
・インターセックス：身体の性に関するさまざまな機能や形態、発達が、社会的に是認されている性別やジェンダーの定義とは合致しないという状態、またはその状態の人を指す。
・両性具有者：ジェンダー表現あるいは性自認において、男らしさと女らしさの両方が組み合わさっている人を指す。
・ジェンダー流動的な人々：アイデンティティが複数のジェンダーの間で揺れ動いたり、複数のアイデンティティを同時に経験したりする人を指す。
・ジェンダーユーフォリックな人々：自身のジェンダーが肯定されたことで強い幸福感や心地よさを感じる人を指す。
・第三の性の人々：一九世紀の性科学においては「自分と同じ性別の人に惹かれる人」を指す言葉として使われたが、現在では男性でも女性でもないアイデンティティをもつ人を指す。

第二章　ジェンダーを概念化する

あなたが私を苦しめている〈自然〉というのは嘘だ。それで守られるなんて思わないで（Stryker 1994: 240-1）。

ジェンダーは現に歴史を、論争含みの歴史をもっている（Germon 2009: 1〔2012: 4〕）。

ジグムント・フロイト（一八五六〜一九三九）は一般に「解剖学的構造は宿命である」（Freud 1924: 274）との言によってその功績を知られるが、彼の見解は西洋の伝統においてもっとも権威ある思想家たちの考えを反映している。シモーヌ・ド・ボーヴォワールは、「人間の個々を、衣服、顔、身体、笑い方、歩き方、関心、職業に関する明白な差異によって二分する」（Beauvoir 1949 [1974]: xx）複雑な過程について詳述した『第二の性』において、そうした伝統への異議申し立てをした。ボーヴォワールは、これらの差異はつねに権力によって構造化されていると論じ、性差の美化に対して警鐘を鳴らした。実際、彼女は、男性が自らの自由を主張する一方で、女性に対して「即自（en soi）――所与の状況を甘受する残酷な人生」（Beauvoir 1949 [1974]: xxxv）を強いるべく性差を利用してきたと指摘した。男性の思想家は、偶然性を否定し、特殊性を無視して、女性の服従を「変化の可能性などないような、自然な状態」として構築した（Beauvoir 1949 [1974]: xxiv）。卵巣、子宮、ホルモン、染色体、月経、もしくは妊娠が女性の運命を決定すると述べた科学者たちに対するボーヴォワールの批判は手厳しかった。彼女はまた、女らしさを「プラトン的本質」と定義した哲学的思想を酷評した。彼女は、そうした哲学的想像の産物を、特定の文化における、男性の命令に女性を従わせようとする取り組みへの加担となった危険な「男性の空想、ファンタジー」（Beauvoir 1949 [1974]: xix）とみなした。「男性は自らとの関係で女性を定義し、〔その対象たる〕女性は自律的な存在とはみなされない――その女性とは、男性が定めるもの、すなわち『セックス』だ。女性が本来的に性的な存在として男性の目に映るのは、男性が女性をそのように産出したからである」（Beauvoir 1949 [1974]: xxii）。ボーヴォワールは、〈他者〉としての女性を産出するために男性が用いた権力の複雑な様式を突き止めるために科学、宗教、法、哲学、心理学、文学、文化、教育を問い質した。男性が差別的待遇――あるいは、彼女が率直に称する「性差別」――を活用して「女性に及ぼす精神的、知的影響は大きいので、そうした影響は、〔女性の〕本性から生じているようにみえる」（Beauvoir 1949 [1974]: xxxii）。ボーヴォワールは、女性の受動性、従順、服従を生み出す進行中の過程と、黒人やユダヤ人に対する抑圧を生み出すメカニズムを比較して、人種差別と女性差別との類似点を引き出した。そして、それらを終結させることが、文明全体の課題であると指摘した。「文明全体が、男と、去勢された男との中間の生き物、すなわち女性と表現される生き物を産出する」（Beauvoir 1949 [1974]: 267）。

ボーヴォワールは性差の産出を見事に分析したが、その際にジェンダーという語を用いなかった。バーニス・ハウスマン（Hausman 1995）によれば、主観的な本質たる男性および女性の状態を意味するカテゴリーとしてジェンダーが登場するまでに、ボーヴォワールの『第二の性』の出版から一〇年を経ねばならなかった。第二次世界大戦後にようやく「毎日の生活に普及し、行きわたった、身体と関わる新技術（バイオテクノロジー、外科学、内分泌学）や表現に関わる新技術（写真、映画、テレビ、人工頭脳）」と関連して、ジェンダーはごく最近登場した（Preciado 2013: 271）。

> 自身に関する内面の認識として、すなわち実際の感情の証拠たる、性についての意識上の「私」の感覚として……ジェンダー（女性性／男性性）は概念、イデオロギー、単なるパフォーマンスのいずれでもなく、技術－政治のエコロジーである。男性もしくは女性であることの確実性は、身体（somatic）－政治の擬制である……主体性の運用プログラムを通じ、愛情、願望、行動、信念、アイデンティティの形をとって、感覚上の認知が生み出される（Preciado 2013: 272）。

プレシアードによる歴史限定的な概念化は、各自の自己意識を、労働と権力をめぐるジェンダー化された分業をはじめ、性別、セクシュアリティ、性の同定、ジェンダー役割、ジェンダーステレオタイプ、性自認、ジェンダー化された感情や感性とに結びつける事象として、ジェンダーの広がりを捉えている。しかし、ジェンダーが人間の経験におけるこれらのまったく異なる側面をどのように調整しているかは、まさしく激しい論争の的である。

本章冒頭のジャーモン（Germon 2009〔2012〕）からの引用のとおり、「ジェンダーは現に歴史を、論争含みの歴史をもっている」（Germon 2009: 1〔2012: 4〕）。この歴史を探究するために、本章ではまずジェンダーの起源と意味に関する対照的な説明の検討から始める。そして、セックス、セクシュアリティ、ジェンダーに関する社会生物学理論、フェミニズム理論、クィア理論を比較し、セックス、セクシュアリティ、ジェンダー、主体性を結びつける複雑な関係を説明する、主要な理論家たちの取り組みを分析する。

ジェンダーの歴史をたどる

デイヴィッド・ルービンによれば、「ジェンダーは複数の起源に遡ることができる」（Rubin 2012: 897）。ある通説では、ジェンダーの理解を、自然な性向と文化的な支配力とを区別して女性の抑圧を説明するフェミニストの先駆者たちの試みと関連づけている。メアリ・ウルストンクラフト（一七五九〜一七九七）は、『女性の権利の擁護』（1792〔1975〕）において、女性の特質、ふるまい、社会的役割は自然であると男性は主張しているが、実際にはすべてが激しい無理強いによって生成された人為的な産物であると論じた。ウルストンクラフトは、「男性が非常に熱心に強調する両性間の区別は恣意的だ」（Wollstonecraft 1792

[1975]: 193)とし、男性は女性を従属させるために腕力に訴え、さらにそうした従属が自然に映るよう精緻な合理化を図ったと主張した。「男性は、太古から、伴侶を従属させるために力を、また伴侶の服従の義務を示すために作り話を、駆使することが便利だと気づいていた」(Wollstonecraft 1792 [1975]: 26)。一八世紀末の数十年間、女性の服従の論理的根拠は、生物学的決定論という見解の出現とともに変化していた。哲学者、政治的革命家、そして科学者たちは女性について、身体が彼女たち自身の精神活動に大きな影響を与えるので、公的生活への参加が不適切であると主張し始めていた(Laqueur 1990)。

新たに登場したジェンダー・イデオロギーの支持者は、男性と女性は異なる性質を有していると断言し、性によって異なる社会的、経済的役割が、社会の善、そしておのおのの幸福のために割り当てられていると主張した。実際、『人権宣言』の起草に立ち会った、フランスの貴族、革命家、外交官であるタレイラン(一七五四〜一八三八)は、女性は「家庭の幸福と家族の義務だけに関わるべきだ」とフランス国民議会を説得した。彼は、憲法委員会を代表して一七九一年に議会に提出した『公教育に関する報告書』において、「自然の意志に従って」、女性は、自らの幸福と長期的な庇護の確保のために、政治的な権利を放棄すべきである(Offen 2000: 59)と論じた。ウルストンクラフトは、女らしさを怠惰、怠慢、ふしだら、空っぽの頭、性的不義といった貴族的規範と結びつけたこの新興のイデオロギーを激しく非難したが、共和主義の政治理論家や活動家に、「女性からの不健全な影響が及ばない」(Anderson 2000: 36)、男性限定の政治集会の設立を思いとどまらせることはできなかった。敵意の矛先を王から女性に替え、反貴族的な感情に触発された(Landes 1988)「自由・平等・友愛」の支持者たちは、彼らによる〔女性の〕特徴づけが圧倒的多数の女性の生活とほとんど合致しないことに気づかなかった。

イギリスの哲学者ジョン・スチュアート・ミル（一八〇六～一八七三）は、『女性の隷従』[1]（1869）において、潜在能力を抑制する多種多様な束縛から女性たちが解放されたときはじめて、女性たちの能力を知りうるのだと強調し、女性の本性に関する普遍的な主張に対し異議を唱えた。解放される前の「今日女性の本性と称されるものは、きわめて人為的なものである――強いられた抑圧の結果でもあり、不自然な鼓舞でもある」(Mill 1869 [1970]: 22)。ミルは、男性たちが、女性の最大の満足は男性からの注目と称賛の獲得にあると女性たちに納得させようとして、文学や哲学、文化的な活動の結実に相当な努力を費やしたことを示唆した。

すべての女性は、ごく幼少期から、彼女たちにとって理想とされる特質――強情でも自己統制的でもなく、従属的で他者の支配に屈する――は男性のそれとは正反対であるとの思い込みの下、育てられる。他者のために生きる――私利私欲がまったくなく、愛情なくしては生きられない――ことが女性の義務であるとあらゆる道徳規範が女性たちに命じ、また女性の本性であると現在のあらゆる感傷が物語っている (Mill 1869 [1970]: 16)。

法律が女性を教育や職業から締め出し、財産の所有を不可能にした結果である経済的な依存は、男性が好む素直な従属者の理想像を模した「女性らしい特質」の形成を促進する。

ウルストンクラフトもミルも、後のフェミニストたちがセックス／ジェンダーの区別と称するものを指し示していた。そうした先達は、女性の自己理解と願望が女性たちを限定的な社会的役割と責任に導く文化的規範によって構築されたことの説得的な事例を提示した。また、二つの、たった二つのセックスのみがあることは問題にしなかった。さらに、女らしさが人生を制約すると非難したうえで、その創出が階級や人種に特有であることも検討しなかった。しかし、女性たちの自己決定の実現性を高めるため、女性の本性に関する哲学的、科学的主張の影響力を断ち切ろうと試みた。

イギリスの社会学者アン・オークレーは、『セックス、ジェンダーと社会』（1972）において、男性の支配と女性の従属に関する議論に際し、ジェンダーという用語を導入し、自然と文化の区別を前面に押し出した。オークレーはジェンダーを「文化の問題である」と定義した。すなわち、「それは『男性』と『女性』との社会的分類を指す」（Oakley 1972: 16）。彼女は社会科学から用語を引き出し、性別分業は「性自認」や「性心理的指向」に顕著な影響を及ぼす「ジェンダー役割」であると主張した（Oakley 1972: 159）。男女間の先天的な差異に関するおなじみの主張は、自然と文化とを混同して、カテゴリーの誤りを伴っている。「セックスの差異はおそらく『自然』だが、ジェンダーの差異は自然ではなく文化に起因する。……現代社会におけるジェンダーの差異化は自然、不可避であるとの雰囲気は、それゆえ生物学的な必然ではなく、ただ人々の信念のみに由来する」（Oakley 1972: 189）。

オークレーは、女らしさ、男らしさの文化的構造にも、男女に割り当てられた役割にも、歴史的に、また文化ごとに大きな変化があることを明らかにした、数十年にわたるフェミニズム研究に着手し、生物学的還元主義——解剖学的構造が気質、能力、社会的役割を決定づけるという考え——の支配を打破するためにジェンダーを概念化した。フェミニスト研究者は、この概念化を利用し、男女間の社会的役割や諸関係の組織化に埋め込まれた権力関係の分析のために、また、ある高く評価された特性が男性と結びつけられ、ほかの、さほど評価されない特徴は女性であるゆえとされるのはなぜなのかを論証するために、そしてどのようにして女性の身体が特定の文化において監視、管理を必要とする強い欲望を意味するようになったのかを明示するために、ジェンダーを使用した。ジェンダーはまた、特定の社会における負担と利益の不平等な配分や権力のミクロな技法を可視化するためにも用いられた。

フェミニストたちがジェンダーを文化的構造物として説明するようになると、ジェンダーの性質に関する議論は広がり、活発になった。一部のフェミニストは、それを個人の属性、対人関係、法律上の地位もしくは社会規範の行動上の遵守の問題として理論化した。あるいは、ジェンダーを、意識の構造、幼児期のエディプス葛藤に由来する三角構造の精神、内在化されたイデオロギー、または個人のアイデンティティや願望の根拠と考えたフェミニストもいた。フェミニスト研究者たちは、ジェンダーが、社会化の産物、正常化の効果、労働・権力・カセクシス[2]の構造上の特徴、個性の積層化、あるいは「すること（doing）」すなわちパフォーマンスとしてよりよく理解されたかどうかを討論した。彼らはまた、ジェンダーが、廃止されるべき牢獄なのか、それとももともと解放されており、解き放たれるべき人間の潜在力の、徹底的に抑圧された側面なのかについても議論した（Hawkesworth 1997）。

多くのフェミニスト研究者たちは、自然／文化の二分法に関する分析をもとにして、セックスとジェンダーの区別について「下部／上部構造」のモデルを提示した（Connell 1987: 50; Laqueur 1990: 124）。このモデルでは、性別化された身体は、文化が洗練しうる素材をさまざまな方法で提供すると想定される。そのため、ジェンダーをめぐるフェミニストの議論は、先天的なセックスの差異に関して前提を乗り越えられないことがしばしばであった。セックスが生物学に関係すること、セックスとジェンダーは二形であることを容認したので、そうした議論は、自然的態度の中核的な教義を複製した。リンダ・ニコルソンは、多くのフェミニストの見解が厳密な生物学的決定論を避けたものの、結局は生物学的基礎づけ主義に依拠することになったと示唆した。この枠組みにおいては、「身体は、文化的人為物、とりわけ人柄やふるまいを投げ入れたり、載せたりする棚のようなものとみなされる」（Nicholson 1994: 80）。レイウィン・コンネルは、現代の文化では「性差は自然であるとの考えが、思索の進展を制限する」と指摘して、フェミニストのジェンダーに関する記述に見られるこうした傾向の広がりを説明した（Connell 1987: 66）。同様にホーリー・デヴァーは、生物学的基礎づけ主義を、北米で支配的な認知スキーマ、すなわち共有された見解に基づいて社会的経験を体系化する概念構造であると言い表した（Devor 1989: 45-46）。歴史家のトマス・ラカーは、生物学的基礎づけ主義を一七世紀来の発展と結びつけて、「男らしさ女らしさの源あるいは基礎となる、唯一かつ一貫性のある生物学を求めることがモダニティの証拠である」（Laqueur 1990: 61）と述べた。

ブラック・フェミニストの理論家たちは、先天的なセックスの差異がジェンダーを構築するという仮定が、先進国における裕福な白人の経験を男らしさと女らしさとにしばしば結びつけていると指摘した。

サイディヤ・ハートマンは『隷従の情景』(1997) において、女性奴隷の経験に、白人の女らしさという ブルジョワ的概念との類似点はないと指摘した。所有物と定義され、あらゆる自己決定権を与えられず、容赦ない肉体労働を強いられ、結婚や母となる権利、性的暴行に対する法的保護といった契約関係から締め出された黒人女性の、女性としての経験は「奴隷女性からジェンダーを引きはがしたのではなく、ジェンダーとセクシュアリティの構築における所有関係——奴隷の所有——、および人種的支配の役割を明らかにした」(Hartman 1997: 100)。パトリシア・ヒル・コリンズは、ジェンダーの人種化が奴隷制の廃止とともに終わらなかったことを指摘し、黒人たちが、彼らを故意に排除していたジェンダー規範に従わなかったためにしばしば罰せられたことを論証した。「西洋では性役割イデオロギーは、強い男性と弱い女性という考え、活発で雄々しい男らしさと消極的で被扶養の女らしさを前提としており、アフリカ系アメリカ人たちにおける見せかけの役割の逆転は、黒人にスティグマを刻むために利用されてきた」(Collins 2004: 44)。そして、人種、階級、エスニシティ、国籍、セクシュアリティの相互構造に着目したインターセクショナルな分析は、ジェンダー二形的な見解に重要な課題を提起する。

言語学からの教訓

男性の支配と女性の従属という関係を強調するジェンダーの説明とは別に、ジェンダーはもともと文法上のカテゴリーとして存在していたことに注目して、言語学から洞察を引き出すフェミニスト理論家がいる。語源的にはジェンダーは、ラテン語の *genus* に由来し、「種類 (kind もしくは sort)」の意味に近い古フランス語のgendreを経ている。「文法上のカテゴリーでもっとも難解なジェンダーは、関連する単語のふるまいに作用する名詞の類（class）である」（Corbett 1991: 1）。ジェンダー〔以下、本項では文脈に応じて「文法上の性」と記す〕は、普遍的でも不変的でもないため、言語学者にとってまさに難解である。文法上の性が重要かつ全体的に存在している言語もあれば、それがまったくない言語もある。コーベットは二〇〇以上の言語を検討して、文法上の性の数は三つに限定されず、四つが一般的で、二〇もありうることを明らかにした（Corbett 1991: 5）。文法上の性は、特定の言語においてその数が増えることが示すように、性別と関連する必要がない。「文法上の性が男性形／女性形／性なしの区別を示す言語もあれば、有生／無生、人間／非人間、上級／下級、人間男性／それ以外、強変化（不規則変化）／弱変化（規則変化）、指大辞／指小辞、男性／それ以外、女性／それ以外といった区分が、まさに男性／女性の区分のように機能する言語もある」（Corbett 1991: 30）。語源が示すように、文法上の性は、「昆虫、肉形をもたない食べ物、液体、犬、狩猟具、光沢のある表面が光を反射する品などを含む幅広い『種類（kinds）』にもとづいている。話者の世界観がカテゴリーを決める」（Corbett 1991: 30, 32）。文法上の性には膨大な変形があるが、その決定基準は一致である。文法上の性は、一致によって構文上識別される。形容詞と動詞が一致する言語もあれば、副詞、数詞（数字）、そして接続詞さえ一致する言語もある。しかし、いかなる場合も一致は、文法上の性が関連する単語のふるまいへの反映という形で現れる（Corbett 1991: 5）。

フェミニストにとってジェンダーの概念的な魅力は、言語学におけるジェンダーの汎用性と密接に関連している。言語学上の構造物としてのジェンダーの、文化的な起源と歴史的な特異性は明白である。

ジェンダーが特定の人々の信条体系に関係していることは、生物学的決定論の悪影響からジェンダーを解放する。さらに、言語学上のジェンダーはもともと二項対立に陥っていない。しかし、ジェンダーの言語学上の遺産には、フェミニストを躊躇させる、もう一つの側面がある。もしフェミニストが文法上の性から明示的な類似性を引き出すならば、関連する語のふるまいの呼応もしくは調和を重視することになるので、ジェンダーは関連する他者のふるまいのなかで、またそれを通じて構成される、人々のカテゴリーとして考えられることになる。文法における遺産のこうした側面はほとんど認識されないが、一致、調和、相補性の概念は多くのフェミニストのジェンダーに関する記述に間接的に表れている。実際、この章の最終節で示すように、もっとも精緻な説明のいくつかを精読すると、相補性の概念が複数のジェンダー解釈において暗黙の核心を形成し、それを機能主義的枠組みのなかに据えていることが明らかになる。この枠組みのなかでジェンダーは、異性愛規範と不可分な、社会の調和の特定の諸概念を普及させるために考案された文化的構造物として現れる。

ジェンダー、および身体化された差異の規制

科学研究分野のフェミニスト研究者たちは、二〇世紀半ばのインターセックスの身体に関する医学研究と関係した、ジェンダーの概念化における別の系統を調べた（Hausman 1995; Germon 2009; Rubin 2012, 2017）。「ジョン・マネーは、博士課程での、両性具有者の内分泌機能と精神状態に関する研究において、……解剖学上の身体構造が二形性という支配的な枠組みでは捉えられないとされた患者に対する診断カテゴ

リーと治療計画として、ジェンダー役割の用語をつくり出した」（Rubin 2012: 892）。彼は、ジェンダーの概念化形成における自身の寄与を訴えつつ、初期の研究において以下を示唆した。

ジェンダーという語は、人間の属性として英語に初登場したが、それはセックスの単なる同義語というだけではなかった。それは、両性具有という生殖器における先天的障がいと明確な関連性を有し、男らしさおよび／または女らしさの一般的な度合いを表している。その度合いは、幼年期、児童期、成人期に密かに気づかれたり、公に示されたりするが、つねに例外なく生殖器官の解剖学的構造と相関するわけではない（Money 1995: 18–19）。

ディヴィッド・ルービンが指摘したように、マネーはインターセックスの人々を病的とみなし、その身体上への具現を医学的治療が必要な「先天的欠損」という用語で特徴づけた（Rubin 2012: 893）。ジョンズ・ホプキンス大学のマネーとその同僚は、自然発生する身体のすべてが性的二形というわけではないことを認めるよりも、むしろインターセックスの幼児の解剖学的構造は「不適切に分化」されている、もしくは実際には「性的に未完成」であると主張した（Money and Ehrhardt 1972: 5）。それにもかかわらずマネーは、自然が未完成なままに残したものを完成させるための医学的治療の役割を正当化し、生殖器を「性心理的指向――リビドー的性向、性的な態度、性行動――」と合わせる必要を訴えた（Money and Ehrhardt 1972: 5）。マネーは、セックスの厳密な生物学的概念を超越し、セックスを構成する異質な要素の一つと

してジェンダーを定義した。すなわち、

第一段階は、オスもしくはメスというセックスの単一的な定義を断念し、両性具有者のデータが示した、セックスに関する五つの先天的な変数のリストを作成することである。それら五変数——染色体のセックス、性腺のセックス、内性器のセックス、外性器のセックス、〔出生前と思春期の〕ホルモンのセックス——は相互に独立している。これら五つのセックスに六番目の後天的な構成要素として〔出生時の〕割り当てと養育におけるセックスが加わる。……このリストの最後に並ぶ七番目のセックスは、命名されるのを待つ空白である。私は深夜にまで及んだ研究を数回経た後、イメージや観念化において私的に、そして発現や表現において公的に、それら双方で概念化されるジェンダー役割という用語に帰着した（Money 1995: 21）。

マネーによると、ジェンダーはセックスに関連する七つの要素の単なる一つではなく、個人のアイデンティティの鍵だった。ジェンダーが生後一八か月、遅くとも二四か月よりも前に割り当てられるのであれば「生殖器が形成不全で生まれた子どもは外科手術によって『矯正』可能で、男性、女性のいずれとしてもうまく育てられ」、親は養育においてジェンダーを強要でき、また子も「過去にインターセックスであったという自覚に悩まされることがない」（Rosario 2007: 267）。

セックスが性自認を決めるという前提とは対照的に、マネーはセックスを順応性があり、外科手術が可能な、（養育における）社会的構造物と考えている。彼はまた、第三者が見立てたアイデンティティ（医師が割り当てた性別）が個人のアイデンティティ（各自のジェンダー化された自己認識）を決定するとも示唆した。そして、あらゆる重要な点について、医学的権威が性自認を決定し、外科的およびホルモン上の治療がその決定に適合する身体を産み出す。実際、ジョンズ・ホプキンス大学の性自認クリニックにおけるインターセックスの治療計画では、「割り当てられた性別とそれに合わせた養育は、染色体、生殖腺、ホルモンのそれぞれのセックス、副内性器、あるいは形成不全の外性器に比べ、両性具有者のジェンダー役割とジェンダー指向を判断する際の一貫して、かつ明らかにより信頼のおける、将来についての規定要因となる」（Money, Hampson, and Hampson1955: 333）。このような医療化された枠組みにおいては、ジェンダー非定の人々に対し、ジェンダー化された適切な主観性の確立のために、外科上、ホルモン上、および心理社会的な正常化が必要とされる。ジェンダーの生物医学的な概念化は、「正常化に関する生政治的な言説、実践、技術を通じた、身体化された差異の規制」と不可分である（Rubin 2012: 886）。

マネーのジェンダー概念の中心にある統制的理念は、階級化、人種化されていた。彼は、可変性を有した身体を、白人の中産階級の経験から導出された男らしさ、女らしさの厳密な概念に一致させた。親によって強制されるべき、ジェンダーに関する養育指針は、性別に関する外科手術を受けた後の患者に対するカウンセリングと同様、ジェンダーに関するふるまいが手術で性別を決めた身体に適合するよう策定された。マネーの患者は、「二〇世紀半ばのアメリカにおいて中産階級の白人の青少年として思い描かれる伝統的な像」に一致することが求められた（Reis 2009: 120）。ジン・マグバネが鋭く言及しているように、「セックスの真実は身体に固定されているという見解が根本から疑われている場合でも、人種はジェンダー概念のよりどころであり続けている。……ジェンダー概念が参照する男性という状態、女性という状態は白人のものとしてすでにコード化されており、黒人であることとは対立していた」(Magubane 2014: 778, 782)。

性的二形性を混乱させる

マネーと彼の同僚たちが、性自認と性的指向の決定にあたって出生時に割り当てられた性別とジェンダーの社会化とを最重視したのは、まさに性的二形の証拠が非常に不確実なためである。科学の威光によって覆い隠されているものの、生物学的決定論――人間においては人種と性別に明白な証拠として現れる、基本的で先天的な生理学的差異が存在しているという見解――は、「特定の、歴史的、文化的な状況下における産物である」(Laqueur 1990: 13)。生物学的決定主義は歴史上の産物であり、まったくの政治的な信条である。

一八世紀以来、セックスは、人類をオス/メスへと解剖学的に区分するものとして一般的には理解されてきた。しかしながら、ラカー (Laqueur 1990) が入念に立証したように、性的二形はモダニティの政治と密接に関わっている。自然科学が啓蒙主義的形而上学の神学にとって代わるにつれて、約二千年もの間、ヨーロッパの政治思想と実践において支配的だった身体化の「ワンセックス」モデルは、「ツーセックス」モデル――身体化された「魂」を神に近い順に序列化するのではなく、男性と女性を非対称に対置する――に移行した。以前から身体の差異は政治的、社会的な重要性を有していたものの、一七世紀まではその差異の指標は性器や生殖器とは無関係であった。「陰茎／膣、精巣／卵巣、女性の月経と男性における毎月の出血の欠如」は「対立の自明の印」とはみなされなかった。「それよりむしろこれらの各要素は、形而上学的に付与された関係――女性は、より完璧ではない男性とされ、それぞれの身体構造と生理はこの序列を示している――に従って、もう一方の説明として理解された」(Laqueur 2012: 803)。一八世紀には、新興の「自然哲学」が、ヒトの生物学は性的二形の観点から理解されるべきであると提案した。その性的二形とは「ともかくも根本的で、文化を超えて定着した対立性」であり、権力や機会に関する区分と同様、差別化された社会的役割や責任、法的立場の「自然的根拠」となる (Laqueur 2012: 802)。

啓蒙思想において、普遍的権利に関する諸宣言はすべての人間 (men)〔＝男性〕は平等に創られたという「自明の真理」から導出されたが、アメリカとフランスの政治理論家や共和主義革命家は、政治コミュニティから女性を排除する理由を新しい生物学的二形から推定した。大西洋の両岸の共和主義革命家は、生殖に関わる生理が個人の特質や政治に関する法的能力を決定すると断言し、性差が相応の政治的地位とふるまいを規定するという見解を採用した。そして、ジェンダー化された政治的秩序からのあらゆる逸脱が、社会と文明の基礎そのものを脅かすと力説した。生物学的に仮定された女性の政治的無能力を強化するために、男性の立法者は女性が政治クラブ、政治組織、政党に参加したり、官公職に就いたりすることを禁じる法律を可決した（Landes 1988, 1998; Cody 2001, 2005）。

一九世紀には、世界の諸国の男性立法者が、女性を政治から締め出し、私的領域に封じ込めるために法律を利用するという共和主義者たちの実践をくり返した。アン・タウンズ（Towns 2009）の説明では、排除は、ヨーロッパでは「より進んだ文明」の印として受容され、アフリカやアジアでは、ヨーロッパが植民地帝国を拡大した際に、植民地における「文明化の」手段として押しつけられた。こうした植民地への押しつけは、先住民が従来有していた女性の政治的権限の形態にとって代わった（Okonjo 1994; Oyewumi 1997）。

これら排除や制約の法定によって公然化した政治的諸手段にもかかわらず、科学の権威の高まりはそれらに「自然の理に適っている」との正当性を提供した。すなわち、オスとメスで完全に異なる身体構造が、社会的役割を「自然の」命令だとした。そうした命令は種の存続そのものに関与していた。生物学的決定主義の枠組みが支配的になるにつれて、女性の従属に関わる政治的な所業は不可視化され、また男性の優越を自然で普遍だとする、進化論お墨付きの架空の過去を後継した。

二〇世紀に精緻化された生物学的二形ではオスとメスを染色体（XY／XX）、ホルモン（アンドロゲン／エストロゲン）、生殖腺（精巣や卵巣といった生殖器）、内部形態（膣、子宮、卵管に対して、精嚢、前立腺）、外性器（陰茎、陰嚢／陰核、陰唇）、第二次性徴（体毛、顔ひげ、胸）の〔各性別に〕固有の構成によって区別される「自然種」と解釈する。しかし、フェミニスト研究者たちは、生物学上の性別との典型的な関連事項が、自然種として分類されるのに必要な事項といずれも一致しないことを示した。哲学的言説では、自然種とは、いかなる観察者においても存在が認められ、本質に関してその種の全個体に共通する一連の属性によって定義されるカテゴリーを指す。フェミニスト研究者は、まさに「つねに例外なく一つのジェンダーにのみ当てはまる、行動上、身体上の特徴はない」ので、性の本質という考えはいっさい認めなかった（Kessler and McKenna 1978: 1）。染色体、ホルモン、精子と卵子の生成はいずれも、すべての男性と女性を区別することができず、またはそれぞれの性において共有される主要部とはなりえない。「これまでの自然科学研究がどれほど緻密であったとしても、オスとメスの間にさえ明確な境界線を引くことはできていない」（Devor 1989: 1）。男性、女性双方がテストステロン〔男性ホルモン〕とエストロゲン〔女性ホルモン〕を有し、ヒトのX染色体は、「メス」の染色体として誤解されることもあるが、男女双方で共有しているのみならず、男性の精子遺伝子にも大量に含まれる（Richardson 2012）。

二つの性別があり、また二つしかないという主張さえも誤りである。DNA塩基配列決定法や細胞生物学の新技術は、染色体の性を割り当てられたものではなく過程として概念化している。二五以上の遺伝子が性分化に影響を及ぼし、一個体のなかで遺伝学上異なる細胞のパッチワークを形成する。それらのなかには、ほかと異なる「性」をもつものもある。

このモザイク現象は、検出不可能なものから、異なる性の「一卵性の」双子のような特別なものまで、諸結果をもたらしうる。モザイク現象のごく一般的な例は、妊娠中に胎盤関門を透過する細胞から発生する。男性は自身の母親から雌性細胞を、女性は自身の息子から雄性細胞をしばしば受け継ぐ。研究によれば、これらの細胞は数十年間存在し続ける（Ford 2015）。

生物学者のアン・ファウスト＝スターリングは初期の論文（Fausto-Sterling 1993）で、生物学的基準を厳密に用いると「自然界には」性は二つでなく、五つ存在すると指摘した。オス、メスに加えて、複数の形態のインターセックスの人々――「hermes」（精巣と卵巣の双方を一つずつ持って生まれた人）、「merms」（二つの精巣と、女性器の特徴の一部を持って生まれた人）、「ferms」（二つの卵巣を持つが、男性器のいくつかの形状をあわせもって生まれた人）――が存在する。内分泌学、遺伝学、神経科学、その他の科学分野で発表された証拠の検証を経て、ファウスト＝スターリングは次のように結論する。「われわれの身体は複雑すぎて、性差に関する明白な答えを出すことはできない。『性別』の単純な身体的基盤を探せば探すほど、『性別』が完全なる身体上のカテゴリーではないことが明らかになる。われわれがオス、メスと定義する身体上の印や機能は、ジェンダーに関するわれわれの思考にすでに巻き込まれている」（Fausto-Sterling 2000: 4）。

社会科学も、自然種の定義に合致する行動上の差異の確認を試みたが、自然科学と同様、首尾よくいったわけではない。態度やふるまいにおける「性差」は、自然の差異とはまったく関係のない社会的属性を反映している。社会科学の研究では、「生物学にもとづいた女らしさ」の指標には結婚式や結婚への関心、仕事に対する結婚の優先、赤ちゃんや子どもへの関心、子どものころの人形遊びの楽しみが通常含まれる。他方、「生物学にもとづいた男らしさ」の指標には高い活動レベル、自信、結婚に対する仕事の優先が含まれる（Devor 1989: 11-15）。心理学における男らしさ、女らしさのリストには、社会的に高く評価される特徴（論理的、自信満々、野心的、果敢、世の中を熟知）を男性の、より低く評価されるそれ（おしゃべり、優しい、他者の感情に敏感、外見への関心、安全に対する強い欲求）を女性の、それぞれ特質と定義するようなミソジニーの傾向がある（Devor 1989: 32）。文化的なバイアスが埋め込まれたこうした指標をもってしても、実証研究はそうしたバイアスを生み出す諸文化における男女を明確に区別できていない。「心理学のテストにおける『標準的女らしさ』なる品種は、実際には希少種かもしれない。女子大学生を対象としたある研究では、性役割に関する、広く受け入れられている判定テストにおいて女らしいに該当したのは異性愛者の一五％のみだった。残りの八五％は、男らしい、もしくは男らしいと女らしいとの混在であった」（Devor 1989: 15）。平均値、傾向、割合で示される差異は自然種の基準を満たしていない。性的二形は、先天的に付与されるよりも、自然界の理解を試みる人間によって強要される。スザンヌ・ケスラーとウェンディ・マッケナが指摘しているように、この強要は、日々の観察に加え、科学的調査にも特有である。すなわち、

科学者は連続性のあるところに二形性を構築する。ホルモン、ふるまい、身体的特徴、発達過程、染色体、心理的素質はすべて二形的なカテゴリーに当てはめられる。科学的知識は「何が人を男性あるいは女性にするのか」という問いに対する答えを与えない。それはむしろ人は男性もしくは女性のいずれかであり、両者を識別することに困難はないという既存の確信を正当化する（そして根拠を与えるようだ）。われわれは生物学的、心理学的、社会的な差異によってジェンダーが二つである

ことを理解するのではない。われわれがジェンダーを二つだと理解することが、生物学的、心理学的、社会的な差異の「発見」を導く（Kessler and MacKenna 1978: 163）。

セクシュアリティを脱自然化する

フェミニズム理論家とクィア理論家はまた、セクシュアリティを自然化することに異議を唱えてきた。本能的な衝動、生物にとって必須のもの、生殖の手段、快楽や欲望の場、原始的で根本的な力など、どのように特徴づけられようと、セクシュアリティは社会統制の入り組んだシステムに組みこまれている（Rubin 1993）。身体的歓喜を生み出すものとして讃美されようと、罪への誘惑として公然と非難されようと、生殖の手段として記述されようと、セクシュアリティは伝統的に、性別分業の起源のシーンとしてしばしば描かれてきた。アリストテレスの生々しい専門用語において、男性はまたがる者として定義され、女性はまたがられる者として定義されており、この定義は異性愛者であるという推定と、能動的／受動的という二分法の両方を、自然とされているエロティックな実践の核に刻みこんでいる（『動物発生論』第一巻二章）。そのような「自然な」衝動の構築に埋め込まれた権力差を指摘することで、初期のフェミニスト学者たちはセクシュアリティを欲望や快楽、生殖との関連で分析するのは間違いであると主張した。なぜならそれはまた支配のシステムでもあるからだ。

初期のラディカル・フェミニストの分析において、シュラミス・ファイアストーン（Firestone 1970〔1972〕）

はエロティシズムをロマン主義の亜種、すなわち女性の愛への欲望を生殖目的の性行為（sex）に変換する男性権力の文化的道具として特徴づけた。アン・コート（Koedt 1970）はそのような変換が女性の性的快楽の可能性を文字どおり奪っていることを指摘した。コートはフロイトの「発達したセクシュアリティ」に関する性心理の説明を酷評した。なぜならそれは女性に自身の感覚の根拠――クリトリスの刺激によるオーガズムの経験――を否定させ、男性を喜ばせるものとの関連でのみ女性の性的満足を定義する「ヴァギナによるオーガズムの神話」に置き換えることを要求したからである。ラディカル・フェミニズム理論家たちは異性愛を、欲望の自由な実践の場とはほど遠いものとし、男性を優先し男性優位を維持する支配と服従の政治的関係（MacKinnon 1987〔1993〕）、女性を男性への永久的な隷属の位置に追いやる暴力の社会制度（Wittig 1979）とみなした。また、不均衡な権力関係を隠蔽していながら両者は「ぴったり合う」というので男性と女性を相補的なものとして描く創造神話（Delphy 1993）、さらにまた、男性に女性への（身体的、感情的、経済的）アクセスの権利を保証し、一方で現代社会や歴史の記述からレズビアンを不可視化することを要請する強制的システム（Rich 1980〔1989〕）として理解してきた。

　異性愛を男性の権力という大きな構造との関係に位置づけることで、初期のフェミニスト思想家たちはレズビアニズムとフェミニズムの強固な類似性を示唆した。たとえばシャーロット・バンチ（Bunch 1972）はレズビアニズムを、性的支配と政治的支配を終わらせるためともに活動する、女に一体化する女[3]による「政治的選択」や「白人男性の権力に対する抵抗」として描き出した。同様にモニク・ウィティッグ（Wittig 1979）は、レズビアニズムを女性という階級と男性への隷属からの逃避とみなした。レズビアニズムを男性同性愛と差異化することにより、アドリエンヌ・リッチ（Rich 1980〔1989〕）は「レズビアン連続体」を想像した。それはフェミニズムの価値と集団としての女性の自由への深い関与を伴う政治的態度を含み、女性どうしの原初的な感情の激しさの形態であり、男性の圧政に反対する感情的絆であり、結婚への抵抗、女性との性愛経験への意識的な欲望であり、そして禁忌をうち破り強制的な性的服従を拒否するための力である。

クィア理論の領域の端緒を開くのに貢献した先駆的な著作である『クローゼットの認識論』においてイヴ・セジウィックは、多くのフェミニストの著作にみられるセックスとジェンダー、セクシュアリティを一緒くたにする傾向に異議を唱え、これらの概念のより緻密な分析的区別の必要性を示唆した。「セクシュアリティの研究はジェンダーの研究と同一の広がりをもつわけではない。同様に、反同性愛嫌悪的な探求は、フェミニストの探求と同一の広がりを持つわけではない。しかしこれらの研究が互いにどのように異なるかについては、あらかじめ知ることはできない」（Sedgwick 1990: 27）。関連した動きでは、チェシャ・カルフーン（Calhoun 1994）がレズビアニズムとフェミニズムを一緒にすることに異議を唱え、家父長制（あるいは男性支配の構造）と異性愛の明白な区別を求めた。カルフーンによれば、フェミニズム理論家は異性愛が家父長制とは別の支配の政治構造であることを認識し損ねてきた。異性愛は異性愛者と非異性愛者を異なる権利と機会をもつ異なる集団へと分離し、一部に特権を与える一方でそれ以外を体系的に排除する。ヘテロセクシズムとは〔異性愛という〕一つの愛の形態が本来的に優越しているとする信念であるというオードリー・ロード（Lorde 1985）の洞察に共鳴しながら、カルフーンはヘテロセクシュアリズムを男性の特権と異性愛者の特権を支持する政治的システムとして定義した。それは男性と女性の二者関係を社会の基本単位として重視し、生殖を異性愛の領域に特権化し、ジェンダーの二形性や性別分業、異性愛者を特権化する職業上・法律上の取り決めを生み出す。

ロード（Lorde 1985）はまた、同性への愛に対する恐怖とゲイ、レズビアンの人々への憎悪の両方を含む同性愛嫌悪が、社会統制の強力なメカニズムであることを指摘した。同性愛嫌悪はゲイとストレートの間にくさびを打ち込み、それと同時に異性愛の強制力を動員することで、ゲイとレズビアンをクローゼットに押しとどめておく。「アウトされる」〔個人のセクシュアリティやアイデンティティを、当人の意思に反して明かされること〕とは、自分と血のつながった子どもの親権をめぐる争いに敗れるリスクを負うことであり、子どもを養子に迎え入れる可能性を否定されることであり、職を失うことであり、愛情を公的に示すことを禁じられることであり、住宅をめぐって差別されることであり、近隣住民からハラスメントを受けることであり、「矯正する」治療を受けさせられることであり、愛の表象から排除されることであり、結婚する権利を否定されることであり、憎悪に満ちた同性愛嫌悪を抱えた人々によって身体的暴力と死を受忍させられることである（Calhoun 1994; Pharr 1997）。このような形の強制を、「規範化され」かつ規律化された身体を生み出す権力のミクロ技術に結びつけることで、マイケル・ワーナー（Warner 1991, 1993）は異性愛規範性を異性愛の前提とされた自然性に根ざした差異の階層序列構造を維持する入り組んだ期待や要求、制限を含んだものとして理論化した。異性愛規範性は体系的で、文化的生産物や職業構造、法的なあるいは政治的な制度、医療行為、移民条項などと同様に、宗教的・哲学的・科学的言説を普及させ、異性愛の拘束を拒否する人々を中傷し周縁化する。実際、異性愛規範性は非常に浸透力があるため、同性愛規範性（Duggan 2003）という形態でゲイ・コミュニティとレズビアン・コミュニティのなかにも吸収されてきた。この形態は、単一婚や結婚、家族という異性愛の規範を「まねる」同性愛者たちを特権化し、一方でそうした人たちとは意見を異にするクィアな存在を病理化する価値体系である。

セックス、ジェンダー、セクシュアリティの関係性を精査する

過去五〇年間にわたるフェミニズム研究とクィア研究の発展とともに、セックスとジェンダー、セクシュアリティの複雑な関係をどのように理論化すればもっともよいかをめぐって、議論が進行中である。ジェンダー研究とセクシュアリティ研究を行うほとんどすべての学者たちはセックス、セクシュアリティ、セクシュアル・アイデンティティ、ジェンダー・アイデンティティ、ジェンダー役割、ジェンダー役割アイデンティティという用語を使用してきたが、研究者たちはそれらの用語をすべて同じようには使ってこなかった。たとえばセックスは、染色体やホルモン、内的あるいは外的な性・生殖器官などの生物学的特徴として、さらにしばしば性交とみなされるエロティックな実践としても使われる。ジェンダー・アイデンティティは、典型的には自身を男性や女性、インターセックス、ジェンダー非定とする個々人固有の感覚を指すが、この「感覚」は、誕生時における性別の割り当てが「解剖学的かつ心理学的に正しい」（Stoller 1985: 11）という信念をもつこととして長らく定義されてきた。より広範囲には、男

性性／女性性／ノンバイナリー[4]で流動的である、という文化的概念とある程度の関係を帯びるパターン化された主観性として定義される。あるいはより批判的には、「規範的なジェンダー・コードに従属するような形で肉体を描き直し、それを既存のジェンダーが関わる法に従わせること」（Stryker 2006: 247）として定義される。アイデンティティで意味されることもまた、まったく異なるものを指しうる。それは「私が誰であるか」に関する心理学的感覚であり、特定の社会役割を引き受けるのに先立つ行為者としての人間の社会学的概念でもある。また、主体の内的一貫性を生産する一連の規制的実践を把握するフーコー的概念でもあり、個人の単一性と変化に直面した際の個性化および統一性に対する哲学的関心においても使われる。さらに、個々人が自分の人生を理解するために展開するナラティブの構築、しばしば排他的な政治過程と国家的政策を通じて生成される、集団あるいは共同体との政治的同一化などとして用いられる。

用いられ方はテクストによって異なるのだが、多くの学者はセックス、セクシュアリティ、セクシュアル・アイデンティティ、ジェンダー役割、そしてジェンダー役割アイデンティティの間には重要な概念的差異があると仮定する。セックスは生物学的用語のなかで、あるいは身体の物質性との関連で構築されたもの、セクシュアリティは性行動やエロティックなふるまいを含むと理解される。セクシュアル・アイデンティティは、異性愛あるいは同性愛／ゲイ／レズビアン／クィア、バイセクシュアル、アセクシュアル[5]などの名称に関係する。ジェンダー・アイデンティティは、自身を男性や女性、ジェンダー非定あるいはジェンダークィアとする心理的感覚、またトランスジェンダーとトランスセクシュアルのアクティヴィズムと理論が明らかにしたように、肉体的身体性と必ずしも結びついている必要がない感覚として理解される。ジェンダー役割は、男性と女性にとって何が適切であるかに関する規範的で文化に固有な一連の期待として理解される。そしてジェンダー役割アイデンティティは、彼／彼女の文化的に構築されたジェンダーに適合すると考えられる感情やふるまいに、ある人物が賛成したり関与したりする範囲を把握するために考え出された概念として理解される（Kessler and McKenna 1978: 7-11, Barrett 1980: 42-79）。

この分析的語彙は、自然的態度に異議を唱えようとする際に必須のいくつかの区別を提起する。たとえばジェンダー・アイデンティティとジェンダー役割アイデンティティの区別は、人は自分自身を女性（あるいは男性）だとみなす明確な感覚を有することができると同時に、社会に普及している女性性（あるいは男性性）の概念に対して徹底的に不満を持ったりそれへの参画を拒否したりできる可能性を開く。この区別は、統制的理念と生きられた経験、属性的なものと実在的なもの、主義主張と実践との間に亀裂があることを印づける文化固有の抽象概念として男性性と女性性を解釈することで、男性性／女性性とセックス化した身体とのいかなる結びつきも壊す。

いったんセックスとセクシュアリティ、セクシュアル・アイデンティティ、ジェンダー・アイデンティティ、ジェンダー役割、ジェンダー役割アイデンティティを差異化する概念的区別が示されると、批判的な疑問が現れてくる。すなわち、これらの現象はお互いにどのような関係を持つのか、あるいはどのように関係しているのか、これらの複雑な相互関係はどのように生きられた経験としてのジェンダーあるいは権力関係としてのジェンダーに適用されるのか、という疑問である。自然的態度によれば、身体的な性別（男性／女性）が決定因であると仮定されるジェンダー・アイデンティティは（ヘテロ）セクシュアリティという特定の形態へ自然と流れていき、すべからく肯定的なジェンダー役割アイデンティティとともに、特定のジェンダー役割が快く個人に受容されるよう命じる（すなわち、子宮をもって生まれた人は「自然と」養育的な人格を発達させ、「反対の」性別の人たちとの関係性を切望し、異性間性交を行い、子どもを産み、子どもを育てる責任を喜んで引き受け、母親業との関係で〔自身を〕意味のある存在だと定義する）。フェミニスト研究者たちはこれらそれぞれの仮定された関係性に異議を唱えてきた。そしてセックスとジェンダー、セクシュアリティ、アイデンティティを含む関係性についての多様な説明を提起し、そのような複雑な社会過程がいかに自然化され、それらを形づくる政治的アジェンダが隠されてきたかを調査してきた。

本章の最後の節は、セックスとジェンダー、セクシュアリティ、個人的アイデンティティの関係性についての競合しあう複数の説明の強みと限界を、広く知られた生物学的本質主義的視点と、パフォーマティヴな説明や構造的説明を重視するフェミニストによる批判とを比較しながら調査する。

生物学的還元主義者の説明

自然的態度という狭い枠組みで研究しているため、社会生物学者や進化心理学者、自然人類学者たちは、セックスとジェンダー、セクシュアリティの一般的な結びつきを説明するのに困難を感じることなく、それらは種の生存という要求によって方向づけられていると主張する。男性を「精液の生産者」、女性を「卵子の生産者」と定義する学者たちは、性的二形性が無性生殖という形態よりも遺伝的変異にとってより豊かな機会を提供し、したがって特定の遺伝子プール〔繁殖可能な個体からなる集団のすべての遺伝子情報〕の生存にとって有利になるという点で、多様性を高めるために存在していると主張する。たとえば社会生物学者たちは、受精卵を生産するための「協力」の形態として異性間性交を特徴づける。また彼らは、種の存続は異なる性的実践を男性と女性に「指示する」と示唆する。なぜなら、精液は「安上がり」で――男性は一度の射精ごとに一億もの精子を生産すると想定されている――、性的乱交は男性遺伝子の普及促進に有利な状態を提供するからと主張する。一方で卵子は「高くつく」――女性は存続できる卵子を生涯を通じてたった二〇から三〇しか生産しない――ので、女性は自らの遺伝子プールの存続を促進するための戦略として、貞操と一夫一婦制の習性により傾倒している。各性別に固有の性行動によって提供される推定上の適応的利点は、男性らしさ（攻撃性）と女性らしさ（内気さ）に結びつく固有の特徴を生み出すと主張される。ジェンダー化された分業――狩猟者としての男性と採集者としての女性という架空の説明から、権力や富、名声に関わる場での、男性の過剰代表と女性の過少代表に関する現代の主張にまで至る――は同様に、生存を有利にすることとの関連で説明される（Wilson 1975〔1999〕, 1978〔1980〕）。神経科学や遺伝学、進化心理学にもとづいて主張をするサイモン・バロン＝コーエン（Cohen 2004〔2005〕）やスティーブン・ピンカー（Pinker 2002〔2004〕）などのベストセラー作家は、認知能力やコミュニケーション能力、多くの社会的および政治的役割の実行能力に影響を与えるとされる、脳内の「書き換え不能の」生来の性差に関する古い議論を再燃させた。

こうした議論を批判する者たちは、ジェンダーに関する社会生物学者たちの説明に広く普及している体系的な欠点を指摘してきた。方法論のレベルにおいて、社会生物学は科学的探究の規範に違反する循環論法に陥っている。社会生物学者たちは既存の特徴を遺伝的適応によるものだと仮定しているため、特定の特性または行動が「遺伝性」であることを論証するための経験的証拠を提供しない。社会生物学者たちはヒヒの観察からおもに引き出された性差についての普遍的な主張を展開しているが、自身の選択バイアスについては正当な理由を提供していない。ほかの二〇〇種の霊長類についての調査は、社会生物学的主張を支持する説得的な証拠を何も提供していない。とくに、各性別に固有の性行動に関する主張を強化する「高くつく卵子」と「安上がりの精子」についての主張は、無効かつ不当であることが判明している。さらに、文化の豊かで広大な領域は「遺伝的に」もとづいているという社会生物学者の考えは、人間の制度の設計に関する責任を誤って自然に押しつけるものである（Gould 1980; Fausto-Sterling 1985〔1990〕; Fedigan 1992; Tang-Martinez 1997）。不当な主張を裏づける科学的証拠を提供することができないため、社会生物学者は生存に有利だという理由で狭い範囲の男性特権的あるいは異性愛規範的なふるまいを擁護する。

脳の性差に関する「科学的」主張も非常に人気があり、幅広いメディアの注目を集めている。しかし、それらもまた深刻な欠点がある。レベッカ・ジョーダン＝ヤング（Jordan-Young 2010）は、脳を「副生殖器」として扱う研究に多くの方法論的欠陥があることについて、体系的な証拠を提供した。「脳組織研究」で展開された「準実験」と「代理変数」に対する詳細な調査によって、「書き換え不能の」、男性に典型的な行動または女性に典型的な行動を特定することが不可能であるだけでなく、いくつかの特定の研究が不一致で曖昧で、矛盾に満ちていることを示す。本章冒頭においたスーザン・ストライカーによる銘句を言い換えれば、私を苦しめている、〈自然〉というのは嘘だ。

セックスやセクシュアリティ、ジェンダー化された実践の説明としては明白に不十分であるにもかかわらず、生物学的還元主義者の議論は、大衆文化およびいくつかのフェミニストの言説において定期的に浮上する。著名な人類学者クロード・レヴィ＝ストロース（Lévi-Strauss 1969〔2000〕; 1971）に続いて、多くの研究者は種の繁殖において相互依存と協力を生み出すために考案された精巧なメカニズムとして文化の概念を受容した。たとえば哲学者のスティーブン・スミスは、種の繁殖には性分化（男女で異なる身体に発達すること）が必要であるため、文化は種の永続化を確実にするためにジェンダー化の過程を通じてその分化を生み出すと示唆しつつ、原初的差異は性別《セックス》そのものに由来するとみなすことで、文化の役割を隠す。「男性と女性は進化という問題において大幅に異なった生殖リスクと機会を有するため、彼らを導くセックスに関連した感情は性分化されている必要がある。つまり、女性と男性とで異なる性的本質があるに違いない」（Smith 1992: 124）という。ジェンダーを「可塑的人間性の慣習的な形成」（Smith 1992: 15）と定義し、スミスは文化が身体として認識されるものを形づくると示唆している。「身体化」を通じて、「共同体は、何が男性と女性の身体として重要か、ほかの身体との関係で男性と女性の身体ではどのような生活になるか、性格と行動のどのような規範（および許容度）がこれらの身体に関連づけられているか、誰が男性と女性であるかを規定する」（Smith 1992: 91）。それゆえ、文化が人間本性を形づくるという課題を引き受けるとき、その目的は、自然に与えられたものそれ自体の構築を強化し、言語や性格、社会的役割を通じて性分化を印づけることである。スミスによれば、「異性愛が自明のものとする男性分化と女性分化の結びつきは、ジェンダー・システムの基本的な前提である」(Smith 1992: 80)。実際に彼は「性差に直面するとき、私は再生産のためのパートナーを必要とすることに気づく……ジェンダー化された存在は他のジェンダー化された存在とチームをつくる」(Smith 1992: 71, 55) と主張している。社会生物学的推定と共鳴して、スミスはジェンダー相補性の文化的創造が種の存続というより大きな目的に役立つと示唆している。

スミスの説明が明らかにするように、生物学的根拠に訴えることは、性的二形性の問題の多い論理と、セクシュアリティおよびエロティックな行動を生殖だけに関連させて解釈する異性愛規範的な「生殖のイデオロギー」のなかにジェンダーの説明を落とし込んでしまう (Barrett 1980: 62-77)。可塑的人間性を慣習的に形成するものとしての文化に傾倒するにもかかわらず、これらの還元主義的説明は女性を狭く定義し、文化と自然によって「義務づけられた」本質的な母役割を彼女らに与える。そしてそこでは、その母役割は人種や民族、国籍、年齢、階級、性的指向、あらゆる個性の形態によって区別されていない。

パフォーマティヴな連関

ジュディス・バトラーの影響力のある著作『ジェンダー・トラブル』(1990〔1999〕) は、セックスとセクシュアリティ、ジェンダーの「自然さ」がどのように文化的に生産されてきたかを説明することによって、生物学的決定論の影響力を混乱させようとする。性的二形性が自然に与えられたと認めるのではなく、バトラーは二つのセックスという信念が広範囲にわたって生産されていることを示唆する。実際、ジェンダーは「それによってセックスそのものが確立されていく、ほかならぬ生産装置」(Butler 1990: 7) である。ジェンダーとは状態やアイデンティティ、一連の属性ではなく、「すること (doing)」、すなわちそれがそうであると主張するアイデンティティを構成する行為の様式化された反復である (Butler 1990: 24〔1999: 57〕)。たとえば、従属状態にいることや服従すること、浮気することを反復して演じることによって、従属的で服従的、浮気である――「女性的である」――ことが自身にとって自然だと信じるようになる人々が現れる。そして、リスクを取り、外での危険な遊びに参加し、権威を無視することを反復することで、ほかの人々は自らを大胆で冒険的で独立している――「男性的である」――と理解するようになる。

すべての女性が、そして女性のみが共有する生物学的特性はないこと、またすべての男性が、そして男性のみが共有する生物学的特性はないこと、したがってすべての男性とすべての女性を区別する自然な差異はないこと(つまり、自然種がないこと)を鋭く認識しているため、バトラーはそのような差異に対する信念が、いかに広範囲にわたって発明され維持されているかを調査する。「ジェンダーは、言説/文化の手段であり、その手段をつうじて、『性別化された自然』や『自然な性別』が、文化のまえに存在する『前−言説的なもの』――つまり、文化がそのうえで作動する政治的に中立な表面――として生産され、確立されていくのである」(Butler 1990: 7)。ジェンダーは自然化のこうした作業を言葉や行動、仕草の反復を通じて形成する。こうした反復が重みとなって、行為者は信念の形態を信じ、行動するようになる。さらに、反復の過程は「異性愛のマトリクス」——二形的性別は必然的に異性愛の欲望と異性愛の実践を生み出すという確信を維持する信念の集まり——を構成する。それゆえ、ジェンダーは規制的な虚構であり、「捏造であり、身体の表面に設定され、書き込まれる幻想」(Butler 1990: 136) として機能する。

ジェンダー化されたものになることは骨の折れる過程であり、自己に自然的態度を信じさせるのは困難である。しかし、この効果を生み出す努力の度合いと権力関係は、ジェンダー化の過程の核にある「自然化」そのものによって隠されている。バトラーの説明は自然的態度が前提とする因果関係を逆転させる。すなわち、二つの生物学的性別という信念は、ジェンダー化されたふるまいの結果であるというものである。しかしバトラーは、ジェンダーそれ自体がその形と意味をつくり出し規制する権力や制度、行動、言説の特定の形態の結果であると主張する。ジェンダーを生み出す諸力を説明するために、バトラーは異性愛への文化的投資に着目する。「欲望の異性愛化は、『オス』や『メス』の表出と考えられている『男らしさ』や『女らしさ』という、明確に区別された非対称的な対立を生産するよう要請し、そしてその対立を制定するものである」(Butler 1990: 17〔1999: 47〕)。したがってバトラーは、〔前述の〕スミスのように、異性愛を文化的に創造するものとしてジェンダーを説明する。バトラーの分析では、パフォーマティヴィティとしてのジェンダーが、異性愛は自然だという信念を生産する文化的力となる。ジェンダーとは「強制的異性愛の結果」であると同時に、「自然な」異性愛世界と「自然な事実」として経験される異性愛の身体という信念を形成する強力な一因となる。

二形的性別を自然化するジェンダー化されたパフォーマンスは、身体を性的に刺激する複雑な心理的過程を含む。フロイトとラカンに関する複雑な分析を通して、バトラーはエロス化を二つの文化的タブー――ジェンダー化された意味にもとづいて身体的部位と快楽とを分離する、同性愛と近親姦の禁止――と結びつける。フロイトは、文明以前に人間の性的欲望は「多形倒錯」の傾向があったが、その傾向は近親姦タブーの制度化によってのみ抑制されたという主張でよく知られているが、バトラーは、エディプス葛藤を煽る近親姦タブーは、それに先立つ同性愛の禁止なしには意味をもたないと示唆している。フロイトによれば、エディプス葛藤を解決すること、すなわち「反対の性別」の親と性的関係を持ちたいという欲望を抑制することが、正常な性心理の発達の鍵となる。しかし、バトラーはエディプスの欲望が「反対の性別」の親にのみ存在するというフロイトの推定は、同性への欲望がすでに強制的に抑圧されていることを証明していると主張する。バトラーの指摘では、フロイトの多形倒錯の説明は、フロイト自身が「両性性」と特徴づけている性的気質によって構成されている。しかしフロイトは両性愛を、「一つの精神のなかの二つの異性愛欲望の同時発生」(Butler 1990: 60〔1999: 119〕、強調は原著者による)である女性および男性気質として概念化した。ということは、フロイトの原初的両性愛に関する論文のなかに同性愛は存在せず、性的欲望はすでに異性愛化されている。

バトラーは原初的な近親姦タブーについてのフロイトの説明を補足しながら、文化はセクシュアリティの形と意味を規制する二つの禁止事項を生み出すと主張する。一つは同性愛タブー、もう一つは近親姦タブーである。同性愛に対する禁止は異性愛「気質」という形態でセクシュアリティを形成し、同時に「『自然』のようにみえているそれらの気質を、族外婚という文化的に容認しうる構造に変えるために、その後しかるべきときに、ふたたび巧妙に登場してくる」(Butler 1990: 64〔1999: 124-125〕)。バトラーは、禁止としての法も生産的であることを強調する。すなわち禁止はそれが禁止するものを生産する。したがって、同性愛と両性愛は文化の「前」あるいは「外」のどちらとしても理解することはできない、なぜならそれらもまた、構成的な言説の下で構築されているからである。

もしも近親姦タブーが明確に区別されたジェンダー・アイデンティティの生産を規定していくのなら、もしもその生産が異性愛の禁止と認可を要求するものなら、同性愛は、抑圧されるためには生産されなければならない欲望として現われることになる。つまり、異性愛がはっきりとした社会形態として無傷でいるためには、同性愛という認知可能な概念が必要となり、また同時に、それを文化のレベルでは認知不能とすることによって、その概念を禁じる必要がある(Butler 1990: 77〔1999: 144〕)。

近親姦タブーと結合した同性愛タブーは、身体的部位と快楽を差異化し、ある器官を快楽に鈍感な状態にし、ある器官を活発に反応させるような、ジェンダー化の過程を構造化する(Butler 1990: 68-70〔1999: 131-134〕)。バトラーの精神分析の記述では、同性愛に対するタブーを〔近親姦タブーに〕優先することで、文化による強制的異性愛の生成を説明し、ジェンダーによる自然化した身体の生産を説明している。スミスが人間関係を「調和」させ社会的統合を促進する文化的メカニズムを支持しているのに対して、バトラーは、必要に応じて同性愛を生産しつつ禁止する——文化のなかに置きつつ周縁化する——権力の様式を非難する。バトラーは、異性愛／同性愛という二項対立的関係それ自体が問題の多い言説的形成物であり、この二項それぞれの内部に誤った対立と虚偽の統一性を前提としていると注意深く指摘している。実際、同性愛と異性愛の根源的な分離というモニク・ウィティッグによる議論を批判する文脈で、バトラーは「異性愛の関係のなかにも、精神的な同性愛の構造があり、ゲイやレズビアンのセクシュアリティや関係のなかにも、精神的な異性愛の構造」(Butler 1990: 121〔1999: 216〕) があると主張した。そしてラカンを批判する際に、バトラーはあまりにも効果的で一義的な法の概念から生じるアイデンティティの統括的な概念に対して警告する。その代わり、「父の法に関連して固定されている男性性や女性性の位置に異議を唱える不一致や集中や革新的な不調和をジェンダー配置の内部に生産していくものは、多層的で異種共存的な同一化だ」(Butler 1990: 67〔1999: 129〕) という認識を求める。まさにそのように複数ある同一化の可能性こそが、ジェンダーを混乱させるバトラーの戦略の中心である。権力から逃れることはできないが、その配置をずらすことはできると主張するバトラーは、パロディを「本物」あるいは「性的なつくり物」を攪乱するように設計された戦術として承認する。攪乱的な反復の戦略は、「自然な」身体／欲望／セクシュアリティという幻想への信念を払拭することができ、それによってジェンダーを信じられないものにすることができる (Butler 1990: 141, 146〔1999: 247-248, 253-254〕)。

ポストモダン批評として、バトラーのジェンダーの系譜学は、セックス／ジェンダー／欲望を自然と解釈する言説的構成から何が除外されているかを調べるように設計されている。バトラーはセクシュアリティの正統な形態としての同性愛が自然的説明から除外されると指摘する。自然的態度の普及力と持続性を考慮に入れると、その生産が強い文化的諸力によって行われていることを理解しうる。バトラーの分析では、パフォーマティヴィティとしてのジェンダーは異性愛の自然性という信念を生産する文化的な力となる。ジェンダー化は特定の非対称性を自然化し正当化する過程である。「強制的異性愛の結果」として、ジェンダーは「自然な」異性愛の世界を再生産する。

なぜジェンダーは、そのような強制的異性愛をうまく支えるものとして作用するのか。バトラーの答えは明快である。「ジェンダーは文化の存続を目的とする企て」なので、「戦略という言葉は強迫的な状況を想定し、たとえジェンダーのパフォーマンスがさまざまな形態で起ころうとも、つねにその強迫的な状況のなかで起こるものとなる。したがってジェンダーは、強制的な制度のなかで存続していくための戦略となり、明瞭な懲罰結果をもつパフォーマンスとなる」（Butler 1990: 139〔1999: 245〕）。バトラーの強制的システムにおける存続戦略としてのジェンダーという描写は、文化によって課されるであろう、懲罰を避けるための機能をジェンダーが演じるに違いないと示唆する。しかしなぜ文化は異性愛を強要するのか。種の再生産などの社会生物学的な説明も完全に避けようとする言説のなかでは、選択肢は、文化が自己複製システムであるという単純な考え方[6]（異性愛の文化的嗜好の起源の問題はひとまずおいて）か、または同性愛的欲望の放棄は文明化の要求する昇華であるというフロイト的な考え方かのいずれかに限られているようである。最初の選択肢はバトラーのパフォーマティヴィティとしてのジェンダーという特徴づけから来ているが、それでもバトラーの破壊的な目的とは両立しない保守的な意味合いを有する。

バトラーはパフォーマティヴィティを言葉や行動、ふるまいの反復として定義する。この定義はJ・G・A・ポーコックの「行為の無限の一連の反復」としての伝統の概念と実質的に区別できない。この定義は、伝統の権威を証明するため、さらに起源についての役に立たないうえに潜在的に不安定化する疑念を排除するために導入された（Pocock 1973: 237）。そのような保守的なプロジェクトは、ジェンダーを攪乱するというバトラーの述べた目的とは正反対である。もしバトラーのジェンダーの説明が文化的な自己複製という静的な概念の犠牲となっていない場合、バトラーによる「文化の存続」への訴えはフロイトの文脈から解釈されなければならない。しかしその場合、セクシュアリティは文化の解釈として提供されている。

バトラーの分析はセックスとセクシュアリティの間にくさびを打ち込み、それによって生物学的決定論を回避する。セクシュアリティはセックスから「生じる」との信念は、政治的含意の話としてのみ理解できる。しかし、文化を強制的異性愛から「生じる」ものとして理解するには何が必要か。文化の複雑な領域すべてを強制的異性愛から生じている、または強制されていると解釈することは可能なのか。バトラーは文化を、「父の法」を特権化する男性優位の象徴界のシステムである男根ロゴス中心主義——科学や産業、工学、またはほかのより明白な文化的構成よりも精神分析の言説により大きな文化的影響を認める考え方——と一緒くたにする傾向がある。男根ロゴス中心主義は、歴史と文化における男性の支配についてのフェミニストの関心を集めるが、それは厳しい代償を伴う。というのもバトラーは、ファルスを特権化するにほかならない象徴界のシステムの観点から文化を解釈することで女性の不可視性を永続させ、文化の共創者としての女性の役割を過小評価しているからだ。男根ロゴス中心主義は、文化に関する包括的で十分な説明を提供するのに失敗している。それはさらに、「文化の狡猾さ」と呼びうるものの議論を維持する一種の擬人化に熱中することである。すなわち文化が巧妙な手段を使って、諸個人の要求や意図に依拠せずに組織的実践と構造を生産することによって、それ自身の存続を保証するとみなすことである。そのような物象化は文化を、全知的で、途切れることのない、難攻不落なもののようにみせ、フェミニスト的変革を志向する人々にとって著しく役に立たない出発点にしてしまう。バトラーが文化の説明として強制的異性愛を主張することにも、若干の皮肉な帰結がある。フーコーは、(セクシュアリティとしての)セックスを存在の秘密として捉えることに潜む罠について警告し、そのような信念が主体をこれまで以上に深い従属の形態に巻き込んでしまうと示唆した。セクシュアリティを文化の秘密として認めることで、その罠から逃れられる可能性はほとんどない。

異性愛の欲望の文化的生産およびジェンダー・アイデンティティの精神分析的生産という観点からジェンダーを解釈することによって、バトラーの説明はジェンダーをあまりにも自己の問題にしすぎている。しかもこの自己は、人種や階級、エスニシティによって特異的に印づけられていないようにみえる。バトラーの説明はジェンダーを私的領域化しており、精神を超えたジェンダーの構造に対処する見込みはほとんどない。社会的、政治的、経済的制度におけるジェンダーの作用は、欲望する自己の心理劇が繰り広げられるにつれて消滅する。それ自体が人種と階級によって媒介される社会生活を組織する機能としてのジェンダーのこの閉塞性は、バトラーが転換のメカニズムとしてパロディに頼ることがなぜそれほど空しいのかを説明するかもしれない。パロディは欲望の自然化を攪乱するのに役立つかもしれないが、現代の生活を制限する経済的・政治的諸力に切り込むことはほとんどない。

ジェンダーに関するバトラーの記述は生物学的決定論からの脱出には成功しているが、それはジェンダーの機能主義的説明を強化している。さらに、文化の説明として異性愛を主張する際の、ジェンダーに関するバトラーの記述は、〔前節で検討した〕スミスの説明にあまりにも近すぎて納得できない。なぜなら強制的異性愛に言及することは、自然的態度を維持する生殖のイデオロギーを払拭することにならないからである。パフォーマティヴィティとしてのジェンダーというバトラーの記述の卓越性にもかかわらず、それはモダニティの問題ある諸前提から決定的に切り離されたジェンダー概念を提供しない。

構造的説明

『ジェンダーと権力』(Connell 1987〔1993〕)においてレイウィン・コンネル[7]は、「ジェンダーの体系的な社会理論」を提案する。すなわち、ジェンダーの歴史的出現と変動性や経済的、政治的、性的、心理的領域におけるジェンダーの動的な役割、ジェンダー形成やジェンダー複製における個々の行為主体と社会構造との関係、そして生きられた経験としてのジェンダーに付随する混乱と矛盾の説明に努める理論である。コンネルは、ジェンダーの束縛力と人々がそれらの束縛と闘う無数の抵抗の両方に焦点を当てる「日常行動に根ざした」理論を発展させる。生物学的決定論のすべての形態に対して説得力のある批判を提供し、身体は文化的仲介なしではけっして経験されないことを指摘し、「生殖生物学を作成、評価、および再作成する」(Connell 1987: 79) 認知的および解釈的実践の観点からジェンダーを定義する。

コンネルはジェンダーを生得的な違いや生物学的生殖、社会の機能的要求、または社会的再生産の義務から導き出そうとするすべての理論を拒否し、それらは社会的負担と利益の不公平な配分を正当化するために、これらの文化的象徴化の根底にある力を隠すことにしか役立たないと主張する。さらに、ジェンダーを構成する日常社会行動は、人間の生殖にとって「機能的」と考えられるものとは直接関係をもたないと示唆している。男性性と女性性の文化的構造に関連した姿勢や動き、服装、装飾、体形、身体イメージ、セクシュアリティ、イントネーション、発話、熟練化および非熟練化の様式は、生殖にまったくつながらないかもしれないものである。コンネルはまた、日常社会行動としてのジェンダーは人体への単なる印づけではないことにも言及している。「それは、人間の潜在可能性を誇張したり歪曲したりするシンボルの構造を織り込んだものである」(Connell 1987: 79)。

このジェンダーの説明を展開するにあたり、コンネルはマルクスとサルトルの著作にヒントを得て、人間の日常行動の概念を社会構造に関わらせて描写している。この枠組みにおいて日常行動とは、自分の欲求を満たすために、自然を領有しその過程で自然と自分自身を変え、新しい欲求と新しい日常行動を生み出す人間存在の日々の行動である。日常行動は自然界の本質的に動的な変化であり、新しい可能性と新しいリスク、プレッシャーをもたらす。日常行動はまた、固定され、定着し、制度化されて、社会世界において将来の日常行動の自由を制限するような、ある種の不可塑性を生む可能性もある。コンネルは社会構造をそのような制限として定義づける。社会構造は社会関係に固有の実践に対する制約の様式である。権力と制度の複雑なやりとりをつうじて機能し、『構造』は日常行動が（時系的に）日常行動を規制する様式を特定化する」(Connell 1987: 95)。構造は社会世界の固定性──現在の行動を制限する過去の日常行動の堆積、個人の意図を超えて存在する集団生活の次元──を印すものだが、しかし変化を受けつけないわけではない。「日常行動はそれ自身を規制するものにそむくことができる。……構造は、日常行動にとっての意識的な対象でありうる。しかしまた、日常行動が構造から逃れ出たり、その環境から遊離することはできない」(Connell 1987: 95〔1993: 156〕)。コンネルによれば、ジェンダーは男性と女性を生殖の役割の観点から定義し、セックスとセクシュアリティを中心とした社会生活を組織化する、相互に関連した一連の社会構造としてもっともよく理解できる。この見方では、ジェンダーは個人の属性や社会的集団の特性をはるかに超えている。それは人々を生殖機能の次元にまで落とし込み、社会生活を生殖機能の観点から抑制する能動的な過程であり、それによって個人の可能性を制限する（Connell 1987: 97, 140, 245〔1993: 159-160, 213-214, 343〕)。

コンネルは、単一的な男性支配という観点からジェンダー構造を解釈するフェミニスト的説明を問題にし、ジェンダーを労働と権力、カセクシスにおける特定の日常社会行動と結びついた、非常に具体的な構造の観点から考えなければならないと主張する。労働に対する制約として、ジェンダーは特定の種類の仕事の割り当てや家庭内活動の組織、有償労働と無償労働の分断、労働市場の分離、生産と消費のパターン、賃金水準、雇用と昇進の機会、さらには労働取引の条件までも構造化する。権力をもつ領域においてジェンダーは、公的部門と民間部門での階層序列構造を確立し、制度的および対人的暴力における事実上の男性独占を生み出し、特定の家庭内および性的非対称性を促進する、権威や統制、強制を構造化する。カセクシスを他人との感情的な関係を構築する実践の観点から定義することで、コンネルは、ジェンダーが欲望する主体のアイデンティティと欲望してよい客体の指定、さらに欲望のパターンや性行動、性の取引条件を構造化することを指摘する。

コンネルにとってジェンダーは、豊かで多様なレベルにあるすべての人間の活動を生物学的再生産と関連づける過程である。それは私たちにものごとをつねに性別の観点から考えさせるのに有効な力である。そして、ジェンダーが社会組織における非常に多くの側面に制約を加えることを可能にするのは、まさにこの還元主義である。しかし、コンネルが労働と権力の領域で機能しているジェンダー諸構造を器用に識別しているとき、それらの構造が人々の思考を生殖生物学に引き戻すことによって力を得ているのかどうかはまったく明らかではない。女性は子どもを産む能力を有するがゆえに稼ぎが少ないというのは本当か。ジェンダーが私たちにそう考えさせるのか。事務やファストフード産業、中等教育、看護における職務分離は、女性の妊娠能力と実際に関連しているのか。女性は彼女たちの生殖役割ゆえ家庭内暴力にさらされているのか。

コンネルは「ジェンダーが構築され維持されている社会的出会いと、他方で生物学的な生殖行動とは、相互にきわめて乖離している」(Connell 1987: 81〔1993: 137-138〕)と指摘する。しかし、もしそうならジェンダーはどのようにして作用するのか。コンネルはジェンダーの作動メカニズムを説明するために、サルトルによる実践的惰性態の集列と意図的に動員された集団の区別を紹介する。サルトルによると集列は、外部の社会的または物質的な状況、または「状況の論理」と呼ばれうるものによって構造化された一つの集合態の形態である。複数の人々からなる集列を統合する共通性は外的な目的または他者の行動によって課されるため、集列性は受動的であり、集列を構成する人々の側には自覚的意識がないことを意味する。サルトルはバスを待っている人々の例を用いて、自身の集列の概念を説明した。彼らは共通のつながりを自覚的に意識していないにもかかわらず、彼らの状況ゆえに特定の事柄を共有している。これとは対照的に集団は、自分たちを結びつける絆――それが集合的アイデンティティ、共通のプロジェクト、または共有価値であるかどうかにかかわらず――を意識的に認める人々の集合態である。

コンネルによれば、性別は集列として理解することができる。生殖における男性と女性の生物学的分化は、並置的状況にもとづく外部論理を個人に課す。したがって女性は男性と同様に、生殖能力に関して受け身であるという共通性を有する。サルトルの実践的惰性態としての集列（つまり、制約された人間行動の産物）の説明に沿って、コンネルは性別を集列として解釈することは、前提とされた共通性の認識やアイデンティティへの集列の組み込み、または状況を共有する他の人々との同一化を意味しないと指摘する。〔それに対して〕ジェンダーをサルトル的集合という観点から説明することにより、コンネルはジェンダーの役目は連帯の基礎として生殖能力への明確な認識を生み出すことであると示唆する。「『男性』や『女性』といった社会的カテゴリーの構築、これを軸としたアイデンティティや関心の構築は、それゆえ生物学的なカテゴリーによる一括の否定なのである。そしてこの否定は、性別なるもの（あるいはさらにその内部の集団）の連帯を造りあげ、かつその連帯を主張する日常行動のなかで達成される」（Connell

1987: 81, 137〔1993: 138, 209-210〕)。それゆえ、ジェンダーがその使命を果たすためには、身体の受動的体験を無効にし、集団の成員が抱く共通性の概念を作成し、それによって女性と男性を別の集団として動員する必要がある。しかし、ジェンダーはどのようにして集列の生物学的根拠を否定すると同時に、生殖生物学を共有されたアイデンティティの基礎として動員することができるのか。そして、もし性別化した身体に関する特定の社会的期待が性別を実践的惰性態の集列として構成し、生殖という形で状況の論理を構築するならば、ジェンダーは当初の社会的期待とどのように異なるのか。セックス／ジェンダーの区別は生殖の渦中で崩壊するようである。

サルトルは集団を、共有された特徴に対する自覚的な意識が、集合的プロジェクトの開始および統一的行動の基盤となるような、人々の集合態だと考えている。しかし、コンネルのジェンダー概念では、男性と女性をこのような集合態の話にもっていくことはできない。というのもコンネルは、内部に差異がまったくないカテゴリーとして男性、女性を構築しようとしてもうまくいかないことを、はっきりと認めているからである。そしてコンネルは、いかなる集合態的同一化も不可能にし、まして集団的行動も妨げるものとして、人種や階級、エスニシティ、年齢、同性愛嫌悪に根ざした社会的分裂を強く意識している。したがって、ジェンダーがどのようにその機能を果たすかについて、集団／集列を用いた説明は、集列としての性別《セックス》の説明も集団としてのジェンダーの説明も両方失敗させる。そして、コンネルの度重なる警告にもかかわらず、その説明はジェンダーだけでなく性別《セックス》の文化的構築において、生殖への優位性を与えるようにみえる。アイリス・ヤング(Young 1994)は、サルトルの集列性の概念のコンネルによる利用には言及せずに、ジェンダーはいくつかの共通点を構造化する集列として理解されるべきであるが、自己理解と目標を共有する集合態として女性を動員する――その活動の方向性がフェミニスト的であれ、唯物論的であれ、宗教的であれ――のはアクティヴィズムであると主張した。

コンネルは、自然的態度の欠陥を証明するすべての哲学的な議論と科学的証拠があるにもかかわらず、ジェンダーへの信念が持続する理由についていくつかの推測を提供する。「服装や装飾その他の日常社会行動によって自然差＝先天的相違が強調されているという論理は、一つのパラドックスである。……この種の日常行動は、ジェンダーというすぐれて社会的な定義を維持するために行われる継続的な努力なのである。これにたいして、生物学的論理のゆえに必要な努力、およびこれにもとづく実践的惰性態は、むしろジェンダー・カテゴリーを支えることができない」（Connell 1987: 81〔1993: 138〕）。しかし、もしジェンダーがうまく文化的に作用しているとすれば、ジェンダーを強化する必要性が認識されている理由は何であるか。コンネルの解釈は驚くものである。「異性どうしのカップルの結合は、何らかの互恵性のうえに形成されるのであって、状況や経験の共有をもとにしているのではない。……性差は概して、当の関係に性愛的趣きを与える中心的要素である。それは快楽の増加と追求の手段として強調され、したがって、ジェンダーの差異の体系的な誇張である」（Connell 1987: 113）。コンネルの解釈はたいへん複雑であるにもかかわらず、また機能主義的説明に対して注意喚起をくり返しているにもかかわらず、その分析は異性愛の相補性の考えによって支えられている。なぜジェンダーが維持されるのかを根本的に説明しうるのは、この異性愛的相補性の考えである。

コンネルは強制の形態としてジェンダーを議論する際に異性愛主義を明確に避けようとするが、「性差」が性愛的な喜びを高めるという観念は異性愛主義的前提に依拠している。イヴ・セジウィック（1990）は異性愛者／同性愛者の対比は、「ホモ」／セクシュアルが帯びる意味に曖昧さを付与すると指摘した。一つの性別から同じ性別、自己と同一のもの、同一性へと概念が移行するにつれ、多くの一連の違いが抹消される。そしてこの消滅は、同一のジェンダー内よりもジェンダーを超えたところに、より大きな差異、したがってより大きな潜在的な性愛的快楽があるというコンネルの前提を支えている。「新しいホモ／ヘテロの計算法は……誰でもジェンダーを共有すれば『同一』であり、共有しなければ〈他者〉であるという、言語学的に終審的な分類があればこそ可能になっている、滑らかな功利的感触をもつ」（Sedgwick 1990: 160〔1999: 227〕）。しかしセジウィックは、人間のもっともざっくりとした調査でさえ、同じジェンダーであることは「類似性」を保証できないし、まったく同じように、「反対の」ジェンダーであることは差異を保証できないことを明らかにするであろうと指摘する。さらに、ある人の性的パートナーのジェンダーが快楽を決定する重大な差異（立場や行為、技術、身体の部位または感覚、身体のタイプ、象徴として重視するもの、権力関係などに関する差異ではなく）であるという信念は、厳格な精査に耐えられない。したがって、性愛的快楽を高めるための最良の手段というコンネルの暗示は、生殖主義者の隠れた前提があるようにみえる。ここでも「文化の狡猾さ」が、ジェンダーの説明に生殖主義者の指針を入れこむように思われる。

ジェンダーを錯綜させる

フェミニストによるジェンダーの理論化は、女性を政治的な生活から除外するために展開された、新興の性差別主義イデオロギーに対するウルストンクラフトの批判以来、非常に長い道のりを歩んできた。フェミニスト研究者は、女性の「本性」についての主張に浸透する企みに注目することに加えて、「両性間に認知された差異にもとづく社会関係の構成要素であり……権力の関係を表す第一義的な方法」（Scott 1986: 1067〔2004: 103〕）としてのジェンダーの入念な説明を提起してきた。フェミニストたちは、ジェンダーが文化的シンボルや規範的概念、社会制度と組織、主観的アイデンティティの中で、またそれらを通して機能することを示している（Scott 1986: 1067-1068〔2004: 103-105〕）。フェミニストたちはセックス、ジェンダー、セクシュアリティを結びつける複雑な関係について説得力のある説明を考案した。それでもバトラーやコンネル、スミスによって進められた議論に関する前記の分析が示唆するように、もっとも洗練されたジェンダーの説明でさえ、性愛を生殖に還元するセクシュアリティの概念である「生殖のイデオロギー」にとらわれる傾向がある（Barrett 1980: 62-77）。種の存続を促進するために文化が機能するという仮定は、異性愛規範的であるだけでなく、人種や階級と特殊に関係づけられてもいる。こうした仮定は、「近代文明」に結びつく文化が、人口統制から大量虐殺にまでわたる政策を通じて、植民地化された人々の再生産を積極的に阻止してきたことを認識しきれていない。

これらの限界と関連して、複数の研究者が分析範疇としてのジェンダーの効用について疑問を投げかけている。スーザン・ボルドーは「ジェンダー懐疑主義」を煽る二つの流れを特定した（Bordo 1993: 216〔1991: 111-112〕）。第一の潮流は、有色人種の女性とレズビアン・フェミニストの経験から来ていて、彼女らの生活における「複合的な危険性」の特徴は、ジェンダーの一般化の妥当性について深刻な問いを提起することを示唆している。もしジェンダーがつねに人種や階級、エスニシティ、性的指向によって媒介されている場合、ジェンダーだけを分離して解釈する分析枠組み、あるいは「付加的モデル」——ジェンダーが人種や階級、エスニシティ、性的指向によってさまざまな影響を受ける可能性のあるアイデンティティの分離した側面であると推定するモデル——の観点からジェンダーを解釈する分析枠組みの両方には、重大な欠陥がある。それは抑圧の形態を一つだけ経験すればすむという贅沢な状態にいる白人で、中産階級の、異性愛者のフェミニストの有する多数の特権を隠すためとしてのみ役立つ（Spelman 1988; King 1988; Higginbotham 1992）。〔ジェンダー懐疑主義を煽る〕第二の潮流はポストモダン批評からきている。ポストモダン批評では、異質な要素で虚偽の統一をつくり出すものとしてジェンダー・ナラティブが描かれている。支配と従属の恒久的な関係において男性と女性を固定する二元論的な対立に疑問を投げかけることに加えて、ポストモダン批評家はまた、セックス／ジェンダーの区別の「根拠」に異議を唱えてきた。もし男性性と女性性の社会的構築を明らかにするためにジェンダーが考案されたのであれば、そしてセックス化された身体を所与のものだと素朴にみなしたとすれば、身体や性別、セクシュアリティを社会的に構築されたものとして理解するポストモダンの世界に、そのジェンダー観が提供できるものはほとんどない。

「インターセクショナリティ」（Crenshaw 1989; McCall 2005; Hancock 2007a, 2007b, 2016; Cooper 2016）や「異種混淆性[8]（hybridity）」（Anzaldua 1987, Bhabha 1994〔2012〕, Friedman 1998）、「分節＝節合[9]（articulation）」（Hall 1980a, b）、「アセンブレージュ[10]（assemblage）」（Deleuze and Guattari 1987〔2010〕; Puar 2007）を理論化することで、近年のフェミニスト研究者は人種やジェンダー、階級、エスニシティ、セクシュアリティ、国籍の相互構成の問題として身体化について探究している。フェミニスト研究者たちは人種化やジェンダー化、異性愛化を、身体化された差異の階層序列構造、そして身体と精神に広く行きわたった不平等の構造を生み出す、歴史的に特殊で、相互に関連する過程として検討する。これらの見解は第三章で取り上げる。

訳注

1　邦訳書名は『女性の解放』が知られている。
2　カセクシスとは精神分析の用語で、精神的なエネルギーが特定の対象に注がれ続けることを指す。
3　「女に一体化する女（woman-identified-woman）」とは、レズビアニズムの提起した用語である。レズビアンは男になろうとする女、したがって「男に一体化する女（man-identified-woman）」だとするリベラル・フェミニストからの批判に対し、むしろレズビアンは女に一体化することで、社会の性差別や父権制度を批判する解放された女性であると主張した。
4　ノンバイナリーとは、社会の男女二元論を否定し、男性あるいは女性いずれか一方に還元されない生き方をすることを指す。
5　アセクシュアルとは、他者に対して性的に惹かれることがなく、性的な関心がない、あるいは少ないことを指す。
6　昇華とは精神分析の用語で、社会的に許容されない目標を別のそれに置き換えて、当初の目標を達成したいという欲求を別の方向で満たそうとすることを指す。

7　レイウィン・コンネルはトランス女性であり、出生時はロバート・ウィリアム（・コンネル）と名づけられた。『ジェンダーと権力』を含む初期の著作はR・W・コンネル名義で出版していたが、性別移行後の二〇〇六年からはレイウィン・コンネル名で研究を行っている。

8　異種混淆性とは、ポストコロニアル批評やカルチュラル・スタディーズなどで用いられる概念である。植民者によって与えられた支配－従属関係や二項対立的理解を拒否し、文化的アイデンティティを固定化して捉えるのではなく、アイデンティティがもつ異質性や差異性、多様性を捉えるために用いられる。

9　分節＝節合とは、カルチュラル・スタディーズの祖スチュアート・ホールが提起した概念である。諸言説や語句、意味づけの結びつきを自明視せず、それらの結びつき方や結びつきの経緯、変化の可能性などを批判的に捉えるために用いられる。

10　アセンブレージュ（assemblage）とはドゥルーズとガタリが提起した概念、agencement（日本語ではアレンジメント、作動配列などと訳される）の英訳である。異質な制度や物、自然などをさまざまに組み合わせ、新たな動的な単位をつくり出すことを指す。

第三章　身体化＝身体性を理論化する

生物学はほかの手段をもってする政治である（Fausto-Sterling 2000: 269）。

身体が何をなしうるかをこれまでまだ誰も規定しなかった（Spinoza,『エチカ』第三部定理二備考〔1951a: 171〕）。

『オックスフォード英語辞典』によれば、具体化／身体化《エンボディ》するとは、抽象的あるいは理想的なものに具体的な形態を与えることである。その用語の初期の使用法は、魂や精神がどのように身体に取り込まれるかという、受肉の神秘と関連づけられていた。古代世界から続く身体化の思想のなかには、いまや時代遅れとなったものがある。それはたとえば、〔人間の〕基礎的な気性を身体の流動物の欠乏や過剰に帰すようなものである。ヒポクラテス（紀元前四六〇〜三七〇）からガレノス（一二九〜二〇〇ごろ）、イブン＝シーナ（九八〇～一〇三七）に至る著名な思想家たちは、人間の気分や感情、知的能力、道徳的傾向、行動を生理学的状態との直接的関係において説明する「四体液」の学説を発展、洗練させてきた。その四体液の学説とはすなわち、活力のある／生き生きとした／血に由来する多血質の（熱狂的、活動的、社会的な）人格、黄胆汁を原因とする怒りっぽい（独立した、断固とした、達成志向の）気質、黒胆汁を原因とする憂鬱な（分析的な、詳細にこだわる、深く考えたり感じたりする）性格、そして多量の粘液によって説明される冷静沈着な（落ち着いた、平和的な、静かな）人、という四つである（Arikha 2007）。このような体液の学説が、一八世紀に至るまでの医学の実践や生きられた身体の経験、身体化の哲学的説明を方向づけた。医学の教科書と哲学的議論は、〔人間の〕性質や病気を、器官や導管、体内を流れるものと結びつける複雑な関係の図像と、洗練された言語による説明を提供した。抜け目のない内科医や裁判官、人間本性の理論家は、身体の形や特徴、特に顔の形や特徴から性格や個人的特性を決定する技巧である人相学に、自分たちの専門知識の根拠をおいた。身体の表面に表れるものが、物質的でも観察可能でもない体内の様子を表す糸口として利用された。

そして、身体化に関する哲学的な説明は表象の政治にはまってしまった。それらは異なるものどうしの結びつきを可視化しようとする。すなわち、現実と外見、本質と実態、非物質的なものと物質的なもの、形と中身、不変性と変化、自然と慣習、精神と身体、認識と感覚、行動と主観、ふるまいと意志・願望との関係性を見いだそうとする。それらは世界に対する特定の見方を可能にすることによって、限定された種類の証拠にしか注目を集めない。自らの洞察の正しさを確信して、哲学者たちは普遍的な言語で自らの主張をつくり上げる。

本章は、西洋政治哲学の伝統のなかで発展してきた身体化に関する主張の一部を検討するが、それは「人間本性」に関するそうした主張の妥当性に疑問を投げかけるためである。本章は人間身体と関連づけられた一連の抽象概念を分析し、その普遍的一般化を問いただす。この作業は、それらがいかにエリートで、白人の、ヨーロッパ男性の一部の経験とすべての人間の経験を一緒くたにするものであるか、同時にそれらが、ある身体化の様式を調査の対象外に配置する、ジェンダー化された人種化にどのように関与しているのかを示すために行う。本章は、西洋の伝統において盛んに用いられた「合理的な主体」あるいは「主権者としての自己」の視座を吟味することから始める。続いて、こうした権威ある説明によって除外され、あるいは隠されてきた身体化された存在の次元を議論する。そして「知に対するヨーロッパ中心的な見方は、それが映すものを歪曲する鏡として機能する……知覚された像は構成的なものであるだけでなく、部分的で歪められたものでもある」(Quijano 2000: 556) ことを論証する。本章は人種化され、ジェンダー化された生物学化へとくに焦点を当てるが、この生物学化とは、異なる「人間の種」に関する考えと特定の地理的・政治的地域の住民とを、哲学者や科学者たちが関連づける手段である。本章では、西洋の政治思想にまとわりついてきた人種化・ジェンダー化された歪みの克服をめざす、近年の身体化の理論化も考察する。

人間本性

西洋政治哲学の正典は、古典古代から現在までに由来する伝統としてしばしば教えられるが、起源はかなり新しい。それはヨーロッパとアメリカの世俗化した大学で提供された新しいカリキュラムの一部として、一九世紀後半に選ばれたテクストを集めたものである。ヨーロッパの歴史を合理性と自由の展開とみなすヘーゲルの観念によって強靭に方向づけられたことで、正典のなかに含まれた著作は、ヨーロッパ独自の文明の成果にとって鍵となる役割を果たしたと信じられてきた文化や時代（古代ギリシャと古代ローマ、イタリア・ルネッサンス、啓蒙運動期のイギリスとフランス、プロイセン）から引き出されてきた。正典とされたテクストは人間本性や政治、民主主義、自由、正義に関する「大論争」を中心に構築されているため、めざすところは真実であると主張する。大家とされる思想家たちは、批判的知性を駆使して存在の神秘を突き抜け、現実の本質への深い洞察を提供した。しかし、そのような高遠な目標にもかかわらず、西洋の正典に含まれた著作は、人種差別主義的で性差別主義的、異性愛主義的な社会関係を認可する説明を提供した。人間本性に関する権威ある見解に注意を払うことで、合理性と政治的権利が、いかにして特定のアングロサクソン系男性――自己決定のみならず「劣った」人々を支配し啓蒙する資格をわがものにした――だけの領分となるのかが明らかになる。

人格を基礎的な生理状態から説明する四体液の理論とは対照的に、大家とされた政治理論家は人間本性を神と動物との関係で分析した。哲学者は人間を神や動物から区別する種差を明らかにしようとした。

A・O・ラヴジョイ（Lovejoy 1936［2013］）は、古代と中世の理論家が、秩序立っていて、神の力で定められた階層序列構造として自然界をみなす神学を共有していたことを示した。「存在の連鎖」あるいはスカラ・ナチュラ（自然の階梯）の範囲内で、すべての形態の生命は最下位（無機物、植物、動物）から最上位（人間、天使、神）までの連続体のなかに分類することができる。その階梯は、精神を物質よりも特権化し、すべての生き物を、全知で不滅の神への近接性に従って配置した。存在の大いなる連鎖内への配置は権威を伴っていた。すなわち、高位の存在は低位な形態の存在を正統に支配できる一方で、彼らの行使できる権力は道徳原理によって制限されていた。ときに「自然の摂理」と表現されるこの道徳原理もまた、神により定められ、人間は正しい理性の行使を通じてこれに接近できると信じられていた。

　西洋政治思想において発達してきた人間本性の概念化は豊かで多様である。しかし、〔それらの概念化の間には〕重要な差異があるにもかかわらず、多くの理論家は合理的行動や言語能力、創造力、羞恥の能力が人間にあると考える。神のように人間も思考し、意思疎通を行い、技巧の世界を創造することができる。神や動物と違って、人間は裸のままで世界を動き回ることに満足しない。たえまない身体的欲求は人間に重くのしかかり、不満と羞恥の強力な源泉になりうる。多くの思想家が心あるいは魂、精神、思考を非物質的なものと考え、それらを生まれ変わりによってであれ天の報いという概念によってであれ、身体を超えて生きる能力、すなわち不滅と一致させた。より高位の存在と共有していたものを好むがゆえに、身体を下位に位置づけ、道徳的地位の中でも劣ったものとして扱うような、魂と身体の断絶を主張する理論家もいた。身体を誘惑の場所、知の追求を邪魔するもの、神から遠ざけるためにそそのかすもの、性欲への屈服、暴力あるいは攻撃、意志達成の失敗、死のメカニズムだとみなす者もいた（Bordo 1993: 5）。身体を両価的なものあるいは疑うべきものとしてみることで、彼らは「真の自己」とそれが居座る身体との間に距離を見いだした。身体は見た目または容器、一時的な媒体、実在物、人が保有する所有物、「（魂や思考、精神、意志、創造性、自由として考えられていた）真の自己とは別のもの……自己の最善の努力を損なうもの」（Bordo 1993: 5）と特徴づけられた。「精神の監獄として身体を想像する……肉体を私たちの内的で気高い存在の自由な表現を制限する不自由なものだと考える……身体化されるということは物質性の状態へ落とし込まれることであり……永続する絶望的な苦闘に接合されることであり……存在的に不十分な状態にいるということである」（Carter 2013: 130）とさえ考えた哲学者もいた。

精神／身体の二元論は、デカルトのコギト、「われ思う、ゆえにわれ在り」（Descartes 1637［1998］: 19-20〔1997: 46〕）がもっとも見事に表現するように、合理性を第一とすることと一致し、身体を疑わしい外殻の次元へと落とし込む。意識的な思考の領域に位置しているがゆえ、自己は独立していて絶対であり、身体という負荷から自由となる。近代政治思想において、社会や身体化された社会関係に先だって存在する負荷なき自己という概念は、非常に影響力があった。それは、政治システムを創造するために自由に契約し、前‐社会的で権利を有する個人を仮定する、社会契約の伝統を支えている。『統治二論』（Locke 1690［1980］〔2010〕）で展開されたロックの解釈では、この「主権者としての自己」は合理的で平等で、「自然状態」において自由であり、つねに自身の状況を改善するために行動する。社会契約をつくり出す際に、この合理的な主体は国家の権力に明確な制限を設定し、権力を濫用するどのような暴君に対しても革命を起こす権利を保持している。ロックは、主権者としての自己は自分のなかに固有権をもち、彼の労働を地球の豊富な資源と組み合わせて、さらなる固有権を獲得することが許されていると示唆する。そのような労働がない場合、天然資源は価値をもたず、それらはゴミになるだけである。それゆえロックにとって身体化は、理性や権利、労働、正統な取得物を、勤勉な身体と結びつけることである。

ロックの言葉は教訓的なものである。「すべての人間は自然な状態で……人それぞれが他人の許可を求めたり、他人の意志に依存したりすることなく、自然法の範囲内で、自分の行動を律し、自らが適当と思うままに自分の所有物や自分の身体を処理することができる完全に自由な状態にある。それはまた、平等な状態であり、そこでは、権力と支配権は相互的であって、誰も他人以上にそれらをもつことはない」(Locke 1690 [1980]: 122)。普遍的な条件について、「すべての人間は自然な状態にあり」それゆえ「同じ種の被造物は……すべて生まれながらに同じ自然の便益を享受し……別の方法でも平等であるべきであることは明白である」と主張しているにもかかわらず、次いでロックは奴隷(Locke 1690 [1980]: 132-133)と強制労働(Locke 1690 [1980]: 135)を正当化している。奴隷とは「合理性を放棄」していて、自分自身を他者との「戦争状態」におく人たちである。暴力的な攻撃を行っているために、彼らは自己決定の権利すべてを剥奪されている。家僕とは、おのれの時間と才能の支配を「主人」の資格として認める契約に署名することによって、他者のために働くことを自分の意志で認めた人たちである。自分の労働を地球の資源や蓄えられた富と組み合わせるのではなく、その管理を他の人に移譲することへの同意によって、家僕は彼らの合理性の力が疑わしいものであることを示す。したがって、家僕は支配下におかれ、彼らの主人から指示を受けることで利益を得る。同様にして、女性は自分の意志を夫の意志に永続的に従属させる結婚契約に合意するとき、合理的に考える力の貧弱さを表すことになる。結婚への合意は自発的な服従を示唆し、意志決定における夫の支配が良識であることを示す。そうであるなら、人間の条件の普遍性は身体一般と関わるというより、むしろジェンダー化され階級化された身体とより関わっている。

ロック研究者は、自然の自由と平等に関するロックの主張が、彼のほかの著作において述べられている見解と緊張関係にあることを指摘する。シャフツベリ伯爵の秘書を務めている間、ロックは北アメリカにおける二つのイギリス植民地の統治文書である『カロライナ基本法』(一六六九)をつくり上げた。この文書の第一一〇条は奴隷の規定であり、「自由人は、彼らの黒人奴隷に対する生殺与奪を含んだ、絶対的な権力と権威を有する」と明示的に述べられている。ロックはさらにイギリスの奴隷貿易の独占権を保持していた王立アフリカ会社の株を持っていた。誘拐され「新世界」へと移送されたアフリカ人男性とアフリカ人女性が奴隷商人に対して攻撃的であった、あるいは『統治二論』で規定された正統な奴隷化の基準に彼らがともかくも従っていたとロックが信じていたことを示唆する証拠はない(Ward 2016)。したがって、ロックのイギリス植民地における奴隷の正統化は、自然の自由と平等についての自らの主張とはまったく対照的である。『人間知性論』(Locke 1689 [1997]〔1972-1977〕)のなかでのロックの「インディアン」の説明もまた、自然状態における「すべての人間」の合理性と平等に関する自らの主張と適合しない。人間の合理性を自然法の知に基礎づけるエッセイのなかでロックは、インディアンたちを合理性の力をもたない「子どもで、白痴で、ひどく無学」な人の範疇へ入れた(『人間知性論』第一巻二章二七項)。

実際、インディアンが複雑で抽象的な思考に欠けていると主張することで、ロックは彼らが人間よりも非合理的な動物たちのほうに近いことを示唆している（『人間知性論』第二巻一一章一〇項）。

身体化に関する普遍的な説明は、しばしばその見かけとはかなり異なっている。ディピカ・ナスが指摘するように、「『自然さ』に関する議論は必然的に普遍主義を示唆する。なぜなら何が『自然』であるかは、文化的なものや学習の影響を受けないように見えるからである……同じ欲望や要求、不満はどこにでもある……結果として、人々は脱人種化され、脱国籍化され、脱ジェンダー化される」。しかし、普遍的な主張によって示唆される包括性はまやかしにすぎない。理論家が自身の文化的経験に自然を読み込むように、「普遍的と称されるものはすべて、支配的なものの反映でしかない」（Nath 2008: 8）。実際、理論家は頻繁に、人間には「自然に存在する」階層序列構造があることをほのめかし、それによって不平等の構想と正統化における理論家自身の役割を隠す。

身体を人種化し、ジェンダー化する

批判的人種理論家たちは人種を「政治的分断……発明された生物学的区分にもとづいて人々を社会的な階層序列構造に分類する、人々を統治するシステム」（Roberts 2011: x）と概念化する。そうであるなら、人種はいかに「生物学が他の手段をもってする政治である」（Fausto-Sterling 2000: 269）のかを示す強力な例を提供する。ドロシー・ロバーツはエスノセントリズム（自身が所属する集団の優遇）とゼノフォビア（よそ者への恐れ）は古代世界にまでさかのぼれること、しかしどちらも近代の産物である人種という生物学的概念と同じものではなかったことを指摘している。エスノセントリズムもゼノフォビアも「すべての人類を数種類に区分すること……あるいは視覚的な差異を、それぞれの集団の恒常的な社会的価値を決定する不変の区分として扱うこと」（Roberts 2011: 6）を伴っておらず、またどちらも「身体的差異に道徳的あるいは知的能力を読み込むもの」（Roberts 2011: 7）ではなかった。

　表向きは自然な「人種の」差異の説明である生物学化は、一七世紀のヨーロッパ人の想像力に入り込み、一八世紀の間にもっとも栄えた（Banton 1998）。当初から、異なる人種に関する主張は身体的特性の説明よりもはるかに多くを含んでいた。人種の科学的分類法は、色素と髪質、地理的な位置についての観察を、知性や社会組織についての人種化したステレオタイプに結びつけた。「個人」が血統または親族関係のつながりに拘束されない、自律した実体として概念化されるのと同時期に、科学は個性を取り除いた人種の、自然のようにみえる階層序列構造を発明していた。自由とされる観念上の個人とは著しく対照的に、科学は人種の「類型」――階級の典型的な性質を表面上に示した人――を創出した。人種の発明によってヨーロッパの科学は、ヨーロッパ人を人間の発達の頂点と位置づけて、あらゆる人間を評定しうる基準を設定する特権を科学自身がもつと主張した。特定の身体のいくつかの観察にもとづいて、ヨーロッパ人は人相学を「普遍的」なものと主張し、身体的属性を知性や態度、道徳的傾向、政治的能力、およびジェンダー化された身体と結びつけた。

　たとえば、偉大なスウェーデン人の分類学者カール・リンネ（一七〇七～一七七八）は、すべての生き物を綱、目、属、種、変種で分類することに着手し、一二冊にもわたる『自然の体系』を生涯にわたって出版した。神によって定められた存在の大いなる連鎖の秩序を破り、リンネは霊長類の動物と人間に類似性を見いだし、一方で人間の間にも識別可能な階層があったことを示唆した。リンネはヒト属をホモ・サピエンス（人間）とホモ・トログロデュッテス（穴居人、類人猿）の二つの種に分けた。そして彼はホモ・サピエンスを、おもに各「人種」の男性を証拠とする自然的四変種に分けた。リンネのこうした変種についての一般化は、地理上の区域と肌の色に関する観察と、文化的特徴や身体的外観、知的潜在力、美的価値に関する見解とを組み合わせたものだった。

　ドロシー・ロバーツは、リンネが特定の身体と結合させた性格の特性をうまく要約した。美と知性の頂点に、リンネはホモ・サピエンス・ヨーロッパを位置づけた。その特性は「活発で筋肉質・流れる金髪・青い目・とても賢い・創意に富む・身体に沿った服に覆われている・法によって支配される」というものであった。ホモ・サピエンス・アメリカは、リンネによると「不機嫌・感情を表さない・太くてまっすぐな黒髪・広い鼻孔・険しい顔・あごひげはない・頑固・満足している・自由・赤い線を身体に描く・慣習によって支配される」。リンネはホモ・サピエンス・アジアを「憂鬱・いかめしい・黒髪・黒い瞳・厳格・高慢・貪欲・ゆったりした衣服に覆われている・世論によって支配される」と表現した。そしていちばん下に彼はホモ・サピエンス・アフリカを位置づけた。さらに、「のろま・怠け者・黒いちぢれた髪・絹のような肌・平らな鼻・厚い唇・長い外陰部のひだと引き延ばした乳房をもつ女性・悪賢い・緩慢・不注意・油脂にまみれている・運命の気ままによって支配される」と表現した（Roberts 2011:

29-30)。「人種の科学」は、進歩と文明、支配力とが結合した者が、肌の色や未開度、野蛮さにおいて下位にいる者たちを支配することを正統化する、ヨーロッパ人の優越を前提とした人間の変種の階層序列構造をつくり出した。この科学は経験的観察にもとづいているとされていたが、それは見た目の調査では判明しない道徳的あるいは知的能力に関する主張を含んでいた。

政治理論家はそうした人種の序列構造化の正当性を普及させるうえで、中心的な役割を果たした。スコットランド啓蒙思想のデイビッド・ヒューム（一七一一～一七七六）は、従来の合理主義者と経験主義者を痛烈に批判したことによって国際的な名声を得た。懐疑論者ゆえに彼は、学者たちにすべての第一印象に対する明白な根拠を調査するよう求めた。それにもかかわらず、彼は「ニグロ」や「ほかの種の人間」に関して著しく未検証な主張を展開した。エッセイ「国民性について」の悪名高い脚注においてヒュームは、すべて「白人よりも生まれつき劣っている」に四つか五つの「人間の種」があると断言した。これらの劣った種のなかで「文明的な国家〔や〕……卓越した個人……精巧な製品……芸術……学問」を生みだしたものはない。ヒュームはこれらの明白な区別を自然なものとした。「もし自然がこれらの人種間に本来の区別をつくらなかったのならば、このように斉一的で不変な相違は、これほど多くの国と時代に生じえなかったであろう」（Hume 1753: 4, 125n〔2011: 183〕）。

ドイツの著名な哲学者イマヌエル・カント（一七二四～一八〇四）は、ある行動について、同じ状況に直面した際に、それを行うことがあらゆる人にとって正しければ、それは倫理的だと規定する「普遍化可能性」の原則にもとづき、倫理（義務論）の複雑な体系を展開した。カントの定言命法「汝の意志の格率が、つねに同時に普遍的立法の原理とみなされるように行為せよ[1]」は、すべての理性的な存在を拘束する忠実な行動の基盤を確立しようとした。実際、カントはたとえ自然の欲求や性向と対立していたとしても、人間がつねに従わなければならない客観的で合理的に必要な無条件の原則を普遍化可能性が提供すると主張した。おそらくその第二定式——「したがって、汝は汝の人格ならびにあらゆる他人の人格における人間性をつねに同時に目的として使用し、けっして単に手段としてのみ使用しないように行為せよ[2]」——においてより知られているであろうカントの定言命法は、人間の平等な尊厳と価値を讃美している。それゆえ、カントの著作に劣等の人種に関する議論を見いだすのは驚くべきことである。『さまざまな人種について』(1775)でカントは四つの人種を区別した。「われわれは人類の四種族を前提とすればそれだけで……一目で弁別でき保存され続けている区別をすべてそこから導き出すことができる。……〔それらは〕(一)明るいブロンド色の人種(北部ヨーロッパ人)、(二)赤銅色人種(アメリカ先住民)、(三)黒色人種(セネガンビア人)、(四)オリーブ黄色人種(インド人)〔である〕」(Kant 1775 [2000]: 11)。肌の色と地理上の起源が根本的な性格を明らかにするという観念を再び用いて、カントはアメリカ先住民の「自然な」性質を黒人の性質から区別した。「アメリカ原住民の気質は半ば失せている生命力を示している、〔その結果〕スリナム〔南米北東部の地域〕では赤銅色の奴隷は家事にだけ用いられている、なぜなら、彼らは畑仕事にはあまりにも弱すぎるからである。……その〔湿気を伴った温暖な〕気候に適合しているニグロ〔は〕頑強で、筋肉質で、体は柔軟だが、彼らを生んだ母国土のあり余る肥沃のために怠惰で、柔弱そして遊び好きである」(Kant 1775 [2000]: 11)。普遍的な人間の理性と尊厳への尊重を義務づける自らの定言命法とは著しく対照的に、カントは「赤銅色人種」と「黒色人種」を奴隷労働に良心の呵責なく追いやっている。

『世界史の哲学講義』において、ゲオルク・ヴィルヘルム・フリードリヒ・ヘーゲル（一七七〇〜一八三一）はカントの思想のこの過ちについて批評している。しかしながらヘーゲルは、カントの見解の矛盾を批判するのではなく、「アフリカ文明」の限界という観点からその過ちを説明した。実際にヘーゲルは、「アフリカに固有の特徴」は「一般観念の範疇」を欠いていると断言した。「黒人の生活では……意識がなんらかの確固たる客観性——たとえば神や法律——を直視するにいたっていない。……黒人は自然のままの、まったく野蛮で奔放な人間です」（Hegel 1837 [1975]: 117〔1994a: 159-160〕）。ヘーゲルはアフリカ人がいつの日か普遍的な意識を獲得する可能性は否定しなかったが、一九世紀においては「サハラ砂漠以南のアフリカ人」は「自然」の支配下にあるとした。これとは対照的に、

> 精神はコーカサス人種において始めて自己自身との絶対的統一に到達する。——精神はここで始めて、自然性に対する完全な対立に入り、自己を自分の絶対的独立性においてとらえ、一方の極から他方の極へあちこち動揺することをまぬがれ、自己規定・自己自身の発展に到達し、且つそのことによって世界歴史をつくり出す（Hegel 1830 [1971]: §393, 補遺〔1996: 76〕）。

イギリスの哲学者ジェームズ・ミル（一七七三〜一八三六）は、功利主義の伝統——倫理的判断の根底と

しての義務に焦点を当てた義務論を人間の幸福という原理に代えた——のなかで書を著したのだが、人種化の論理を南アジアの人々にまで適用した。ミルによれば、インドの人々は「博愛主義者」の階級に支配されることで利益を得ると予測される。「〔もしインドの人々が支配されれば〕文明化の進度は前例がないほど速まるだろう。ヨーロッパの芸術や知識、礼儀作法が彼らの手の届くものになれば、抗いがたい道徳的力によってそれらが受容されるだろう。そうすれば人間という種の幸せは驚くほど増加し、もしかしたらもっとも文明化された国においてさえも進歩が大いに加速するだろう」(Mill 1813: 30)。「崇高な」ヨーロッパ系白人の生まれ持った優位という、同じく人種化された前提を取り込みながら、ミルは植民地化を四つの精神、すなわち知性と節制、正義、寛大の養成を通して、植民地化された人々の幸せや安寧を促進するメカニズムとして描いた。礼儀作法や教育、統治あるいは法体制を、文明化が「速められる」必要性を有した人々にもたらすことで、植民地化は明らかに南アジアの状況を向上させ、彼らの苦しみを軽減し、貧困に終止符を打つために機能するだろう〔と考えていた〕。

さまざまな知的伝統を経た近代政治理論家たちは、非ヨーロッパ人たちを厳然と人種化する「観察」を、人間本性に関する普遍的な主張に並置した。ロックとヒューム、カント、ヘーゲル、ミルは、どのように人種差別的発想がいとも簡単に自然化され、ほかの「人間の種」の身体と結びつけられてきたかを示す明確な証拠を提供する。サイディヤ・ハートマンが指摘するように、「人種の自然化は、まるで人種がつねに存在していたかのようにみせることであり、それによって、人種の生産が強制され培養されたことを否定するものである」(Hartman 1997: 57)。自然な差異に関するこれらの哲学的説明は、奴隷貿易と植民地化を通じた人種の暴力的生産を隠蔽し、ヨーロッパとの固定的な時間関係に「原始的人種」なるものをはめ込んだ。それらの説明は、ヨーロッパ人が高い段階に達している一方、「未開人たち」は人間の進化あるいは歴史的発展の初期段階に固定されたままであると主張した。ヨーロッパ人を、世界史の自由で自己決定的な創造者とする描写は、白人種がほかの人種と比べて圧倒的に優れた文明を達成していることを示唆した。進化や歴史的発展、近代化のどの枠組みで語られたとしても、ヨーロッパの芸術や建築、文化、哲学、科学によって示されるように、「コーカサスの人種」は洗練の高みに達したことになった。

二つのセックスおよび男性と女性の区別された領域の形成は、ヨーロッパ人の優越の主要な例の一つとして重要である。進化の言説において、「セックスとジェンダーの強い二形性」は世界史的達成として宣言されていた。

> 支配的な西洋のイデオロギーにおいて、セックス／ジェンダーの強い二形性は人間の理想としてしばしば機能する。さまざまな人種はこの理想に則して評定され、白人のヨーロッパ人を除いたすべてが不適格とみなされかねない。それゆえこの理想は、人種的進歩の尺度として機能する。すなわち特定の人種内の男性と女性の関係の（主張された）性格によって進歩の程度が決定されうるのである（Markowitz 2001: 390-391）。

はっきりとした性差とより高度な文明との結合は、脱ジェンダー化という結果を生む。すなわち男性と女性の区別が「低位の人種」においては曖昧で、有色男性は女性化され有色女性は男性化される。サリー・マーコウィッツが指摘するように、

人種と性別の「科学的」分類は長い間、相互に関連づけられていた。気質や知性、生理機能において、いわゆる「低位の人種」はしばしば女性型の人間の比喩を提供し、女性は「低位の人種」の比喩を提供した……「低位の人種」が女性的なものとしてしばしば表象され、これらの人種の男性がより男性的でないと表象される一方、非白人女性の女性性……は否定されがちである（厳しい肉体労働や性的搾取を正当化するには、それがかえってよいのである）（Markowitz 2001: 390）。

この女性性と低位の存在との結合は、政治的結果も生んだ。文明化された女性がもろい生き物で、理性よりも感情に支配されていると想像することで、哲学者と政治家は彼女らが公的生活を送るのには不向きだという見解で一致した。

一九世紀において、「女性」は、法治国家それ自体の行為特性と行為能力とに直接対立するような特性と能力を持つ存在として確立された。国家が、理性と権力の国家となるにつれ、女性は感情と弱さの位置に固定された。国家が科学の国家になったとき、女性は信仰と宗教を注入された。国家

が近代化するにつれて、女性は伝統的なものとして理解されるようになった。国家が自己利益に傾くにつれ、女性は無私であるとされた（Towns 2009: 691）。

ヨーロッパの思想家は、人種とジェンダーを身体化における劣位の形態として理論化することで、文明化された白人男性だけが達成できるものとして、合理性の完成を思い描いた。この排他的な達成は特定の資格――自己決定と自己統治だけでなく、彼らの家族内の女性から彼らが植民地化したすべての土地の人々に至るまで、「劣った者」を支配する権利も含む――を正当化した。家族および植民地の支配が、自由と平等、合理性に関する主張によって正当化されたのは、残酷な皮肉である。

ジェンダー化された人種化と植民地化

脱植民地化に関する理論家は、ジェンダー化された人種化の過程が植民地化の中核であったと示唆する。植民地開拓者と植民地化された人との間の人種的階層序列構造の形成と、先住民間の文化的相異の抹消との両方を含む「住民の再編成の新しい政治」を把握するため、アニバル・キハノは権力の植民地性という用語をつくり出した。スペイン人とポルトガル人が一五世紀にアメリカ大陸を支配した際に、彼らは「『人種』というラベルのもとに支配者と被支配者の差異を成文化するという特徴を有した権力モデル」（Quijano 2000: 533）を押しつけた。文化や伝統をもとにした差異と比べて、人種は「ある人々を他より劣った状況に置くもう一つの生物学的構造」を意味し、「スペイン人征服者は人種を支配の新しい形態の本質を構成するものとした」(Quijano 2000: 533)。征服者たちは、「インディアン」や「黒人」「メスティーソ」をスペイン人やポルトガル人よりも低い人間として位置づけ、「自然」と詐称して階層序列構造を明確につくり出し、単に描写しただけだとする差異を生み出した。この差異の産出には、身体的および性的暴力、搾取、奪取と結びついた、先住民の人々の広範囲にわたる同質化が含まれていた。

キハノは同質化を植民地化の主要な技術として特徴づけた。ヨーロッパの植民地開拓者は

> それぞれが独自の歴史や言語、発明品、文化的生産物、記憶、アイデンティティを有する異なった多数の民族を見つけた。それら民族のなかでもっとも発展し洗練されていたのがアステカ族やマヤ族、チム族、アイマラ族、インカ族、チブチャ族などである。三〇〇年後、それらすべてはインディアンという単一のアイデンティティへと統合された。この新しいアイデンティティは人種的・植民地的・否定的な性格を帯びていた。同じことはアフリカから奴隷として強制的に連れてこられた民族――アシャンティ族やヨルバ族、ズールー族、コンゴ族、その他の民族――にも起こった。三〇〇年にわたって、それらのすべてはニグロか黒人であった(Quijano 2000: 551-552)。

同質化のしくみは容赦のないものだった。諸民族は独自の歴史的アイデンティティと生活様式を没収され、人種的差異の明確な特徴となった、序列構造化された労働体制へと強制的に組み込まれた。

一五〇三年の初めにスペイン国王は、兵士と植民地開拓者に土地を譲渡するとともに、その土地の先住民（「インディアン」）から強制労働を引き出し、貢物を要求する権利を与えるエンコミエンダ制を発布した。エンコミエンダ制が一五五一年に終わると、先住民は無給で働く農奴の地位を割り振られたが、ヨーロッパの封建体制とは対照的に、新世界の農奴は封建領主の保護も、一片の耕す土地も与えられなかった。中間航路[3]を生き延びた「アフリカ人」は強制労働に追いやられ、しばしば死ぬまで働かされた。「生まれつきの奴隷」なるアリストテレスの主張[4]を復活させ、植民地開拓者は「インディアン」と「アフリカ人」は賃労働には値せず、それは「ヨーロッパ人」とその子孫に与えられた特権であると主張した。「劣った人種」は彼らの所有者の利益のために働くことを課されていた。実際、労働の義務は、キリスト教徒の征服者が「自然にそむく犯罪」と特徴づけた先住民族の慣行に対する罰としてふさわしいと考えた植民地開拓者たちもいた。先住民族の女性およびアフリカ人女性に対するヨーロッパ人の性的搾取の所産であるメスティーソは、植民地社会における職人および都会の事務職を割り当てられた。キリスト教の「血」と祖先に関して生粋の、スペイン人とポルトガル人だけが君主制によって土地所有権を与えられ、植民地において教育と文化のみならず、人的および物的資源の管理権を授与された（Quijano 2000: 538-540）。

　ヨーロッパの植民地開拓者たちが生み出した人種化されたジェンダー体制は、ジェンダーの差異をめぐる複数の階層序列構造を含んでおり、新世界に住むヨーロッパ人女性のみならず先住民女性や奴隷となった女性の生活を変えた。植民地化の過程で推し進められたヨーロッパ人の優越性と男性の優位性、人種的劣位化が組み合わさって、人種化−ジェンダー化された階層序列構造の複雑な段階が生み出された。「インディアン」と「アフリカ人」奴隷に対するヨーロッパ人の優越は法律に明記され、植民地における政治的、経済的、社会的、文化的生活のすべての側面においてはっきりと表れていた。しかし、植民地開拓者たちが奉じた男性優位の原理は、ヨーロッパ人の優越を補強するため植民地の文脈においては緩和される必要があった。先住民男性も奴隷となったアフリカ人男性も、けっしてヨーロッパ人女性より優越していると認められてはならなかった。したがって、人種化されたジェンダー化はヨーロッパ人女性をヨーロッパ人男性に従属させながら、植民地化された男性と女性よりは「文明化されている」と称えられることを要求した。その目的のために、ヨーロッパ人女性は家庭的にされ、私的領域へ閉じ込められ、母性感情を称揚される一方、「生まれながらに」劣っているとされたことで、財産所有や政治参加からは排除された。

対照的に、先住民や奴隷化された人々は、一定の「脱ジェンダー化」によって脱人間化された。ヨーロッパ人は、植民地化され奴隷化された男性と女性の平等主義的な関係を野蛮さの証拠と捉え、「野蛮人」は生殖との関係で生物学的差異（セックス）を示すが、ジェンダー体制を欠くと主張した（Lugones 2010）。ヨーロッパからの植民地開拓者は、植民地化され奴隷化された人々を過酷な肉体労働に従事させ、役畜〔農耕や運搬に用いられる牛や馬などの家畜〕として扱うことで、〔ジェンダー体制の〕「欠如」を補強した。このように、マリア・ルゴネスは、権力の植民地性におけるジェンダー化された側面を強調した。人種は（ある種の人間とほかの人間の境界を定めるのではなく）人間と人間以下の存在の境界を定め、それだけでなく、ジェンダー差という文明のプロジェクトを達成した人々と、ジェンダー化されていない動物のような人間以下の存在との区別もした。「ジェンダーの階層序列構造はヨーロッパ人の男女が文明化されていることとを印づける。それを欠くことが、セックスはあるがジェンダーのない、非人間的で、人種化され自然化された非ヨーロッパ人を定義する」(Mendoza 2016: 31)。性欲過剰な動物とみなすのであれ役畜とみなすのであれ、植民地化された人々には繁殖や過酷な労働、さもなくば絶滅がふさわしい——植民地開拓者は植民地化された人々をそのように扱った。

しかし脱植民地主義フェミニスト研究者たちは、有色の人々の共同体におけるジェンダー不平等が植民地化によって悪化させられたと指摘する。たとえばリタ・セガトは、一五四九年以降ブラジルへ奴隷として輸送されたナイジェリア、ベナン、トーゴ出身のヨルバ族に着目して、さほど強くなかった家父長制が階層序列的になり、女性に甚大な悪影響をもたらしたが、それは植民地化の下でジェンダー化された論理に無理矢理従わされたときであったことを指摘した。公的領域と私的領域が分離されジェンダー化されるにつれ、ヨルバ族の女性たちは家庭に縛りつけられ、私的領域へ押し込められ、かつて共同体で有していた力を失ってしまった。ヨルバ族の男性は共同体における権限のいくらかを保持したが、奴隷化という略奪行為によって屈辱を受け、象徴的に去勢された。それは彼らの解放に関する言説がジェンダー的に序列化された論理を採用するほどであった。自由と政治的権利についての要求は、彼らの「男性《マ》=人間《ン》らしさ」を回復する要求として形づくられたのである(Segato 2011)。

シルビア・リベラ・クシカンキ(Cusicanqui 2004)は植民地化される前のアンデス地方の社会における

ジェンダー関係を検討して、標準的な異性愛カップルにおける相補性が、私的領域とともに公的領域において一定の平等と互恵性を付与していたと指摘する。共同体において正式な一員となるためには婚姻上のカップルになることが前提であり、権力や尊厳は年齢とともに大きくなった。男性も女性も相続権があった。クシカンキによれば、この相補性の体制は弱まり、最終的に破壊されたのだが、それらは植民地下ではなく、その後の共和主義的な統治体制や近代化や発展のときにみられた。家父長制化の進展は、アンデス社会への近代国民国家の浸透を伴っていた。「文明化」の過程がジェンダーの差異をよりはっきりさせるにつれ、ヨーロッパのジェンダー体制は男性と女性の平等主義的な諸関係をまさに掘り崩した。

フランツ・ファノン（一九二五〜一九六一）は『黒い皮膚・白い仮面』（Fanon 1952〔2020〕）において、植民地開拓者が植民地化された人々を劣った人種集団として生み出す過程を表皮細胞化と表現した。植民地開拓者によって、豊かな文化や知識体系、生活方法は悪とみなされ、傷つけられた「黒さ」へと還元された。ファノンは、植民地的人種化のこの形態が身体への深刻な影響をもたらしたことを示唆した。その影響とは、内面化された抑圧である。植民地化された人々は文化的意義を失い、植民地開拓者の言語を採用し、ヨーロッパの文化は本来的に優越しているという前提を受容した。植民地開拓者による文明化の啓蒙言説にすっかりはまって、植民地化された者は自らが劣等な人種を具現化したものだという強力な自己憎悪を募らせた。ファノンによれば、人種化のとくに有害な側面とは、植民地化された人々が「単に黒人であるだけではなく、白人との関係において黒人になる」よう求められることだった。白人のヨーロッパ文明の歪んだ基準によって判断されることで、植民地化された人々は自分自身が劣等であるとの信念を増幅させ、自尊心や文化的な誇り、自信の深刻な損失に苦しんだ。

何世紀にもわたる植民地化において、人種化は抑圧的な身体化の過程を含んでいた。従属させられた人々の「自然」は、植民地開拓者の歪んだ観念に合わせてつくられた。女性の抑圧に関するモニク・ウィティッグの洞察から着想を得て、植民地化された人々は、植民地開拓者が被植民者のために確立した「自然という観念に細部まで合致することを、身体においても精神においても強いられる」といえるかもしれない。植民地化された人々の身体は「抑圧される前からそのように存在するはずと想定されていたもの、すなわち『自然』と植民地開拓者が呼ぶものになるまでに変形され、歪められた。「それほどまでに歪められたため、最終的に抑圧は、彼らの身体内のこの『自然』（単なる観念としての自然）の結果であるようにみえる」（Wittig 1992: 9）。

数世紀もの間、道徳哲学あるいは政治哲学において行きわたっていた人種の階層序列構造に関する主張は、因果の取り違えという根源的な誤りにもとづいていた。ヨーロッパ以外の人々に帰された劣等性は自然な状態ではなく、ヨーロッパの植民地化による残酷な実践の結果であった。そのような欠陥のある論法にもかかわらず、これらの哲学的概念は人間本性の権威ある説明として広まり、植民地主義の残虐性を隠し、白人至上主義を正統化してきた。合理的な主権者としての自己は、生物学的決定論の人種化されジェンダー化された説明を正統化することにより、その支配力を確保した。

近代の身体化からポスト近代の身体化へ

自然とみなされている、人種と性別の階層序列構造についての主張に直面した際、反駁の戦略の一つは、誤りを正すものとして科学――二〇世紀と二一世紀の科学――に再び目を向けることである。たとえば、人種間には生まれながらに生物学的あるいは知的、感情的な差異が存在するという考えを払拭するために、ヒトゲノム計画に依拠した学者もいた。ポール・ラビノウとニコラス・ローズが指摘したように、「人間がゲノムの九八％をチンパンジーと共有していることや、DNA配列の変異量が集団間よりも集団内で大きいことが明らかになったとき、ゲノム科学が生物学的人種差別主義に終止符を打つようにみえた」(Rabinow and Rose 2003: 18)。性別は二つあり二つしかなく、異性愛は自然に与えられたもので、性自認は出生時から固定されているのだという主張に反駁するために、一部の学者は生物学と霊長類学に依拠して、自然が社会生物学者や進化心理学者、近代の政治理論家が認知するよりもはるかに多様であることを描き出してきた。たとえばジョーン・ラフガーデンは、『進化のレインボー――自然と人間における多様性、ジェンダー、セクシュアリティ』(Roughgarden 2004)で、数千の種に関して、オスとメスを越えた性差、またジェンダーの多様性やトランスジェンダーの範疇を調査している。ブルース・バジェミールは、哺乳類と鳥類の無数の異なる種に関して「求愛、好意、有性生殖、つがいの形成、子育て」を含む同性間行動を記録した『生物学的活力――動物の同性愛と自然の多様性』(Bagemihl 1999)において、「驚くべき動物寓話集」を収集している。マイラ・ハードとノリーン・ギフニーは『人間以外の生物をクィアする』(Hird and Giffney 2008) において桁外れの多様性を列挙する。

既知の種における性と性行動の多様性は、人間の文化的概念が一般に認めているよりもかなり広い。……同性愛行動は四五〇種以上の動物において発生し、世界のあらゆる地域、あらゆる主要な動物集団、すべての年齢集団、そしてメスとオスにおいて同じ頻度で見られる。性行為は生殖に限られない(多くの種はメスが妊娠しても性行為を続ける)。……快楽は人間以外の生物どうしの諸関係をつくる力である……人間以外の生物は多様な性行動を示し……性の多様性も示す。人間以外の生物には、性別が二つの(そして二つのみの)異なった(そして反対の)統一体(オスとメス)を含み、さらにこれらの二つの性別が行動において互いに補完する、という前提はない。ほとんどすべての植物と多くの動物はインターセックス、すなわち同時に両方の性別をもつ——このことは、結局二つの性別なるものが実際には存在しないことを意味する。多くの菌は数千もの性をもつ。たとえばスエヒロタケは二万八〇〇〇以上の性をもつ。……生物体にも、性的二形性はない。XXYやXXXY、XXXXX、XXYY、XXXYYの染色体をもつ人々もいるかもしれない。……多くの種はまた性転換もする……ある繁殖期には一方の性別として機能し、別の繁殖期には「ほかの」性別として機能する……魚の仲間のなかには、性転換が当たり前の種もある(Hird 2013: 159)。

ハード(Hird 2004)は、自然におけるこうした繁殖の多様性を考慮して、予測不可能で可変的で、つねに突然現れ続けるものに対して安定した形態である性的二形性を押しつけるために、異性愛規範的な研究者があらゆる方法によってこじつけを行ってきたと指摘する。そうした証拠が示唆するのは「この地球上の生物体の大多数にとって、人間による性別の二分はほとんど意味をなさない」（Hird 2013: 159）ことである。

人間を人間以外の生物との連続体に配置することは、人間存在に関するポストモダンな説明への一つの接近方法を提供する。その説明は、主権者としての自己が「『他者』を受動的で沈黙した物体あるいは資源とみなし、自身の向上のために」（Colebrook 2012: 193）世界を利用する権利をもつと想定する「支配力」への強力な対抗手段を提供する。ポストヒューマニズムのこうした見解は、古代および近代政治理論に浸透した人間「例外主義」、すなわち人間が神々と共通してもっているとされる特性を強調する考え方とは明確に決別する。ステイシー・アライモは例外主義の棄却がもつ倫理的含意を以下のように主張した。

> 仮に人間が、ほかの存在がたまたまそうなったのと同じように、たまたま実在として現れる物質的な生き物として概念化され、イントラ-アクション[5]する行為体にほかならない——理性や独立性、超越性によって例外的につくられた生き物ではない——ものとして存在し続けるものだとすれば、ほかの生物の生命や苦しみ、関心事を無視したり忘却したりする根拠はほとんど意味をもたなくなる（Alaimo 2016: 545）。

ゲノム学と人間以外の生物が提供する教訓に焦点を当てることは、身体化に関する間違った説明を否定するためには魅力的な方法だが、その戦略には欠点もある。マイラ・ハードは、多くの分析者が自然と文化という問題を含む二分法を再び導入するために、人間以外の生物から証拠を援用しているとして注意を喚起している。「人間以外の生物はある時期、人間の社会関係を理解するという任務を過度に背負わされてきた。……人間以外の生物は家族や貞節、子どもたちへの無私のケア、何より性的補完性のような、人間という動物の資質をおそらく例証するだろうと考えられている」（この性的補完性とは、男性性と女性性は明確に異なっており、相補的だとする見方である）（Hird 2013: 157）。これらの例において、自然は抑制的な道徳上の前提をもたらす。それは「自然な」ものは「不自然な」ものおよび「人工の」ものより道徳的に優れているとみなされることである。しかしこれらの判断は人間以外の生物がどのように行動するかとはほとんど関係なく、むしろ人間がその行動をどのように解釈するかに関係している。動物存在に由来する議論が人間中心主義を逃れることは、ほとんど不可能である。「動物が私たちのようなことをするとき、私たちはそれを自然的だと称する。私たちがしないことを動物がするとき、私たちはそれを動物的だと称する」（Weinrich 1982: 203）。セックスやジェンダー、セクシュアリティの自然の多様性をもち出すことは、生物学には人間が危険覚悟でなければ無視できない教訓があるという観念をくり返し想起させる。そしてそのことは、自然／文化の二分法にとって代わるよりも、むしろ二分法を補強する。

ハードは、自然なるものという概念すべてを仲介する解釈に注意を喚起し、身体化がけっして身体だけの問題ではない点を強調している。身体化された「自然」は物質的統一体に関する文化的概念である。

ポスト構造主義の理論家は身体を「意味づけを待つ表面としてではなく、政治的に意味づけられ維持される、個人的で社会的な一対の境域」(Butler 1990: 44〔1999: 72〕)だとみなす。フェミニストとクィア・ポスト構造主義者たちは身体を、物質的であると同時に個々人を超えたものであり、科学的記述や、健康状態を測定し維持するためにつくり出された技術を含む、言説と権力‐知の関係を通じて構成されるものとして理解する(Rupp and Thomsen 2016: 897)。ダナ・ハラウェイの言葉を借りれば、「自然」は本質的でも永遠でもなく、かつ利用できる物質あるいは形態として存在しているのでもなく、むしろ「人工的」で、つくられたものでありながら「完全に人間だけによって〔つくられたもの〕ではない。それは人間と人間以外のものとの共同構築物である」(Haraway 1991a: 297)。

二一世紀における身体性の「共同構築物」に対する人間以外のものの貢献を明らかにするために、一部の理論家は技術の役割に注目している。たとえば、ベアトリス・プレシアードは「ソフト・テクノロジー――注入や吸収や組み込みが可能なテクノロジー――が現代の身体に浸透していく」(Preciado 2013: 271)方法を調査する。「二〇〇〇年代の初め、四〇〇万人の子どもたちが多動といわゆる注意欠陥障害のためにリタリン〔中枢神経刺激薬〕によって治療され、二〇〇万人以上がうつ病を制御するために向精神薬を用いる」(Preciado 2013: 268)。バイアグラ〔勃起不全(ED)の治療薬〕が何百万人もの男性の性行動を構築するように、避妊用ピルは何百万人もの女性の生殖能力を規制する。合成アンドロゲン〔人工の男性ホルモン〕と合成エストロゲン〔人工の女性ホルモン〕、およびほかの多様な医薬品分子は「体に入ってその一部を形成する。それらは体内に溶ける。それらは身体となる……効力は免疫系の一部になる分子を介して作用する。……神経伝達物質は知覚と行動の方法を修正し、ホルモンは飢えや睡眠、性的興奮、攻撃性、女性性と男性性の社会的コード化に体系的な影響を与える」(Preciado 2013: 271)。身体に関するこれらの新しい技術は、以下のような目的で利用される。

「異常な」身体を修正して、女性および男性の身体に対する既存の規範的な考えに合わせるため、一九世紀の規律システムにおいてセックスは自然で決定的で、転換不能で先験的であったが、現在のジェンダーは人工的で順応性があり、可変性をもち、転換可能で模倣され、生産され、技術的に再生産できるようにみえる(Preciado 2013: 272)。

細胞をとおして伝わるこれらの化学分子は、自己に対する内的な知識や真正であるという感覚、正常性についての確信を生み出す。それらは「変化する考えや活動する臓器、象徴、欲望、化学反応、精神の状態をつくり出す」(Preciado 2013: 269)。この文脈において

科学は、技術が生存させる人工物を発明し生産することにより……また、精神やリビドー、意識、女性らしさ、男性らしさ、異性愛、同性愛、インターセックス、性転換の概念を具体的な実在に変換することによって……「物質的権威」を獲得する。……自然界に発見されるものは何もなく、隠された秘密もない。……科学はもはや自然の中に隠された真実を発見することではない。科学は、人

工物としての身体が自然という地位を獲得する文化的、政治的、技術的過程を特定する必要に関わるのである（Preciado 2013: 269）。

主権者としての主体は自律的な自己形成と自然の支配が可能だと想定する、人間の支配力をめぐる近代の神話とは対照的に、ポストヒューマニストと新しい唯物論者は「人間の理性が有する、独自かつ自己規制的で生来の道徳的な判断力への信頼」を、その信頼を特徴づける普遍主義や例外主義および二元論の前提とともに、はっきりと拒絶する（Braidotti 2016: 677）。新しい唯物論をめぐっては多くの見解があるが、ジル・ドゥルーズとフェリクス・ガタリの「内在の哲学」[6]の影響を受けた科学論研究者と人文学者は、身体性の概念を見直すため、バルーフ・スピノザ（一六三二〜一六七七）から識見を得る。スピノザは西洋哲学の伝統を支配していた心身二元論を明確に拒絶し、人間の心も含めて何も、自然の外部には存在しないと主張した。実際、スピノザの唯物論的形而上学は、宇宙には単一の自己生成物質が一つだけ存在することを示唆している。もっともそれは往々にして〈神〉とも〈自然〉とも呼ばれるのだが。「〈自然〉は分割不可能で、原因なしに存在する、完全な統一体である。実際、それは唯一の完全な統一体である。〈自然〉の外部には何もなく、存在するものすべては〈自然〉の一部であるし、それは決定論的必要性とともに〈自然〉によって存在を与えられている。この一体化した、単一の、生産的で、必要な存在こそが、『〈神〉』の意味するところである」（Nadler 2016）。

物理的身体は物質の延長の様態か表現である。スピノザによれば、「延長の様態とその様態の観念とは同一物であって、ただそれが二つの仕方で表現されているまでである」(Spinoza『エチカ』第二部定理七備考〔1951a: 100〕)。存在する唯一の〈実体〉である〈自然〉の本来的かつ根本的な単一性のため、「〈思考〉と〈延長〉は、同一の〈自然〉を『理解する』ための二つの異なる方法にすぎない……。人間の心と人間の体は、〈思考〉と〈延長〉のもとで、同一のもの、すなわち人間に関する二つの異なる表現である」(Nadler 2016)。

スピノザの唯物論は、二元論も人間の例外主義もともに否定する。人間は〈自然〉の一部であり、したがって、ほかの存在と同じ因果関係によって支配されている。「〈自然〉はつねに同じである……森羅万象をつかさどる自然の法と規則、そして一つの形態から別の形態への変化は、つねにどこでも同じである。それゆえいずれの、いかなる種類の自然を理解する方法もまた同じ――すなわち、自然の普遍的な法則とルールを通じて――でなければならない」(Nadler 2016)。この決定論的枠組みの中で、自由意志の概念はすべての意味を失う。スピノザによれば、「人間は自分の行動を意識しているが自分をそれへ決定する原因は知らぬゆえに自分を自由だと信じている」(Spinoza『エチカ』第三部定理二備考〔1951a: 174〕)。ほかのすべての実在者と同じ因果力に従い、人間の「感情」――愛や怒り、憎しみ、羨望、自尊心、嫉妬――は「その他の個物と同様に自然の必然性と力から生ずるのである」〔1951a: 166〕。

フェミニズムの枠組みにおける新しい唯物論は、スピノザの形而上学からいくつかの側面を選択的に援用する。ドゥルーズ派のフェミニストたちは一元論の哲学の諸前提を受け入れ、それらが身体化に与える含意を探る。フェミニストの新しい唯物論者は、正典に浸透している価値の切り下げや中傷、あるいは「ソマトフォビア」（物質身体への憎悪）を拒否し、「人間の身体性を形成する特殊な一部を含む物質は、知性的で自己組織的であり、文化にも技術的な媒介にも弁証法的に対立するものではなく、むしろそれらに連なっているという考えを前提とする『生命のポリティクス』」を理論化する（Braidotti 2016: 681）。エリザベス・グロスは、身体を「単に読み取られる記号でも、解読される兆候でもなく、無視できない影響力」（Grosz 1994: 120）として受容することで、「自由でも決定的でもないが、制約されつつ、同時に決定不可能なものとして……生きている世界と生きていない世界のなかでの作用可能性と偶然性」（Grosz 1999: 19）を分析する。彼女は「物質性の無情な世界……不安定で不測の、偶然的、便宜的、抗争的、複雑な、抗う世界……緊急性、および空間と時間の力によって規制される世界」（Grosz 2004: 2）という文脈で、身体的行動の可能性と限界を概念化する。

身体性を「生命力ある物質」の一形態として論じながらも、フェミニストの新しい唯物論者たちはスピノザほど著しく決定論的ではない。量子物理学と、進化論の突然変異とに関わる不確定性の大きさをよく理解しているフェミニストの新しい唯物論者たちは、身体的物質の行為主体的能力に結びついた政治的可能性の場として現実の身体を想定している。ドゥルーズとガタリ（Deleuze and Guattari 1987〔2010〕）に依拠しながら、フェミニストの新しい唯物論者たちは活動する物質を「プロセス存在論」として説明する。それは、活動する物質を、社会的、精神的、および自然環境と複雑な方法で相互作用し、複数のエコロジーを生み出しながら、自己組織化する力がたえず変化し定まらない布置とみなす（Guattari 2000〔2008〕）。活動身体のフェミニスト版唯物論は、評価の二分法的体系——一方を肯定的に扱い（たとえば男性は強く、合理的で自由）、もう一方を否定的に定義する（たとえば女性は「男の欠けたもの」で、弱く、非合理的で、欲望によって突き動かされている）――を拒絶する。唯物論者たちのプロセス存在論は「主体についてのより複雑な見方……身体性やセクシュアリティ、情動、共感、欲望を中核的な性質として形づくられた、開放的で関係論的な自－他の統一体を強調する見方」をもたらす（Braidotti 2016: 681）。しっかりとからみ合った自然－文化の観点から理解することにより、物質――人間と人間以外のもの、自然を構成する要素――は所与でも受動的でもなく、動的で主体的であり、世界形成のプロセスに内容と形態の両方から貢献する（Wingrove 2016: 455）。

物質は共同構成の力である。すなわち、規制的でありながら生産的であり、個人の才能と技術を制限しかつ高める力をもつ「要素」である。プレシアードがソフト・テクノロジーについての議論で指摘するように、

現代社会に住まうのは、代謝作用を促す物質（もしくは諸物質）によって、および人工頭脳学にもとづく補装具や薬物が喚起する性的快楽によって定義される複数の主体性である。……〔それらはたとえば〕プロザック〔抗うつ剤〕の主体、大麻の主体、コカインの主体、アルコールの主体、リタリンの主体、コルチゾン〔関節炎などの治療剤〕の主体、シリコンの主体、異膣の主体、二穴挿入の主体、バイアグラの主体、$の主体〔など〕（Preciado 2013: 269）。

それゆえ、共同構成は、身体化の所産に対し個別に寄与する別々の統一体を前提におく「付加的」モデルを拒否し、かわりに動的で相互作用的で歴史的に偶発的な相互構築過程を強調する。「文化と政治は身体の表面にある碑文ではなく、むしろ動的な現前である」（Wingrove 2016: 462）。フェミニストの新しい唯物論者は身体化の下部／上部構造モデルを放棄し、有機物と無機物の多様な相互作用によって縫合された、有形で有意の、行為主体的な母体として現実の身体を考える（Tuana 1997: 57）。

クィア理論家とトランス＊理論家たちは、二元論的思考を強化する直線的な論理に異議を唱え、社会的身体が生物学的身体のうえに築かれており、生物学的身体は自然によって固定されているという幻想を打ち砕くほどに、すばらしく創造的だった（Sedgwick 2003: 8）。実際、パット・トリアーク[7]が滑稽に言い表すように、「ジェンダークィアな人たちとトランスの人々は『解体作業《ディコンストラクション》をする組み立て工』であり、不適合な身体を（解体《ディスアセンブリー》）ラインに文字どおりおくことにより、人間によってつくられながら自然として通用してきたジェンダー規範に抵抗しつつ、それをつくり直し始めた者たちである」（Noble 2013: 257 で引用）。ジーン・ヴァッカロは自己の固定性や全体性、一貫性を追求しない身体化の理論を推し進め、いかにして「身体や記憶、時間が相互に折り重なるようにして主体――その身体能力の無数の形態は、身体経験を存在・生成の物質的、社会的、政治的な様式と統合する――を生み出す」のかを分析した（Vaccaro 2013: 93）。トランス＊理論家は、不変性と安定性を特権化するのではなく、身体の「いまだ規定されていない」側面、つまり一過性や不安定性、邂逅に開かれていることを歓迎する。スピノザを想起しながら、トランス＊理論家は「身体が何をなしうるかをこれまでまだ誰も規定しなかった」（Spinoza『エチカ』第三部定理ニ備考〔1951a: 171〕）と主張する。ジュリアン・カーターの言葉によれば、「肉体を与えられることは必ずしも罠ではなく、むしろ自らの体を特定の方法で動かし……自らの意図を身体化＝具体化し……自らがなるものに対して無制限に責任を負うための、相互の活動に関する可能性の条件である」（Carter 2013: 130）。

メアリ・ワイスマンテルは、考古学に関する自らの専門知識を用いて、肉体の付与について別の理解を例示する。ワイスマンテルは、コロンブス以前の古代アメリカ大陸の伝統を探究し、負荷なく自制的で前‐社会合理的な主体から大きく外れた身体化の概念を発掘した。「身体と人格は、別々で境界をもった個体として概念化されるのではなく、他者との絶え間ない相互作用を通して活性化する性質と可能性が集まったものとして概念化される」（Weismantel 2013: 331）。西洋政治思想とは対照的に、「身体と自己は、本質そのものにおいて複合的・混合的であると理解されていた」（Weismantel 2013: 330）。この文脈において、身体は

浸透性があり、変幻自在で、他者との形而下および形而上的な交流を通じて生涯成長していた。……現実の身体とは出生時に与えられたものというより、生きることを通して組み立てられるものだった。そして、自らの一部を手放すことを必然的に伴うとしても、他者の小片を蓄積するこの過程は有益であった。……古代の人々は生を身体間の絶え間ない交換だと考えていて、死後もそのような交換が続くことを望んだ（Weismantel 2013: 328-330）。

実際、人間が卓越性に到達するために必要とされたのは、男性が「他者の身体的側面を組み込むことにより、出生時の身体の限界を超えることであった。この文脈で女性らしさを示すことは、男性をより強くするものであって、弱くするものではなかった……生けるものは、他者の身体の諸要素を取り込むことを通して力と美を獲得した」（Weismantel 2013: 328）。この信念体系の範囲内で「身体の物理的特性は、絶対的な差異あるいは限界の逃れられない指標ではなく、変化する社会的行為体間で実際および想像上の相互作用によって交換されうる、分離可能で価値ある資質である」（Weismantel 3013: 331）。

ワイスマンテルは、多数の古代文化からの証拠を調査したうえで、「先天的というよりむしろ組み立てられた身体の存在を否定する、自然的なるものという近代主義者の有害な虚構」（Weismantel 2013: 321）に異議を唱える。古代世界は、物質が不活性で安定、有形、不変であると考えるのではなく、魂を吹き込まれた物質が偶発性や変容、再生を伴うと想像した。こうした見解は、ジェンダー流動性とジェンダー非典型性を人間の繁栄の諸形態とみなす立場と一致する。複数の古代文明から得たこうした証拠は、強固な心身二元論だけでなく性的二型も超え出る一つの手段を提供する。したがって、ワイスマンテルは以下のように主張する。

> 人類史についての支配的な見方は抑圧的である。すなわち、再生産に特化した核家族を創出するため、生物学が強要する男らしい男性と女らしい女性という、連綿と続く遺産である。……考古学

データの蓄積された重みは人類史のこの見方を支持することなく……〔むしろ〕この規範化するような物語が、歪曲し、選択的で、構築された現在の策略であることを暴露する（Weismantel 2013: 321）。

結論

身体化／身体性がまったく政治的なものであると論証したことは、フェミニスト研究者たちのもっとも特徴的な貢献の一つである。西洋政治理論家たちは、生まれながらに与えられたものの発見として身体化／身体性を描写しているが、そうした説明はエリートのヨーロッパ男性という特定の階級の文化的背景をもつ発明とみなすほうがよい。大御所とされる思想家たちは、自然あるいは神の定めを装いながら、強要された身体化／身体性の複数の形態を維持してきた二元論的性別や生殖につながる異性愛、また人種の階層序列諸構造の概念を定着させた。そうした思想家たちは、白人男性中心主義が人間本性であるかのように見せかけることを容認し、人種化された生物学主義を平等や合理性、自由に関する主張をもって隠蔽した。これらの欺瞞的な一般概念は、自由と権利だけでなく、国家行為と不正義の範囲についての理解も狭く制限することによって、世界を公と私に区分することを数世紀にわたって正統化した。これらの問題は次章以降で探求される。

訳注

1 カント『実践理性批判』第一部第一篇第一章の第七節における定式。深作守文訳『カント全集7 人倫の形而上学の基礎づけ・実践理性批判』（理想社、一九六五年）五五頁。

2 カント『人倫の形而上学の基礎づけ』における定言命法の第二定式。前掲訳書七五頁。

3 中間航路とは、アフリカ大陸の黒人奴隷たちをアメリカ大陸へと運んだ船の航路を指す。

4 アリストテレスは『政治学』第一巻の第五章と六章において、「生まれつきの奴隷」という概念を導入している。人間にはどこにおいても奴隷である人間、すなわち「生まれつきの奴隷」がいて、それは「生まれつきの主人」にとっての道具・財産であると考えた。

5 イントラ－アクション（intra-action）とは、フェミニズム科学論者カレン・バラードが提唱した用語である。相互作用（interaction）は、あらかじめ現象が存在し、それら現象が相互に関わり合うこととされる。バラードはこうした考えを批判し、イントラ－アクションという語を用いることで、あらかじめほかの現象から独立した現象は存在せず、相互の作用や関わり合いの結果として、依存し合う存在や現象が生み出されると主張した。

6 内在の哲学とは、ドゥルーズとガタリが『哲学とは何か』において提唱した哲学のあり方である。スピノザの実体や様態といった概念に依拠しながら、概念の創造や新しい概念の措定こそが哲学の営みであると考える。

7 パット・トリアーク（Pat Triarche）は、アメリカ・ノースカロライナ州のドラァグ・キング（第一章の注18参照）の名前である（家父長制 patriarchy をもじったものと思われる）。この引用文は、パット・トリアークの言葉としてノーブル（Noble 2013）が紹介している。

第四章　公的なものと私的なものを描き直す

根本的には、家庭と職場の分離、新たな家庭的な女性の増加、諸領域の分離、公と私の構築は、どれも同じ現象を異なる言葉で描写したものである（Vickery 1998: 166）。

身体に関するプライバシーは、権力と統制のシステムによって規制される特権である（Clare 2013: 264）。

公と私の間の境界線をめぐる論争は、二一世紀における政治的生活の中心的特徴であり続けている。喫煙、ドメスティック・バイオレンス、学校や職場における服装規定、黒人による運転に対する差別的な取り締まり、性愛上の慣行、銃の所有、ヘイトスピーチ、マリファナの使用、ポルノグラフィ、人種的排除、セクシュアルハラスメント、セックスワーク、ムスリム旅行者への差別的対応、トランスジェンダーの人々のトイレの利用、性暴力のカウンセリング研修へのトランス女性の参加をめぐる政策論争は、個人の自由の射程対政府による規制の適切な領域に関する、論争的な主張を提起している。これらの複雑な論争が焦点を当てる傾向にあるのは、どこに公と私の境界線を引くかであって、公／私区分それ自体の妥当性ではない。

一般的用法では、「公的なものとは、全体としての住民、コミュニティや国レベルでの関心、共通善、衆目に晒されるもの、コミュニティのあらゆるメンバーによって使用ないし共有されるかもしれないものに関わる」（Landes 1988: 3）。そういった普遍的かつ包摂的な含意にもかかわらず、*public* の語源は、もっと狭い射程を示唆している。『オックスフォード英語辞典』は、この言葉の起源を、「*pubes*――成人男性や男性集団――の影響下にあるもの」を意味する、ラテン語の *publicus* にまでさかのぼっている。ジョーン・ランデスは、この元来の意味が、特定の文脈において今も息づいていると言及する。

> 公的な男性とは、普遍的な善の内部において、そしてその善のために行動する人のことである。……他方で、公的な女性とは、売春婦（a prostitute, a commoner, a common woman）のことである。そして公的な行動は、男性の立場によって創られるか、もしくは権威を付与される。そのような行動のみが、その帰結において、真に一般的で、共同体意識を有しており、普遍的である。密かに言語は、閉鎖、すなわち政治的生活からの女性の排除を規定するような閉鎖をもたらす働きをしている（Landes 1988: 3）。

本章は、公と私の規定がいかにして、「言語上のみならず、公式制度、組織形態、金融システム、家族・親族のパターンの観点から見て、物的および経験的な帰結」を人種化、ジェンダー化してきたのかを分析する(Davidoff 1998: 165)。そうすることで、このリベラルな構築物の妥当性に対する重大な疑問が提起される。本章の最初の部分では、公と私についての政治理論家たちの分析が、いかにして市民権、自由、社会秩序に関する人種化・ジェンダー化された理解の強化に寄与してきたのかを追跡する。そして次の部分では、現代のフェミニズム理論、批判的人種理論、クィア理論、トランス*理論の論者たちが、家族、セクシュアリティ、身体性、主体性の領域における権力と支配の諸形態を際立たせ、それらに異議申し立てするために、公/私区分をいかにして解明してきたのかについて検討する。

正典とされてきた説明

キャロル・ペイトマンは、先駆的業績である『性契約』のなかで、「政治理論における基本的な前提は、公的・市民的な領域からの私的・自然的領域の家父長制的分離は、政治生活に関係がないというものである」(Pateman 1988: 13〔2017: 16〕)と主張した。フェミニズムの理論家は、そのような前提に異議申し立てし、いかにして公/私区分が、男性による権力を確立、維持するために機能しているのかを示そうとしてきた。ジーン・ベスキー・エルシュテインは、西洋政治哲学に対するフェミニストによる最初の主要な批判の一つである『公的な男性、私的な女性』(Elshtain 1981)において、政治的なるものと女性の関係性を分析するための「プリズム」として、公／私区分を用いた。私と公の境界設定は自然なのか、それとも慣習的なのか、また「公と私という概念は、社会生活それ自体の前提条件であり、それを構成する特徴」なのか、それとも「慣習のレベルにおいてのみ存在し、私たちが十分に合理的で大胆でありさえすれば、なしで済ますことができる恣意的で文化相対的な人工物」（Elshtain 1981: 1）であるのかをめぐって、政治理論家たちは対立してきたとエルシュテインは述べた。しかしながら、政治理論家たちは断固として、そのような区分を中心として政治秩序の分析を組み立ててきた。社会生活がプライバシーとパブリシティをめぐって普遍的に組織されているかどうかにかかわらず、政治理論ではそのように組織されているとエルシュテインは主張した。

エルシュテインは、公と私の「関連しあう意味と暗示が織りなす稠密な網の目」を分析して、それらが「単独および集団でいる諸個人にとっての道徳的環境をつくり出し、適切な、もしくは価値ある行動についての規範を規定し、行動を阻む障壁を確立する、対の力が働く場」として機能していると主張した。それらは「とりわけ人命の剝奪や性的関係の規制、家族の義務と責務の公布のような領域や、政治的責任のアリーナにおいて」（Elshtain 1981: 5）機能するとされた。

エルシュテインは、プラトンやアリストテレスから二〇世紀のフェミニズム理論に至るまでの公私概念の変遷を探求することで、これらの諸概念が、「ある社会において間主観的に共有されている領域、すなわち共有されるのみならず、その共有が顕在的・潜在的の両レベルにおいて生活様式内部で反響し、その様式を構築することに一役買っている……アイディア、象徴、概念」（Elshtain 1981: 5）を明らかにすると示唆した。エルシュテインは、公的なものが政治的世界の観点から、私的なものが家族および家庭の観点からつねに定義されることに言及して（Elshtain 1981: 4）、長きにわたる「女性にとっての問題は、政治参加からの排除のみならず、こういった排除が発生する状況である」（Elshtain 1981: xiv）と述べた。西洋の伝統全体にわたって、政治的なるものとしての公的なものは、「私的なものの影響力、家族的なるものの誘惑、女性の権力の誘発に対する入念な防御の一部」（Elshtain 1981: 15-16）であった。したがって公的なものからの女性の排除を、以下で示すように構成的なものと位置づける、精神分析にもとづく解釈を提起した。

男性は、女性の性的な力および再生産の力を恐れる。このことは、男性たちがいかに自らを守るために汲々としてきたかに表れている。その恐怖を、男性たちは外的な社会関係に投影し、交戦と歴史的に切り離せない「政治的」と呼ばれるものも含めた制度や活動のなかに、自身を女性から守る必要性を埋めこんできた。この複雑な内と外の弁証法において、拒絶された感情や敵対的な感情が吐き出される。そうした感情を外形的なものに具体化することは、女性のイメージ――とりわけ母のイメージ――から影響力の多くを剥奪するために、男性の精神が無意識に行う一つの方法である。他方で、意識的および無意識の双方のレベルで機能しているのは、女性は弱々しく柔和だという確信である。男性は自身を、「女性ではない者」、それゆえに脆弱ではない者として定義する。男性は、女性の権力に対する無意識に埋め込まれたイメージと、それ自体受け入れられないものとしての「女性の弱さ」の認識を両方とも受け流すために、長年にわたって、内なる強力な母の像に匹敵するものとして、そして同時に自身の「弱々しく、女性的な」自己に対する防御として、巨大な権力の強固で外形的な制度をつくってきた（Elshtain 1981: 142-143）。

エルシュテインは、精神分析の観点から、公的なものと私的なものとの間の内在的関係を分析し、公的生活からの女性の排除を普遍的なものとして表現した。彼女は、公的世界を、親密な人々や家族に関わる強力な恐怖と誘引に対する防御的行動として解釈することで、可変性のない心理的な諸力によって駆り立てられる本来的な敵対関係を描く。そういった説明は、排除の実践の継続性と広汎性に注意を払っている一方で、多くの欠点も有している。二千年以上にわたる政治思想を、二〇世紀のフロイト的なレンズを通して読解する時代錯誤に加えて、政治理論の諸著作が特定の文化の生活世界についての信頼できるガイドを提供するだろうとのエルシュテインが確信する想定は、西洋の正典それ自体が、知識を体系化して、教育カリキュラムを改革しようとした一九世紀ヨーロッパの試みの産物であるという事実を考慮できていない。そのため、普遍的な説明のようにみえるものは、それ自体が特定の近代主義的な分析レンズがもたらしたものであるかもしれない。

メアリー・ディーツ（Dietz 1985）は、エルシュテインの主張に対する明晰な批判において、『公的な男性、私的な女性』を特徴づけている、暗黙のリベラルな想定に関して重要な疑問を提起した。ディーツは、エルシュテインの業績が国家から、あるいは家族的なものや母性的なものを高く評価しない理論家から、私的なものを保護しようという長きにわたるリベラルな試みの文脈上にあるとし、エルシュテインの主張がアリストテレスの概念の還元主義的読解に傾斜していると指摘した。ディーツは、「単なる生」の領域としての私的領域に対して、「善き生」を追求するメカニズムとしてのポリスを対抗させ、「必要の領域」と「自由の領域」という二項対立を組み立てるものとしてアリストテレス的な主張を特定することは難しくないと認識していた。この対立的な枠組みでは、単なる生を維持すること――女性や奴隷の仕事――は、階層的に構造づけられた秩序に従って、唯々諾々と引き受けられている。その秩序のもとでは、財産を持つ男性市民が熟議的演説と行動に参加する。しかしながら、ディーツが示唆するように、この還元主義的な読解は、公と私の関係についてのアリストテレスの重要な洞察、つまりフェミニストの変革的なプロジェクトにとって価値のある洞察を見落としている。

ディーツは、人間存在には、生存に必要なものの生産、人間の再生産、美術品や文化的儀式の創造、共同防衛の提供、集合的関心事についての意思決定構造に関わる、複合的で複雑な実践と自発的結社が伴うことを強調して、アリストテレスに対する「寛大な読解」を提示した。これらの全体的に結びつけられた領域のなかで、公的領域が優先されるのは、それが公的領域外の諸関係に影響を及ぼしたり、それらを再形成したりする潜在的可能性を有しているからである。

政治は、何よりも重要である。なぜなら、政治以外のあらゆる人間の行為や仕事がその観点から分析され、そのテーマにされるからである。……家族生活、プライバシー、社会的実践、経済に関する争点は、政治的意思決定の問題である。家族の慣行、財産に対する統制、子どもの権利、学校教育や児童労働法の性格、シングルマザーへの給付、産児制限の規制……は、政治的統制を潜在的に受けやすく、政治的に決定されるかもしれない。それらを私的なものにとどめておこうという決定でさえも、究極的には政治的である。……私たちは何であることが許されるのか、いかなる権利の行使が私たちに許されているのかといった問いは、神聖であると想定される家族のなかでさえ、つねに政治的決定によって裁定されており、これからもそうであり続ける（Dietz 1985: 28-29）。

ディーツは、男性と女性の心理に関する普遍的な主張と結びついた、公と私の明確で確固とした対立を掲げるよりも、公と私の特定の輪郭が政治的に構築されることを示唆している。さらに政治は、将来における社会生活の次元を再配置するための手段を与えている。アリストテレスによる市民権概念は、政治（平等な人間の間の熟議的関係）と統治（不平等な人間の間の支配関係）の区分に依拠している。アリストテレスは女性と「生まれつきの奴隷」を男性市民の支配下においたけれども、民主国家は市民権を女性にも拡大し、女性が男性と平等な地位で参加する機会を創出した。したがって、公的なことへの参加は変革的実践の手段である。ディーツは、公的領域を防御的な男性のエゴによる継続的支配に譲り渡すのではなく、女性が公的領域を要求するのみならず、それを私的関係の再配置のために使うことができる可能性を提唱した。「公的な言論や議論、明白に政治的目標を擁する組織化された運動、民主的活動を通じて……フェミニスト市民は、『所与（givens）』に異議申し立てし、来たるべき世代の市民を視野に入れつつ、民主的価値を再活性化しようとしている」(Dietz 1985: 34)。

フェミニスト歴史家たちは、公的なものと私的なものについての概念を、普遍的なものの呪縛から解き放とうとして、各時代における公私の間の不鮮明な境界線を追跡してきた。ある歴史家たちは、家族が、宗教上の規範や法廷によってのみならず、民法によっても創出されたり、規制されたりするという意味において、往々にして「公的単位」であり続けてきたと指摘している(Poole 1995; Vickery 1998)。また別の歴史家たちは、公/私区分の二項対立がいくつかの時代における階級化された世帯の複雑性を歪曲していることに言及する。エリートの家庭は住まいであり、仕事場であり、生産と顕示的消費の場であり、政治的策謀と活発な国家政治の場でもあった一方で(Tillyard 1995; Smith 1998)、貧困層の住まいには往々にしてプライバシーがまったくなかった。さらに、君主制においては、政治的なるものは現代の読者が想像するよりもずっと公的ではなかった。封建的な権威構造において、「君主の地位は公的に表象されるものであったが……それは社会的領域や公的領域として構築されたわけではない。むしろ、それは地位属性のようなものであった」(Landes ed. 1998: 138; Habermas 1962 [1989]〔1994〕)。封建君主は、聴衆たる臣下の前で権威的パフォーマンスを上演し、「より高次な権力」を身体化したものとして自身を誇示した。しかし、そのパフォーマンスは、いかなる世俗的な説明責任のメカニズムをも超越した、恣意的で気まぐれな主権者の意思と共存していた。こういった理由からダイアン・ウィレンは、「二つの領域、つまり少なくとも近代的意味における私的領域と公的領域の存在そのものが、チューダー王朝と初期のスチュアート朝イングランドについては疑わしいままである」(Willen 1989: 155-156)と主張している。同様に、クリステン・プール（Poole 1995）とアマンダ・ヴィッカリー（Vickery 1998）は、初期近代の男女にとっての「諸領域」は、非常に複合的で重なり合っていたので、「分離した領域」理論は、この時代をかなり歪曲していると示唆してきた。

ユルゲン・ハーバーマスの『公共性の構造転換』（Habermas 1962 [1989]〔1994〕）は、公的領域を理論化、歴史化しようと試みて、統治や政治に関する古代および封建時代の観念とはかなり異なる、公的なものの概念化を発展させた。実際にハーバーマスは、公的領域がブルジョワ社会に特有のものであって、初期近代の領邦国家の社会組織やコミュニケーションのネットワークにおける革新という文脈で登場したと主張した。「公的なもの」の生産においては、支配下にある人々に対して課税したり取り締まったりするための新たな様式の国家機構だけでなく、都市化、資本主義的商業、株式市場、印刷文化や書簡文化の発展、読み書き能力の向上もまた中心的な役割を果たした。ハーバーマスは公的領域を、私的領域の親密性や親交とはほど遠く、なおかつ、ますます非人格化する国家権威ともほど遠い社会的存在の次元として特徴づけた。公的領域は特定のヨーロッパ都市のブルジョワ文化の諸制度において登場したのであり、コーヒーハウス、クラブ、読書・語学の集い、図書館、コンサートホール、オペラハウス、劇場、講堂、サロンで議論や討論、熟議が行われた。教養のある公衆は、小説、雑誌、商業紙、出版社の増加に後押しされて、当時の争点に関する批判的省察および取り組みの実践を進展させる。ハーバーマスにとってブルジョワ的公共圏は、歴史的に類をみない方法で「公共的理性」を使用することを通じて「公衆」として集まる、従来の「私人」を指している。国家との関わりが、理性を用いる公衆の批判的判断を刺激するにつれて、取り締まり、課税、司法における実践の変化は公共圏の涵養を促進する。文化の商品化によって、かつては貴族にしか手が届かなかった装飾や自己成型を、中流階級がある程度享受できるようになったのと同時に、印刷文化は、個人主義を特徴づける内面性、内省、自己主張の諸形態を発展させる。経済的権力が、土地から製造業や貿易へと移行するにつれて、新たなブルジョワ的公衆は、商業経済の利益を増進することを目的に、君主制に対して異議申し立てを始める。

ハーバーマスはブルジョワ的公共圏が、合理性、平等、パブリシティという規範によって支配されていると主張した。それらは不完全にしか実現されないのだが。ブルジョワ的公衆は、合理的な議論の規範を受け入れて、――発話者の地位よりも、立論の真価が結果を決定しなければないという意味において――統制的理念としての平等を主張する。ブルジョワジーは、自身を普遍的階級として描いて、「憲法」を構築するにあたり、一般的で抽象的で客観的で永久的な規範に訴える。その憲法は、適用において「公的」かつ「普遍的」であり、市民間の地位による区別をいっさい認めない。しかしながら、ブルジョワ的公衆は、パブリシティを要求するときでさえも、私的領域において議論する私的個人としてもっぱら存在している。そして、合理性や平等を要求しているにもかかわらず、ブルジョワ文化内部の階級、ジェンダー、人種をめぐる関係性は、平等主義的理想とはかなりかけ離れたままである。

ハーバーマスは、ブルジョワ文化が公的領域の規範を完全に例示できていないことを認識していたけれども、このことの含意を真摯に受け止めきれていないと、ジョーン・ランデス（Landes 1988, 1998）は主張した。ハーバーマスは、不完全な実現という神話を奉じて、合理性と平等という公的領域の理想が、原理上、ブルジョワ文化の限界を免れ、完全な実現を成し遂げるだろうとの願望を主張している。対照的にランデスは、公的領域のジェンダー化された側面を綿密に分析すれば、そういった可能性に楽観的でいられる理由はほとんどないと主張する。

ランデスは、一八世紀末と一九世紀の自由主義的かつ共和主義的な政治における女性の経験を継続的に調査して、公的領域からの女性の排除は、伝統的実践の単なる残滓であるという見解の偽りを暴いている。公的なものからの女性の排除は、

> より民主的な秩序でならば修正されるような、自由主義以前の社会における女性の劣位の偶然の結果ではない。それどころか、啓蒙的で自由主義的で民主的な言説による女性性への抵抗は、自然の象徴化にもとづくものであった。その自然は、流行に乗った女性が牛耳る社交界（*le monde*）の堕落的な文明を破棄することと、絶対君主制によって奪取された主権を男性のために取り返すことを約束した。さらに、フランス革命期や一九世紀の女性が女性の利益にもとづいて公に団結を試みた際、ブルジョワジーの公的領域の基本的原理は侵害されかけた。つまり女性たちは、唯一のものに代わって、多数のものを持ち出した。そして、公平無私である代わりに、自分たちの利益を前面に打ち出した。そのうえ悪いことに、女性に対し公的領域における居場所ではなく、私的で家庭内の居場所を割り当てるような自然、真実、世論のジェンダー化された編成は、女性たちによって崩壊の危険にさらされた。したがって、普遍的かつ公的なものの理想化は、公的領域からの女性の（法

的および憲法的）排除が、最初からブルジョワ的公衆の構成的特徴なのであって、周辺的もしくは偶然の特徴ではないということを覆い隠している（Landes ed. 1998: 143）。

ランデスは、女性は一九世紀以前に強固な従属を経験していたという安易な想定に対して、次のように指摘する。「一八世紀が、近代のジェンダー・アイデンティティの構築において、女性にとっての転換点であった。すなわち、公と私の対立は、路上や市場における女性のかつての独立、そしてエリート女性にとっては宮廷や貴族世帯の公的空間におけるかつての独立を締め出すような方法で、強化されていった」（Landes 1988: 22）。ランデスによれば、反君主制の感情には、貴族制に対する毒々しいほどの敵意と、「公的な女性」——社交界におけるエリート女性と、革命共和主義女性協会を立ち上げ、共和主義的なレトリックを「自由な女性であること」と女性市民の権利の要求と結びつけた、闘争的な女性の双方——に対する、同じくらい強い憎悪とが混じり合っていた。男性の共和主義的なサークルにおいては、このような敵意の結合は、アンシャン・レジーム〔旧体制〕と、女性の政治的活動に対する痛烈な批判をもたらした。男性の共和主義的な政治アジェンダには、革命による君主制の打倒のみならず、女性の家庭化＝馴化が含まれており、それら双方の企てが、共和政の理論化において中心的な役割を果したのである。

ランデスは、モンテスキューがその著書『法の精神』において女性の家庭化＝馴化を初めて提案したと指摘する。モンテスキューの理論的根拠は単に次のようなものである。絶対君主制とサロンにおける

「自然に反する女性」によって押しつけられた男性の女々しさを避けるためには、共和国は女性を家庭化＝馴化しなければならない。

文明化の進展には、女性の家庭化＝馴化が必要であると彼〔モンテスキュー〕は警告する。いわく、より先進的な社会では、女性は必ずや適切な位置を占めることになるであろう。家庭的な女性は新たな環境に適応し、自己陶酔的なうぬぼれや自由の放縦な使用は抑制される。そして、女性の性質は、飼いならされた動物のそれのように、脱政治化された家庭的な環境に合うようにされる。男性によって定義、制限された家族内部では、私徳が愛国的で男性的な政治機構の基礎を提供するだろうと、モンテスキューは望んだ（Landes 1988: 38）。

ブルジョワ的公共圏は潜在的に平等主義たりうるとするハーバーマスの楽観主義とは対照的に、フェミニズム理論家たちは、それが従来とは異なる方法でジェンダーを社会的に重要なものにしたと指摘する。封建君主制のもとでは、男らしさはいく分かの特権をもたらしたが、それは強大ではなかった。一般的な状況下では、人生の見通しを決定づけるにあたっては、階級的地位の方が性別に勝っていたのである。しかしながら、新興の共和国においては「性差」が法に書き込まれた。ブルジョワジーによる普遍性の主張が、法の前のあらゆる社会的区分の廃止に対する希望を抱かせたまさにそのとき、ジェンダー差別が「自由な国民」の基本法にコード化されたのである。したがって、共和国のもっとも重要な遺産はジェンダーを社会生活に文化的に刻み込んだことであると、ランデスは主張してきた。新興の国家形態としての「共和国は、女性に敵対的に構築されたが、女性なくしては構築されなかった」(Landes 1988: 171)。同じようにクレア・モージズは、「アンシャン・レジームの法的な階級システムが男性のために廃止されたまさにそのときに」女性は「法的なカーストの地位に追いやられた」(Moses 1984: 18) と主張している。

構成的な矛盾――リベラルな家父長制

キャロル・ペイトマンは、一七世紀のジョン・ロックの著作から、二〇世紀のジョン・ロールズの主張に至るまでの社会契約論の伝統を分析し、リベラルな社会契約とは、個人の権利を基礎づけるどころか、「近代的家父長制が制定される方法なのである」(Pateman 1988: 2〔2017: 4〕) と示唆している。ペイトマンは、「家父長制とは、政治権力の形態を意味する。……政治理論家が主張するような、父による支配は、過去三〇〇年間存在していなかった」(Pateman 1988:19〔2017: 24〕) ことを認識している。しかしながら彼女は、社会契約論の著作を綿密に読み解いて、社会契約の伝統が、財産を所有する男性にとっての自由の物語を、女性の「自然な」従属の物語と結合させていると指摘する。「その契約は、女性に対する男性の政治的権利を設立する。そしてまた、女性の肉体に対する男性の秩序だった利用権を設立し、……原契約は、『男性の性的権利の法』を確立するのである」(Pateman 1988: 2〔2017: 3〕)。人生の見通しを生まれたときから固定する帰属的基準を拒絶してきた〔社会契約論の〕主張とは著しく対照的に、「契約論者は、近代的市民的な国家における従属を正当化した」(Pateman 1988: 40〔2017: 51〕)。公／私区分は、リベラリズムを通じて維持されている家父長制的で階級的なヒエラルキーを隠蔽する、イデオロギー的な隠れ蓑を提供する。リベラルな理論家たちは、「女性は本性からして男性に従属すべき存在であり、女性にふさわしい場所は私的な家庭内の領域なのだ……男性は、公的領域と私的領域の両方に住まうのがふさわしく、その両方で支配者だというのである」とほのめかすことで、そうした理論家自身がつくり上げるのに一役買った社会的現実を隠蔽し、ごまかしたのであった(Pateman 1989: 119〔2017: 181〕)。

そのため、私的領域が前－政治的で、国家権力の侵入から「守られている」と宣言されたとしても、リベラルなブルジョワ的家庭生活は本来的には政治的なものである。公的領域は、女性を国家の手が届かない領域に位置づけて、公的言論や政治参加から締め出すことで、女性の従属を自然化し、かつ母性や分離した領域というレトリックによって女性の従属を生み出した、男性による明白な行為の隠蔽を可能にした。

リベラルな家父長制的契約によって確立された非対称的な権力関係は、ハーバーマスが理論化した「複合的な公」に浸透した。レオノア・ダヴィドフ(Davidoff 1998)は、一九世紀において女性は、コーヒーハウス、政治クラブ、自発的結社、立法府のみならず、教育制度、専門的職業、科学の実践、芸術界、文化的な創作からも、効果的に排除されたと指摘した。一八五〇年まで、女性は労働組合の指導的地位から排除されていた。そして、貧困女性はつねに家庭外で働いていたにもかかわらず、女性を工場、炭鉱、ほかの熟練職から締め出そうとする試みが一九世紀を通じてくり返された。フェミニスト労働史家が示してきたように、「男性稼ぎ主」の発明と「家族賃金」の要求は、女性工業労働者の明らかな存在を覆い隠し、女性たちが切望していた賃労働から彼女たちを排除しようとする、周到に組み合わされた試みであった（Anderson 2000; Landes 1988; Offen 2000）。女性を家族関係によって定義して、男性の法的保護のもとにおき、契約に参入する権利を否定することで、市場において女性が自由に労働力を売る可能性があらかじめ効果的に排除された。リベラルなブルジョワ的法は、もっぱら白人男性のアイデンティティとしてホモ・エコノミクス〔経済人〕を生み出した。したがって、「家庭と職場の分離、新たな家庭的な女性の増加、諸領域の分離、公と私の構築は、どれも同じ現象を描写したものである」（Vickery 1998: 166）と、アマンダ・ヴィッカリーは述べている。

批判的人種理論家たちは、不完全な実現という神話が、先住民と奴隷の体系的な人種的従属をも不可視化していることを論証する。サイディヤ・ハートマンが言及しているように、「権利の刷新によって認められ、自由（liberty and freedom）にもとづいて正当化された」リベラルなブルジョワジーの人間性の承認は、「予期せぬ形態の人種化された暴力と支配を引き起こした」（Hartman 1997: 6）。プライバシー、同意、意思、意図性、行為といったリベラリズムの核となる諸概念は、奴隷にとってはまったく意味をなさなかった。というのも、奴隷はあらゆることにおいて主人に従属していたからである。奴隷は、移動可能性、自分の労働力を使用する自由、結婚する権利、家族を形成する権利を奪われたために、プライバシーや私的領域をまったくもたなかった。悪名高いドレッド・スコット判決の言葉を借りれば、奴隷は「白人男性が尊重しなければならない権利なぞまったく」（*Dred Scott v. Sandford* 60 U. S. 393, 1857）有していない。奴隷女性に対するレイプですら、コモン・ローや制定法の条項の下では違法でなかった。奴隷法は、奴隷の労働力を損なうような危害を禁止していた。レイプは、労働に従事することを妨げるわけではなかったので、禁止されなかった（Hartman 1997: 95-99）。対照的に、レイプの結果としての子どもの誕生は主人の財産を増大させるがゆえに、奴隷女性に対する組織的なレイプは奴隷制度に特有なものであった（Morgan 2004）。一八五九年、奴隷女性が別の奴隷にレイプされたことに対する補償をミシシッピの裁判所に求めたとき、ミシシッピ州最高裁判所は次のように判示した。「私たちの法は、奴隷間の婚姻に関する権利をまったく認めていない。その性的肉体関係は、所有者によって規制される」。こうすることで、奴隷を、法による保護の外部に位置づけ、法的人格からのみならず人間性からも排除した（Rosen 2009: 10）。

「負荷なき自己、市民、冷静な個人、意志的かつ自律的な主体」のために確保された、「本来的に政治的なもの」としての公的なものは、被支配者の行為能力を完全に否定した（Hartman 1997: 61）。「奴隷とは、ブルジョワジーの主体の存在を可能にし、また否定もしくは対比によって、自由、市民権、社会的身体の枠を定義するような客体または基盤であった」（Hartman 1997: 62）。ジーン・コマロフの言葉を借りれば、「奴隷は、想像上の国家主権の一部分として描かれることも、自らそのように思い描く特権を付与されることもなかった。……奴隷と国家との関係は、別の人の権利――財産所有者の権利――によって媒介され［た］。……支配は空間にも及び、奴隷は、許可を与えられた場合を除き、地区の監視域内に閉じ込められた」(Comaroff 1985: 261)。

自由なアフリカ系アメリカ人でさえ、生得市民権――「同じような状況においてコミュニティのほかの誰も」がもっている権利――を否定された。そして、ミズーリやアーカンソーのような民主党寄りの州から追いやられた際に、アフリカ系アメリカ人にはまったく補償がなかった。これらの州は「退去を拒んだ人々は一年間奴隷になり、その後、労働から得られた稼ぎは、奴隷を移転させるために使われる」と規定している法の下にあった(Rosen 2009: 96-97)。プライバシーやパブリシティから排除された黒人は、「社会的なるもの」に委ねられた。それは、「国家の手が届かない範囲にあるといわれている……不平等の隠れ蓑である。……そして、自律性の保たれた区域というよりは、国家とその対を成すとされる私的なるものとの間の、共謀的で矛盾した内密裡の実践のアリーナ」(Hartman 1997: 201)である。この枠組みのなかでは、公的領域と私的領域の歴史的構築――それに付随する、あらゆる権利と自由――は、支配の言説的なメカニズムにすぎないように思われる。

フェミニスト批判人種理論家たちが、私的領域と公的領域の区分を政治問題として特定するとき、リベラリズム理論における二項対立の人為的確立には問題がある、という以上のことを示唆している。そういった理論家たちは、私的領域の創設が人種的、ジェンダー的な抑圧を補償の対象外とするような白人男性中心主義的な政治アジェンダの一部であるとして、政治化しようとする。さらには、私的とされる領域が多様な政治的機能を果たしていると主張することを望む。そうした機能のなかでもっとも重要なのは人種、ジェンダー、セックスに関わる従属の維持である。政体の核心に人種化‐ジェンダー化された市民権についての不平等な概念を組み込むことによって、男性の公的な世界は、女性、有色人種、セクシュアル・マイノリティ、ジェンダー非定の人々を影の世界に追いやっている。そしてこのことは、法の前の平等を憲法が保障しているにもかかわらず、上述の人々の運命を制限し続けている。

公／私二元論への現代的取り組み

自由主義者（liberals）は、「消極的自由」、つまりは個人ひとりひとりが主権を有していて、国家の侵入を免れている私的領域を守る手段として、公／私区分を擁護している。自発的結社、雇用、教育、商業、生活環境、宗教、セクシュアリティ、再生産、人間関係の領域における消極的自由は、ジェンダー中立的かつ人種中立的なカテゴリーにみえる。プライバシーへの権利は、あらゆる人々に平等な利益をもたらすように思われるであろう。しかしながら、ホッブズは、消極的自由の領域は、国家がそれを承認し、擁護することを選択したときに初めて存在すると指摘した。プライバシーの権利は、国家の行為を前提としているのである。そして、プライバシーの権利の一見したところの中立性は、人種、ジェンダー、セックスに関わる抑圧の歴史や、その抑圧を生み出し維持する国家の役割を覆い隠していると、批判者は指摘する。財産が私的問題とみなされるとき、たとえば、法によって女性が夫の財産であるとされ、奴隷が主人の個人財産という法的地位を与えられるとき、夫や主人のプライバシーの保護は、国家が妻や奴隷の従属に加担していることを含意する。「私有財産」を含めて、プライバシー保護に焦点を当てることは、特定の人々を財産として定義するという、国家による行為を不可視化している。同様に、家族が国家の手が届かない範囲にあると考えられるとき、結婚や養子縁組を統治する法は、ドメスティック・バイオレンスのように不可視化される。セクシュアリティが私的な問題と想定されると、特定の性行為を違法化するという国家の役割が不可視化される。プライバシーが憲法上の権利とされるとき、トランス嫌悪の暴力の、罰せられることなくくり返される形態としての残忍な「生殖器の検認」は認知不可能になる。したがって、消極的自由の概念は一見するよりも複雑である。あるレベルではその概念は、制限された国家権力の理想を捉えているが、また別のレベルでは国家権力の作用を覆い隠している。あるレベルでは私的領域が制約のない個人の自由の領域であることを示唆しているが、また別のレベルでは私的関係を規定する複合的な権力構造を隠蔽している。公／私の二分法を批判する現代の論者たちは、これらの構成的な矛盾を解明する。

結婚

結婚は、公と私のリベラルな構築に内在する矛盾を際立たせる制度である。国家によって認可される公文書の問題たる結婚は、しかしもっとも私的な関係——自発的同意を通じて組織化されて、国家による不当な介入から遮断された親密圏——として認識されている。それにもかかわらず、もっとも平等主義的な家庭でさえも、婚姻関係や性別役割分業は非常に不平等であり、これらの広範囲に及ぶ不平等が、雇用や公的生活における女性の見通しに影響を及ぼしている（Okin 1989: 134-169〔2013: ch. 7〕）。キャロル・

ペイトマンは『性契約』において、結婚が「調和的な社会構造を形成するために、……法的平等と社会的不平等」（Pateman 1988: 229〔2017: 284-285〕）を取り返しのつかないほど結びつけていると主張する。ペイトマンは、リベラルな政治理論家たちが、女性の合理的能力は劣っているという理由だけでなく、女性は自分の情熱を昇華することができないために「つねに無秩序の元」（Pateman 1988: 98〔2017: 123〕）をもたらすという理由によっても、男性に対する女性の従属を正当化したと述べる。男性によるコントロールがなければ、女性は秩序だった社会に対して危険をもたらすことになる。「女性とその肉体そして肉体的情熱は、もし社会秩序が創設され保持されなければならないならば、コントロールされ超越されるべき『自然』を代表している」（Pateman 1988: 99〔2017: 127〕）。

コモン・ローは男性支配の正統性を認めているけれども、家父長制的権力の中枢にあったのは、私的領域――つまり、家族、家庭、婚姻関係――であった。カヴァチャー〔夫の保護下にある妻の身分〕の教義のもとでは、女性は結婚に際して「市民としての死」を経験した。結婚した女性は、国家の目には存在しなくなった。「妻は夫が要求した場所に住まなければならなかったし、彼女の収入は夫のものであった。そして彼女の子どもたちは、女性奴隷の子どもが彼女の主人に属するように、夫の財産となったのである」（Pateman 1988: 121〔2017: 151-152〕）。婚姻家庭においてフルタイムで働く妻は、賃金を支払われる資格がないとされた。そうした妻は、その労働と引き換えに、最低限度の生活を送る資格があるとされたのみである。イギリスでは一八八四年まで、「妻は婚姻上の権利を拒否したことで牢獄へ入れられることがありえた。一八九一年までは、夫は彼らの権利を実行するために、結婚生活を営む家に妻を強制的に閉じ込めることが許されていた」(Pateman 1988: 123〔2017: 154〕)。夫婦間のレイプは、フェミニストの世界規模での活動を通じて一九七〇年代になってようやく政治化されたが、すべての国で禁止されているわけではない。

したがって結婚契約とは、愛、情愛、伴侶関係だけでなく、性的奉仕、再生産労働、育児、家事をも含んだ、特定の行為についての契約である。結婚契約を通じて男性に付与される婚姻上の権力は、私的領域における構造的非対称性をつくり出す。つまり、男性が条件を規定して、女性はそれに従うのである。結婚契約は、ほかの有効な契約とは異なり、「一方の当事者に自己防衛と肉体の統一性の権利を放棄することを要求する」(Pateman 1988: 163〔2017: 204〕)。結婚契約は、性別によってあらかじめ定められる。「男性はつねに『夫』であり、女性はつねに『妻』である」(Pateman 1988: 167〔2017: 208〕)。婚姻上の権力は構造的なものであるから、非対称的な「保護と服従という関係は、変更することができない。……夫たるものは誰も結婚を通じて得た権力を奪われえない」(Pateman 1988: 166, 157〔2017: 205, 196〕)。

リベラルな政治理論家も保守的な政治理論家も、結婚や家族を、政治の領域よりも存在論的に先立っており、なおかつそれとは異なるものであると捉えることによって、自然化している。しかしながら、夫に一個人として付与される婚姻上の権力は、国家の法律や裁判所の判決によっても強化されてきた。人種間結婚を禁止する制定法を支持した一九世紀の裁判所の判決は、白人異性愛男性の権力の維持において国家が果たす役割を明瞭に示した。一八七一年、インディアナ州最高裁判所は異人種間結婚禁止法を支持した判決において次のように判示した。

結婚とは、神自身によって創設された公的な制度であり、……社会の平和、幸福、福祉にとって必要不可欠なものである。……神によって与えられし、文明的でキリスト教的なこの制度を、あらゆる州が、規制、統制、防御、保護、維持する権利は、計り知れないほど重要であり、放棄してはならないし、合衆国はそれをめぐるいかなる干渉も受容ならびに許容してはならない（*State v. Gibson,* 36 Indiana 403）。

一八七七年にアラバマ州最高裁判所はこの見解を再確認した。すなわち「結婚とは、単なる契約ではなく、あらゆる社会および秩序の基盤として創設され、当該州の利益となるよう主権によって規制および統制されるべき、社会的かつ国内的な制度である」（*Green v. State* 58 Alabama 190）。一世紀後には、ミネソタ州最高裁判所が同性婚を禁止する法律を支持するにあたって同様の主張を明確に示した。つまり、「家族内での子どもの出産および養育に特有にかかわる男女の結合としての結婚制度は、創世記と同じくらい歴史がある」（Daum 2017: 355 で引用）。異人種間結婚禁止法は、多くの国家で二〇世紀後半には取り消されたけれども、異性愛規範的かつ生殖主義的な想定は今もなお広く行きわたっている。

二〇一七年八月現在、世界に二〇〇ある国家のうち二六が同性婚を容認している（Pew Research Center on Religion and Public Life 2017）。そのため、エレン・アンダーソンは次のように指摘する。ただ「体系的権力の地位にある者だけが結婚の『公的』側面を無視して、その代わりに、制度が有するまさに法的含意や政治的含意を当たり前であるとみなしたうえで、『私的』関係性として結婚を概念化するという特権を有している。周辺化されている諸個人ほど、結婚の公的側面がますます重要になる」(Anderson 2017: 391)。「愛、ロマンス、献身の言語で結婚を語る」という西洋の傾向は広く普及しているにもかかわらず、「それは同時に、権利と義務が織りなす網の目、……数多くの公的利益や私的利益を配分するための結びつきを創出する法的契約である」(Anderson 2017: 390)。同性婚の支持者たちは、結婚が「象徴的および経済的な資本を配分するための主要な方法である」と述べる。したがって、「結婚する権利を否定された者は、結婚を通じてもたらされる世間体や帰属意識の獲得、そして物質的利益の享受という期待からは排除され、……〔また〕二級市民という烙印を押される」(Daum 2017: 360)。これらの利益には、財産を相続する権利、養子を迎え、養育権を保持する権利、税制上の優遇措置や健康保険の適用を受ける権利、障がいのあるパートナーの代わりに重大な法的決定や医療上の決定を行う権限が含まれる。

結婚は、市民権概念と密接に結びついており、法的地位のみならず社会的地位を与える市民的権利と社会的権利の、享受の前提条件であるため、「結婚は私的な制度であるが、非常に公的な制度でもある」(Anderson 2017: 376)。結婚改革をめぐる現代の議論は、根本的な問いを提起している。つまり、白人異性愛男性への特権付与と長らく結びつけられてきた、性差別主義的かつ異性愛主義的な制度を転換することは可能なのか。その家父長制的で異性愛規範的で白人至上主義的な根源を断つことはできるのか。これらの論点に関しては、理論家や活動家の間で合意がまったく得られていない。ある者は、結婚は異性愛家父長制にとらわれているので、この制度は廃止されるべきだと主張する(Spade and Willse 2016)。またある者は、結婚が国家によって認可される権利と特権に満ちあふれた、成人の市民権の柱であり続けるかぎり、それはあらゆる市民にとって利用可能であるべきだ――そして実際には、同性婚がより平等主義的な様式の婚姻関係を形づくるかもしれない――と主張する（Gullette 2004）。あるいは別の者は、平等原理に従って婚姻関係を作り変えるために、国家権力を利用することができるかもしれないと主張する（Nuti 2016）。さらに、結婚は私的なものにされるべきである、すなわち、国家による承認や国家が提供する利益をいっさい伴わない、私的契約の地位に還元されるべきだと主張する者もいる（Metz 2010; Chambers 2013）。クレア・チェンバーズが述べているように、

国家によって承認される結婚の廃止は、もはや国家が人々に対し、結婚しているからといって一連の権利と義務を与えるわけではないことを意味している。このことは、人々が象徴的な結婚制度に参加したり、結婚していると自称したりすることの違法化を意味しない。国家によって承認される結婚がなかったとしてもなお、人々は宗教的ないし世俗的な私的な結婚儀式に参加することはできるが、これらは何ら法的地位を有するものではないであろう（Chambers 2013: 133）。

リサ・ダガン（Duggan 2003）や、ディーン・スペイドとクレイグ・ウィルス（Spade and Willse 2016）といったクィア理論家たちは、結婚を私的領域に回帰させることは、同性愛規範を強化し、愛、ロマンス、セクシュアリティを規律する異性愛家父長制的な間柄を拒絶する人々をさらに周辺化することになるだろうと警告している。結婚を私的なものにしても、育児や家事に関するジェンダー化された分業を自然化

する、広く普及した想定が変わることはないだろう。それは、性的表現が許される唯一の場所として結婚を位置づけ続ける宗教的伝統の影響力を弱めることはないだろうし、生殖イデオロギーの重視を減退させることもないだろう。実際にキャロル・ペイトマンは、結婚を私的なものにすることは、「婚姻上の権力は、政治的ではない」(Pateman 1988: 53〔2017: 67〕)という主張をとおして、社会契約の伝統の戦略を単にくり返すことにすぎないと述べている。そのことが異性愛家父長制的な権力、すなわち「すべての夫が、彼の家族における私的な関心事を整えるための、……彼の意志を優先させるための権力」(Pateman 1988:53〔2017:67〕)を覆すことはけっしてない。

セクシュアリティ

「男性の性的権利」に関するペイトマンの議論が当てはまるのは、結婚だけではない。セクシュアリティの領域では、「リベラリズムがプライバシーに抱く恋慕の情」もまた、多種多様な権力作用を覆い隠している(Heberle 2016: 598)。フェミニスト研究者や活動家は、こういった不明瞭化を拭い去り、その権力を可視化して告発できるようにしてきた。ケイト・ミレットは『性の政治学』において、異性愛の性愛物語が権力のダイナミクスによって形成されていると主張した。

交接は、それ自体では生物学的、肉体的行為のようにみえるが、人間相互の関わり合いというさらに大きな文脈のなかに抜きさしならずおかれているので、文化が是認するさまざまな態度や価値の充満する縮図としての役割を果たす。さらに交接は何ものにもまして、……権力構造的諸関係、すなわち一群の人間がほかの一群の人間に支配されるしくみのモデルとしての役割をもちうる（Millett 1969［2000］: 43〔1985: 69〕）。

バーバラ・メーロフとパメラ・キーロンは、異性間の性交を、「男性の優位性と女性の劣等性を構造化する政治的な関係」としてのレイプの延長線上に位置づけることによって、「性行為は、男性にとっては権力と威信の感覚を、女性にとっては無力と服従の感覚を再確認するものである」と主張した。レイプは、恐怖という性質を付け加える。恐怖は、女性の抑圧に不可欠な要素である。その目的は、最終的には、男性支配の不可避性を女性が確実に受け入れるようにすることである（Mehrhof and Kearon 1971［1973］: 230）。メーロフとキーロンは論文「レイプ――恐怖の行為」のなかで、支配関係の標準化においてレイプが特定の役割を果たしていると主張した。レイプは、「女性を女性として、法による保護の外部」におくだけでなく、男性支配を維持するある種の士気阻喪と無力さを生み出している（Mehrhof and Kearon 1971［1973］: 230）。キャロル・シェフィールドは、「性のテロリズム」という論文において、このテーマを彫琢した。

暴力と、その当然の帰結である恐れは、女性をひどく怖がらせ、女性の居場所に関する家父長制的な定義を維持することに一役買っている。テロリズムという単語は、メンバーが建物や車を爆破したり、飛行機をハイジャックしたり、罪のない人々を殺害したりするような、極右ないし極左の内密の組織というイメージを喚起させる。……しかし、それとは異なる種類のテロリズムが存在する。すなわち、私たちの文化に非常に浸透しているために、あたかも物事の自然な秩序であるかのように私たちが慣れ親しんでいるものである。その標的は、女性——あらゆる年齢、人種、階級の女性——である。それは、レイプ、妻に対する打擲、近親相姦、ポルノグラフィ、ハラスメント、そしてあらゆる形態の性暴力に共通する特徴である。私はこれを性のテロリズムと呼ぶことにする。というのも、それは男性が女性を怖がらせ、怖がらせることで女性を統制および支配するシステムだからである（Sheffield 1984: 3）。

恐怖とは、罪のない関係者を標的にする超法規的な暴力の一つの形態である。ラディカル・フェミニストがレイプや女性に対する多様な暴力の実践を恐怖の行為として同定したとき、そうしたフェミニストが探し求めていたのは、法による平等な保護の形式的な保障が隠蔽する、強制的なコントロールの形態を明確に表す語彙であった。ラディカル・フェミニストは、何も罪を犯していない女性に対する暴力や脅迫を許可および黙認している権力構造の可視化に努めた。そうしたフェミニストは、暴力を行う者（男性）が自身の利益を反映する法をつくり出すために立法権力を利用し、またおとがめなしで確実に超法規的な暴力に加われるよう公式の警察権力を利用して、まったく文字どおりに国家をコントロールしている政治的な枠組みのなかに、これらの暴力行為を位置づけようとした。ジョルジョ・アガンベン

（Agamben 2005）から用語を借りると、「例外状態」の存在を示そうとしたのである。ラディカル・フェミニストたちは、ミシェル・フーコーの「規律」概念やアキーユ・ンベンベの「死政治（necropolitics）」に先立って、従順な肉体や傷つけられた精神を生み出す権力の微視物理学として、性暴力を分析した。すなわち、身振り手振り、姿勢、装飾様式、服従するように訓練された動きから成る特定のレパートリーたる女性的な身体を生み出す従属の形態として、性の恐怖を理論化した。スーザン・ブラウンミラーの言葉を借りれば、「女は、レイプの被害者になるように教えられて育つ」（Brownmiller 1975: 343〔2000: 237〕）。女性性の社会化を通じて、「女性たちは、餌食としていかに生き残るかだけでなく、自分自身が被害者になるという体験をいかにして性愛物語化し、美化するかを学習する」（Grant 2016: 235）。

ブラウンミラーは、レイプを、ほとんどの場合男性によって性的になされ、ほとんどの場合女性に対して性的になされる権力と攻撃の行為として理論化し、それがつねに支配を目的としていると主張した。「男性から男性に対するレイプでさえも、それが一方の男性が、もう一方の男性をあたかも性的に従属する女性であるかのように取り扱う犯罪であるかぎりにおいて、男性による暴力とジェンダー化された階層序列構造との家父長制的な結びつきを強化した」（Grant 2016: 234）。ハンナ・ローゼンは、一九世紀末および二〇世紀初頭のアメリカ合衆国における、白人男性による黒人女性の集団レイプを分析することで、白人による「レイプを行う家父長制的な合理的根拠——とりわけ、男性は他の男性を攻撃するために女性をレイプするという考え」（Rosen 2009: 217）がもつ人種的なダイナミクスを強調した。

この家父長制的な枠組み——男性は、自分たちの女性がレイプされ、それによって生じる恥辱を通じて、懲罰を受け、支配されうること——は、レイプを通じて演じられる攻撃者の空想の一部であるように思われる。その枠組みはまた、黒人男性が家庭内で女性を家父長制的に所有していることを、単にそのことを否定するためだけに措定する。そのため、レイプを通じて遂行される空想は、この家父長制的枠組みを分節化することで、白人男性による黒人女性と黒人男性の双方の支配の一部となった。加害者間の交流は、自身の暴力に関する望ましい空想をつくり出すために、お互いの関与が必要であったことを示唆する。このようにして、ナイトライダー〔南北戦争後にアメリカの南部で秘密裡に結成された覆面騎馬暴力団のメンバー〕による暴力は、白人男性間の連帯に寄与した。……ナイトライダーによる集団の力学は、暴力は愉快なものだろうという期待を生み出すことに一役買った。それはまた、一部の攻撃者は、自身の野蛮さを標準化するために、また自分自身の恥辱というよりも黒人女性の恥辱の反映としてのレイプの構築を強化するために、他者の行為に自分自身を重ね合わせてみる必要があったことを示唆している（Rosen 2009: 218）。

近年、LGBTQの活動家たちは、レズビアン、トランス男性、トランス女性に対する「治療的」ないし「矯正的」なレイプの数の増加を記述してきた。これらの野蛮な攻撃において実行者は、強制的異性愛の規範や、出生時の性別割り当ての慣習を踏みにじった人々を懲らしめようとしていることを明らかにする（Thomas 2013）。人種化‐ジェンダー化された支配の一様式としてのレイプが伴っているのは、抑えきれない性的衝動や権力の自覚的な追求よりも、はるかに大きなものである。レイプは社会的および政治的不平等のパフォーマンスであり、それが起こりうる可能性は、慣習上のジェンダー化されたアイデンティティと異性愛にどれほどはまり込んでいるかに依存する（Rosen 2009: 8）。それゆえレイプは、公／私二分法のリベラルな構築を無視するという意味で政治的である。レイプは、公的空間と私的空間において起こる、私的ではあるが政治的な行為である。それは、被害者のプライバシーや身体的統一性を侵害するが、おとがめなしで実行される。民主的であるとされている国家では、消極的自由が正式に謳われているが、レイプは広範に行われている。二〇〜二五％の女性が一生のうちでレイプを経験する。しかし、それは、暴力的犯罪のなかでもっとも告発されない犯罪でもある。レイプ犯の三％未満しか、起訴されないし、有罪判決が下されず、罰せられることもない。

　身体的統一性と親密な間柄での問題に関する決定上のプライバシーへの権利は、消極的自由にとって中心的であるけれども、非標準的な人々からすれば達成困難なままである。タリア・メイ・ベッチャー（Bettcher 2007, 2016）は、「性別の検認」を、トランスの人々に課される強制的な性器の露出の野蛮な形式であると理論化した。衣服は、個人的な好みの問題や、個人の選択にもとづいて慎みを維持するための手段であると、一般的には受け止められている。しかしながら、それはジェンダー表象の一形態でもある。日常的な関わり合いにおいて（性器の観点から解釈されるところの）性別や、（男性、女性、ジェンダー非定もしくはジェンダークィアとしての自己の感覚である）性自認は、服装やふるまいからくり返し推論されている。「ジェンダー表象は、性別化された身体のサインとして、すなわち性別化された身体を意味したり、伝えたりするものとして一般に受け止められている」(Bettcher 2007: 52)。シスジェンダーの人々(性自認が、出生時に割り当てられるジェンダーと一致している人々)にとって、衣服は、プライバシーの権利――性器を私的なものにとどめ、自身の性別化された身体性を信頼してもらう権利――を付与する。トランスの人々には、こういった権利は与えられない。トランスの人々は、「詐欺師」もしくは「詐称者」として解釈される。トランス女性の性自認は、生まれてからずっと少女ないし女性であったわけではないという理由で、「女性のように生きている男性」、つまりは男性であるとして特徴づけられるとき、無効化される。そのため、彼女は二重の侵害に服すこととなる。つまり、アイデンティティの無効化(彼女の自己の感覚が否認される)と、あまりにも多くの事例における、攻撃者が彼女の「真正なる」性別を証明するために性器を強制的にさらす際の暴力的な性別の検認である。レイプ犯やナイトライダーの事例のように、これらの野蛮な暴行に加わるトランス嫌悪の襲撃者たちは、自分たちはおとがめなしで行動することが可能であると本当に確信している。国家は、トランスの人々に対する暴力の被害者を滅多に助けないし、助けるときでさえも往々にして警察は暴力を緩和するどころか増幅させている。

身体の商品化

リベラルな政治理論家は一般的には、市場を私的領域に安置する。市場とは、重商主義(封建国家によって統制される経済システム)に対するオルタナティブを提示するものであり、平等で合理的な諸個人が生産、交換、消費の諸関係を秩序づける方法である。諸個人は、自己利益により動機づけられており、生産および交換される財やサービス、労働条件、取引にかかる金銭的コストを明示する契約を自由に結ぶ。これらの交換は平等な人々の間で交渉されるので、あらゆる契約当事者が契約条件を確実に遵守するようにしたり、契約違反から生じる紛争を調停したりするなど、国家には必要最低限の役割しか割り当てられていない。アダム・スミスからジョン・スチュアート・ミルに至るまでリベラルな理論家のなかには、市場関係が欺瞞から免れていることや、第三者（たとえば、消費者や環境など）に危害をもたらさないことを確保するために、国家は市場関係を監視すべきでもあると主張した者もいる。とはいえ、売買の自由や、取引および交換の自由は、消極的自由の特質である。しかし、購入される商品が性的サービスという形式における肉体であるとき、契約を結ぶ平等な当事者という仮定を疑問に付す必要があると主張してきたフェミニスト活動家や理論家がいる。

・売買春

性的サービスの売買は、著しくジェンダー化されている。異性愛の男女、ゲイ、レズビアン、トランスの人々、そして子どもたちも性市場に参入しているが、セックスワーカーの大多数は女性であり、顧客の圧倒的多数は男性である。政府による介入を受けることなく交渉しあう平等な諸個人という市場の理想とは対照的に、売春を規制する国家の行為は、男性顧客にとって有利になるように、セックスワークの契約を長い間歪めてきた。一九世紀にフェミニストは、女性の身体に対する権限を男性に付与するための手段として、「売春」の国家規制が増加していることに注意を喚起した。売春を規制する法律は、現金を支払って「売春婦」を利用しなければならないほど、男性には強い性的欲求があることを認めていた。ブルジョワ女性が「性に無関心の」性質を有するという推定は、男性がセックスワーカーとの私的契約を通じて性的満足を追求することを必要とした。しかしながら、国家は公衆衛生に対する懸念を抱いていたので、感染症の広がりを抑制するために売春の統制が義務づけられた。一八七五年にジョセフィン・バトラーは、医療専門家と共謀した国家制度（議会、軍隊、警察、司法部）による、男性の使用を目的とした女性の身体に対する規制の方法に異議申し立てをするために、国際廃娼連盟を設立した（Harrington 2010: 47）。性感染症にかかった男性は、国家による介入を受けることなく、自由に感染を拡大することができた一方で、売春婦に対する強制的な膣の検査は、女性の身体的統一性を否定することになった。バトラーは、セックスワークを促進するような性的不平等の創出にあたり、法律が重大な役割を果たしていると指摘した。法律が、有給雇用、高等教育、専門職業訓練から女性を締め出すため、女性の経済的な選択肢が、結婚か売春かという不幸な選択に狭められている。法律は、売春を違法化するが、買春についてはそうしないことによって、男性たちが刑事訴追されないようにしていた。その一方で法律は、財産所有権、有給雇用、教育、公共政策に対する支配権を男性だけに付与することで、非対称的な権力関係を構造化した。

国家が二〇世紀を通じて戦争への動員を進め、二一世紀には平和維持軍が「人道主義」の目的で配置されていくにつれて、軍隊は兵士たちを喜ばせ、軍隊内の秩序を維持するために病気を持たないセックスワーカーのいる売春宿の利用をくり返し組織化した。国内警察、国際警察、憲兵たちは共謀して、軍事基地や、人気の休息所や娯楽施設のすぐ近くのナイトクラブで売春を組織した。軍隊が配備されている多くの国では、売春は違法であるけれども、地元警察は一般に、これらのクラブで働く女性の募集を援助したり、セックスワーカーの性的搾取や経済的搾取を黙認したり、強制捜査に先立ってクラブのオーナーに内報したりする（Harrington 2010: 154）。

キャロル・ハリントンが言及しているように、買春する兵士は「買春ツアー客と共通しているところが多い」（Harrington 2010: 170）。彼らは、セックスワーカーと比べて、ある程度の経済的特権をもっている。彼らは、「標準的」な道徳上のルールが一時的に無効になる短期休暇を謳歌している。彼らは、ストレスの多い任務のことを考えれば、ルールを破っても容認されるのは当然であると信じている。彼らは、売春宿への訪問を男性間の絆の愉快な経験や、男性の仲間内で地位と影響力を獲得するための機会と認識している。平和維持の任務に配置されているスウェーデン人男性とフィンランド人男性についてのある研究は、買春が自国のジェンダー平等規範から男性たちをいかにして切り離しているのか、そして「本国ではできないような強力なホモソーシャルな絆の形成」（Harrington 2010: 176）をいかに可能にしているのかを探求した。彼らは、買春に頼ったことを、抑えきれないとされる男性の性衝動の観点と、白人男性を好む性的に主張の強い地元女性や少女の観点の双方から説明した。「彼らは、金を払ってセックスをするときでさえも、それを買春行為とは捉えない。それどころか、地元女性や少女の困窮状態をふまえて、寛大もしくは利他的な行為として捉えているのである」（Harrington 2010: 175）。性の商品化と結びついた構造的不平等を解決しようとするどころか、「軍人男性は、買春対象の女性が自由に選択していて、自分とのセックスを楽しんでおり、……売春は女性や地元経済にとって良いことだと考えている」(Harrington 2010: 176)。

性の商品化は、ほかのあらゆるサービスの商品化とまったく変わらないと主張してきたフェミニストもいる。女性は、自律した個人として自身の好きなように身体を取り扱う権利を有しているというのである。しかしながら、また別のフェミニストたちは、セックスワーカー側の自律という想定は、性の取引に付きまとう構造的不平等を見過ごしていると指摘する。法はセックスワークを違法化しているにもかかわらず、「『客』、すなわち売春婦のサービスの使用について契約する男性」(Pateman 1988: 20〔2017: 252〕)を違法化しないことによって支配関係を構造化する。女性の身体に対するアクセスが男らしさの構築の一部であるからこそ、買春は男性どうしの絆を培うことができる。セックスワーカーは、自分は寛大で利他的で人間味があるのだという顧客の幻想を維持するために、性的な満足をもたらす奴隷状態や服従を演じるように求められる。顧客が性交の条件を定めて、売春婦が彼の命令に従っているときでさえそうである。セックスワークでは、身体的暴力や精神的暴力が横行している。それは、顧客、警察、看守によって行われる。さらに、セックスワーカーのなかには、自分の労働条件を自身で決定する独立した事業者もいるけれども、数十億ドル規模のグローバルなセックス産業は、売春を促すポン引きやクラブ所有者の利益を最大化するために、セックスワーカーを無慈悲に搾取する。

フェミニストたちは、セックスワークにおける体系的不平等に対していかに取り組むのかという点について意見を異にしている。「廃止主義者」は、性的サービスの売買は人間の尊厳および平等とは両立しないのだから、セックスワークは禁止されるべきだと主張する。また別の論者は、セックスワークの違法化に終止符を打つべきだと主張する。というのも、これらの法律は、セックスワーカーを街頭から追いやって犯罪組織の手に明け渡す一方で、警察による恣意的な逮捕や虐待のもとにさらすことによって、彼女たちの状況をさらに危険にしているからである。スカンジナビア諸国のなかには、商業的な性の取引を形成している権力関係の転換を目的として、売春を合法化する一方で買春を違法化した国もある（Global Network of Sex Work Projects 2017）。大きく異なる処方箋にもかかわらず、フェミニストによる分析は次のことを示唆する。すなわち、性の売買に広範に行きわたっている権力の不均衡は、消極的自由に関する正典とされてきた概念化では不可視化されるか、もしくは重要ではないとされる、ジェンダー化―人種化された諸関係の存在を明らかにする、と。

・ポルノグラフィ

ポルノグラフィは、紙媒体やオンラインでのテクストや画像の大量生産および流通を含んだグローバル産業として、公的領域において非常に大きな部分を占めている。しかしながらそれは、個人的娯楽の一形態として消費されることで、往々にして私的な問題として議論される。ポルノグラフィは、一九世紀から二〇世紀に多くの国で猥褻物取締法によって禁止されているが、その擁護者からは被害者なき犯罪、芸術的表現の一形態、性の自由の重要な構成要素であると特徴づけられてきた。

一九八〇年代初めにはアンドレア・ドウォーキンとキャサリン・マッキノンが、ポルノグラフィを写実的に描かれた、性的に露骨な女性の従属として狭く定義することによって、無害かつ被害者がいないというポルノグラフィの特徴づけに対して異議申し立てをした。ドゥォーキンとマッキノンはポルノグラフィを、性愛作品（合意による相互の性的満足についての性的に露骨な描写）や性教育の教材から区別した上で、ポルノグラフィがその制作に関わった女性を威圧し、陥れ、搾取する一方で、女性は性的従属を楽しんでいるという間違ったメッセージを広めていると主張した。ポルノグラフィは、女性がレイプされたり、屈辱を与えられたり、痛めつけられたり、拷問されたりすることに喜びを感じると教える。実際にポルノグラフィは、性的支配、性的征服、性的暴行、性的搾取、性的所有、性的利用を性愛物語化する。ポルノグラフィは、そういった有害な表象を流通させることで、女性の二級の地位を強化する。ゆえに、ポルノグラフィは社会における女性の平等な機会を否定するという、性にもとづく差別的実践として理解されるべきなのである。

一九八三年の秋、ドゥォーキンとマッキノンはミネアポリス市議会からの要請を受け、ポルノグラフィによって傷つけられた個人に対し損害賠償を請求する権利を与えるという市民権条例案を起草した。条例案は、「ポルノグラフィの不法取引、ポルノグラフィへの出演の強制、人に対するポルノグラフィの押しつけ、ポルノグラフィを原因とする暴行脅迫ないし身体的攻撃」を通じて、身体的ないし経済的被害を受けたあらゆる人々が、ポルノグラフィの制作業者に対して金銭的補償を求められるよう、既存のミネアポリス公民権法の修正を提案した（Dworkin and MacKinnon 1988: 101）。この条例案の根底には経済的な論理があった。すなわち、もしポルノグラフィの制作者が自身の作品によって傷つけられた人々に対して多額の示談金を払わなければならないのであれば、廃業に追い込まれるであろう、というわけである。提案された条例案は、ポルノグラフィ素材の出版に先立つ検閲をいっさい認可しなかった。それは、権利侵害に対する救済を求める権利を被害者に付与しただけであった。

ミネアポリス市議会は一九八三年一二月と一九八四年七月の二回、「ドウォーキン–マッキノン条例」を可決したが、二回ともドン・フレイザー市長が拒否権を行使した。インディアナポリス市議会も同様の条例案を一九八四年春に可決したが、表現の自由を保障する合衆国憲法修正第一条に違反しているとして連邦裁判所によって取り消された。訴訟はアメリカ書籍業協会によって始められ、アメリカ自由人権協会の支持を受けていたが、フェミニストのコミュニティ内部においてもドウォーキン–マッキノン条例に対する重要な異論が存在していた。「セックス・ラディカル・フェミニスト」は、条例のポルノグラフィの定義が「違憲といってよいほど曖昧」であり、フェミニズム芸術における実験を含む、実質的には数えきれないほど多くの素材の検閲を認可することになりかねないと主張した（Hunter and Law 1987: 108, 89, 101）。さらに条例案は、セックスが有害かつ下劣であると示唆することで、セックスに関するステレオタイプを強化した。反対者のなかには、条例案は検閲同然であるとして、自分自身のセクシュアリティを発達させようとする女性の試みを妨げたり、レズビアンやほかの性的マイノリティに対する抑圧を強化したり、セックス産業で自発的に働く女性を傷つけたり、性的自由を含む人間の自由における本質的な側面を掘り崩したりするであろうと主張した者もいた（Strossen 1995; 1993）。

アメリカ合衆国で「セックス・ウォーズ」が波乱を巻き起こしていた一方、カナダ最高裁判所は一九九二年、マッキノンに触発されて、ポルノグラフィをカナダ憲法の平等条項に違反する、女性に対する「ヘイトスピーチ」に類別するという解釈を支持した。ドイツ連邦憲法裁判所は、あらゆる人間を尊厳と尊重をもって取り扱うという基本法の誓約とは相容れない、人間の尊厳に対する罪としてのポルノグラフィ解釈を支持した。

市場の領域では、公と私の境界線、契約当事者の平等、国家の適切な役割は、激しい論争の主題であり続けている。アニタ・アレン（Allen 1988）はプライバシーを、個人、彼もしくは彼女の精神状態、個人に関する情報が、他者による監視にさらされない状況と定義した。結婚、レイプ、ジェンダーの検認、商業的な性的取引の場合、「身体に関するプライバシーは、権力と統制のシステムによって規制される特権である」（Clare 2013: 264）。形式的には平等であるにもかかわらず、結婚や異性愛、商品化されたセックスは、体系的なジェンダー不平等によって構造づけられ続けている。私的領域の安全や保護からレズビアン、ゲイ、トランスの人々が排除されていることは、そうした人々の従属の中心をなす（Calhoun 1994）。特定の性愛行為が七五の国々で違法化されているために、ゲイやレズビアンはベッドルームにおけるプライバシーがまったく与えられていない（Keating 2017: 437; Duncan 2017）。トランスの人々は、公的領域でも私的領域でもプライバシーがまったく保障されていない。

人種化されたジェンダー・ヒエラルキーと、強制的異性愛のシステムは、私的領域内部で制約なく作用している。それらは、支配と従属の諸関係を自然なものとするジェンダー化された前提——白人の異性愛家父長制的な権力を覆い隠す自然化——を通じて再生産されている（Rupp and Thomsen 2016: 897）。これらの自然化された回路においては、有色の市民と同様、女性、クィア、トランスの市民は、自身と対を成すシス〔ジェンダー〕の白人異性愛男性とは顕著に異なる立場で公的領域に参入する。そういった人々は、集合的関心の的であり、集合的利益のために規制されているという意味においては公的であるが、プライバシーの有益な側面をはなはだしく欠く。そのため、公的領域と私的領域のリベラルな構築が抱える構成的な矛盾の分析は、国家の性質に関する体系的な再検討の基盤を築く。この論題は次章で扱われる。

立派に設立されたあらゆる警察の主要格率は、必然的に次のようなものである。いかなる市民も、……いつでも、すぐさまあれこれの特定の人格として承認されうるのでなければならない。いかなる市民も警察官に知られていないままでいられるようなことがあってはならない（Fichte 1796 [1889]: 378〔1995: 345〕）。

たえず危機のなかにあるセックス／ジェンダーにおける二分法は、国家がその人民に対して要求する法的陰謀によって――永続性と不可逆性を保証する生理的な必要条件によってではなく、なぜならそれらによっては成しえないから――実際には維持されている (Currah and Moore 2013: 619)。

一九七〇年代のイランにおいて、異性愛規範にそぐわない男性性がみられるようになったことは、西洋化を通じたイラン文化の道徳的頽廃であると広く捉えられた。公的な場に現れているあらゆる男らしくない男性性や、異性愛規範にそぐわないセクシュアリティ、もしくはジェンダーの曖昧さは、「西洋毒化（westoxification）」の徴候と認識された（Najmabadi 2013: 387-388）。男女の「あまりに似すぎている」服装、生活様式、もしくは仕事における「ジェンダー混同」の表れは、「今日の文明に対する脅威」として糾弾された（Najmabadi 2013: 389）。ジェンダーの二分法に対する違反は、パフラヴィー体制の腐敗と結びつけられて、一九七九年にイスラム共和国が確立してからは、国家行為の標的になった。ヴェール着用を義務化する政策は、公的空間におけるイラン女性の服装を劇的に変化させた。逮捕、投獄、死刑の脅威を伴った「受動的」同性愛の違法化は、公的空間における非規範的行為を根底から変えることになった。アーヤトッラー・ホメイニーが公費による「性転換」手術を許可したことは、トランスジェンダーの人々に対する、異性愛規範性に合致するように身体を変えるべきとの圧力に拍車をかけた。そしてイランは、性別適合手術を世界でもっとも多く提供する国として脚光を浴びた（Najmabadi 2013: 395）。

二〇〇六年にアメリカ合衆国の第九控訴裁判所は、身だしなみの方針――男性は慣習的な男らしさの基準に従って男性のような外見と行動をとり、女性は女らしさの文化的規範に従って女性のような外見と行動をとることを確実にすべく意図された――を雇用主が強制する権利を支持する判決を下した。争点になったのは、女性に対しては化粧（「白粉、頬紅、マスカラ、口紅をいかなるときにもつけていなければならない」）を求める一方で、男性にはそれを禁じる、ハラーズ・カジノ〔アメリカのラスベガスにある有名なカジノ〕の「最善の身だしなみ」という方針であった。女性は、色付きマニキュアを塗ってもよかったが、男性はできなかった。女性には髪を逆毛にしたり、カールしたり、スタイリングしたりすることが求められた。男性にはポニーテールの髪型が許されなかった。それどころか、男性は髪を「シャツの襟の上端までしか伸ばしてはならない」(*Jesperesen v. Harrah's Operating Co.*, 444 F. 3d 1104 [9th. Cir. 2006]; Carbado 2013)。職場における義務的なジェンダー適合は、ジェンダーの曖昧さを国家の安全に対する脅威と結びつける、国土安全保障省発出の二〇〇三年勧告において明確に表明された懸念と共鳴していた(Beauchamp 2009 [2013]: 51)。国土安全保障省の勧告は、「テロリズムは変装が行われる至るところに存在している。……男性の爆弾犯は、綿密な検査を阻止するために女装しているかもしれない」と警告することで、「変装したテロリストをジェンダーの越境と融合させて、特定の身体を欺瞞的かつ背信的であるとみなした」(Beauchamp 2009 [2013]: 46, 49)。

これらの事例では、政治体制も信念体系も公的なイメージも著しく異なる二つの国が、「規範的にジェンダー化された身体、行動、アイデンティティの維持および強化に深く根差した」(Beauchamp 2009 [2013]: 47) 規制的実践や国家による監視政策を執行している。こうした実践は、ロックからウェーバーに至るまでの近代政治理論家たちによる国家に関する説明とは著しく対照的である。それらの理論家たちは、中立的かつ合理的な手続きによって統治されていて、法の前の形式的平等、平等な参加権、説明責任の実効的メカニズムの促進を意図した、公平な諸制度の集合として国家を概念化している。この正典とされてきた説明においては、セックス、ジェンダー、セクシュアリティは政治の外部にあって、国家の性質や作用とは直接関係しない個人的属性もしくは人口学的特徴として解釈される。前章では、公私区分がいかにして、私的で「前-政治的」な領域に浸透した権力関係を隠蔽し、公的生活に強力な波及効果をもたらすジェンダー、人種、セクシュアリティの従属を強化しているのかを示した。本章では、国家それ自体が、いかに公平な制度とはほど遠いのかを示すつもりである。それどころか国家は、人種化、ジェンダー化、セクシュアリティ化された主体や市民の生産において重大な役割を果たしている。国家に関する概念化の主要なものは、これらの権力関係を神秘化しており、市民の人種化、ジェンダー化、異性愛化に際して国家が果たす役割についての無知をさらに是認している。

本章は、国家、国民、市民権に関して対立している諸理論を探求する。まず、ホッブズ、ロック、ウェーバー、マルクス、マディソン、フーコーを含む大御所とされる思想家が提出してきた、国家についての説明を比較することから始める。そして批判的人種研究者、フェミニズム研究者、クィア研究者、トランス*研究者が特定してきた、これらの見解の限界について検討する。さらに本章では、「国民《ネーション》」の理解がいかにして標準的な国家理論を複雑化するのかを示すと同時に、人種、エスニシティ、セックス、ジェンダー、セクシュアリティ、そして健常な身体を、法的地位を付与し、市民権の権利を基礎づける政治的カテゴリーとして理解する可能性を見いだす。本章の最終節は、身体やアイデンティティの生産および規制を通じて、いかにして国民国家が、市民間の地位の階層序列構造を創造したり維持したりしているのかを明らかにする、一連の政策領域を分析する。国民国家は、出生証明書や出生記録、パスポート、運転免許証、徴兵カード、与信取引の申し込み、結婚許可証、死亡証明書、服装規定、行動の規制を通じて、人種化-セックス化された法的地位を市民権に付与する。そして支配と従属が徹底して身体的な現実であることを確実にするような方法で、個人の自由と帰属の輪郭を描いていく。

西洋政治理論における国家概念

「ステイト（state）」は著しく多面的な概念である。それが政治システムと結びつけられるずっと前には、ステイトは「存在していることの特定のあり方ないしありよう、すなわち状態」を指していた。最初期の用法では、ステイトは「心ないし感情の状態」、実際には「精神的存在の実存形式」に関わっていた。そのモダニティが到来するとその意味は「形あるいは組成に関する物理的状態」を含むまでに拡大した。その後、この用語は「政治的統一体の一部として捉えられており、なおかつ統治に参加する一個人、もしくは諸個人の集合」を含意するようになり、とりわけ封建領主を指していた。封建的な関係が革命の時代に崩壊すると、ステイトは「政体ないし政府の特定の形態、最高位の市民支配や統治のために組織化された政治的統一体、定義された領域を占有しており、主権を有する政府の下に組織化された人々の集団」を意味し始めるようになった（『オックスフォード英語辞典』）。

政治理論内部において国家《ステイト》の性質は、継続的な論争のテーマである。しかしながら、多種多様な問いに関して見解の不一致が存在するにもかかわらず、理論家たちはいくつかの点については同意している。すなわち、国家が市民の集団を擁する地理的に特定可能な領域を有していること、その領域内部のあらゆる市民および集団に対する権威を主張すること、ほかの自発的結社よりも包括的な目的を具現していることについては同意している（Vincent 2004）。トマス・ホッブズが『リヴァイアサン』（Hobbes 1651［1994］

〔1982, 1985, 1992〕）で述べたことでよく知られるように、国家は、特定の領域内部における強制力の独占によって定義されるのであり、それが主権の基礎である。主権とは、民事法や、極刑たる死刑を含むすべての刑罰を伴う刑事法を、作成したり強制したりする権力のことである。ホッブズは、法の内容に対しては徹底的にシニカルであった。「主権者の言葉」たる法は、端的にいえば、主権者がそうであると宣言したあらゆる事柄であった。人民が法に従うのは、単に処罰されるかもしれないという恐怖からだった。そのためホッブズは、国家についての絶対主義理論を明確にしたのであり、それはあらゆる人々を等しく、主権者の意思に服従させるものである。

　リベラルの伝統におけるその後の理論家たちは、法の支配によって主権国家の権力に制限を設けるべきであると主張した。たとえばロックは、主権は被統治者の同意によって生じているのだから、それは絶対的でもなければ、恣意的でもないと主張した。というのも、合理的な主体は、自分たちの暮らし向きを悪くするような法律にはけっして同意しないだろうから。ロックは、国家権力を確実に制限するために立法機能、行政機能、司法機能の分立を主張して、市民に対して永続的な「革命権」――立法府によるものであれ、行政府によるものであれ、専制的な政府を打倒する権利――を付与した。ロックは、国家についての立憲主義理論の基礎を築くことで、市民に対する説明責任を議員に負わせるための選挙のメカニズムや、国家制度に権力を濫用させないための権力分立を構想した。成文であれ不文であれ憲法は、公式の統治制度やその活動範囲を特定したり、公職の就任や解任のための一定の手続きを確立したり、市民権の基準や市民の権利を規定したりすると理解された。憲法は、政治システムの基本原則を確立することで、国家の権威と、特定の体制ないし公職者たちの行動とを区別した。国家についての立憲主義理論は、いかなる人間も法の上位に立つことはないという原理の具体化によって、「法の支配」の存在以上のことを主張する。立憲主義理論はその後の発展において、政治制度は公平である、すなわち中立的かつ合理的な手続きによって統治されていること、そして公職者は究極的には人民に対して説明責任を負っていることを主張するようになる。

マックス・ウェーバー(一八六四〜一九二〇)は、二〇世紀の政治システムの発展を理論化し、近代的行政国家を形成する二つの中心的な推進力として、合理化と官僚制化を特定した(Weber 1919 [1946]〔2018〕)。法の支配は、厳格な規律と説明責任を課すために設計された階層序列構造によって公式の事柄が統治されている、大規模な行政的官僚制の発達を必要とするだろう。これらの行政機関における専門職の採用は、競争的試験を通じて示される成績にもとづくことになる。政策形成は、成績にもとづく非人格的な権威を制度化することで、政治的中立性の規範に従った技術的専門知識を基盤とするだろう。統治が完全に合理化すれば、公共政策は、社会的目的を達成するためにもっとも効率的な方法の科学的調査によって推し進められる。技術的専門家による合理的で包括的な意思決定は、共通善を促進するとされた。

カール・マルクスは一八四〇年代に出版した一連の評論において、国家は、立憲主義理論が主張するほど公平なものではけっしてないと指摘した。マルクスが主張するには、国家は階級支配の道具なのであり――支配階級の利益を代表しており、支配階級にしか説明責任を負っていない――、すべての住民に対して説明責任を負っているわけではけっしてない。しかし、マルクスにとって階級関係は、本来的に動態的なものであった。一九世紀半ばのヨーロッパの諸国家は依然として封建貴族の手中にあったが、ブルジョワジー（新興の資本家階級）が、国家のコントロールをアンシャン・レジームから奪う手段としての政治代表を求めて奮闘したとマルクスは主張した。しかしながら、それは、まさしく男性普通選挙のための運動だったからこそ、ブルジョワジーは自身の崩壊の基礎を築いていた。実際、マルクスとエンゲルスは『共産党宣言』において、革命に向けた一つの戦略は「投票箱をめぐる競争に勝つこと」だと主張した。労働者階級はブルジョワジーよりも規模が非常に大きいため、ひとたび選挙権が確保されれば、労働者は彼らの利益を代表するであろう政党を選出するために自身の選挙権を利用できた。それゆえマルクスは国家についての社会民主主義理論を提出したことになる。それは、国家を階級にもとづく道具であると捉えるけれども、民主的に選出された社会主義政党が人口の圧倒的多数を構成する労働者の利益のために統治を行うときを思い描くものである。

　社会主義政党が選挙で人々の支持を得ることに一度も成功しておらず、労働者が所得にかかわらず自身を「中流階級」として同定する傾向があるアメリカ合衆国では、国家についての多元主義理論が定着した。この理論は、『フェデラリスト・ペーパーズ』(Hamilton, Madison, and Jay 1787 [1980]) においてジェームズ・マディソンが展開した人間本性に関する主張に端を発している。マディソンは、人間は利己的で近視眼的で争いを好み、個人的利益の追求のために些細なことで徒党（利益集団）を組む傾向にあるから、政治は利益調整のプロセスとして理解されるべきであると主張した。その後『民主主義の知性』(Lindblom 1965) においてチャールズ・リンドブロムが明確に述べたように、政治は党派的な相互調整のプロセスとして、すなわち著しく異なる目的を追求する利己的な諸個人全員が進んで受け入れようと思うような決定に到達するための取引、交渉、調停、妥協のプロセスとして認識されている。多元主義的な枠組みでは、国家が政治の「アリーナ」、つまり利益調整が行われる空間として特徴づけられることもある。あるいは国家を、ゲームのルールが守られることを確実にする「審判」として描写する多元主義者もいる。両方の見解とも国家が、（一）市民の不均質性を認識しており、あらゆる人々に対し政治過程に参加する権利を保護していること、（二）社会における多種多様な権力の基盤（たとえば、富、数、希少な財ないしスキルの独占）の有効性を認めていること、（三）各人に政策形成における正統な役割を与えていること、を主張している。多元主義のなかには、国家を公平無私——価値と利益をめぐるこれらの争いにおいて、いずれかの立場につくことを公式に控える——として捉える見解があるけれども、競合する利益は国家自体の公式な諸制度にも存在すると主張する見解もある。この見方においては、国家制度もまた徒党のように行動すると理解されなければならない。その行動は、公平性というよりも、組織的利益、党派性、そして個人的野望によって支配されている（Allison 1971〔1977〕）。国家自体がこれらの政策交渉における利害関係者として理解されるかどうかにかかわらず、多元主義者は、あらゆる権力基盤が平等であるとして取り扱い、富ないし政治的公職がもたらす特定の有利などないと主張する。「形式的平等」が参加や影響力に関する平等の権利を保障していると主張する多元主義的な国家概念は、政治的結果を左右するにあたって、政治制度内部の関係者の地位ないし経済的権力が不均衡な利益を発生させることを否定する。

多元主義批判から登場した国家についての新制度論的な概念化は、政治のアリーナないし審判としての国家概念が、国家制度に特徴的な権力や利益を考慮できていないと主張した。国家は、公平である、ないし特定の社会的利益を単に反映していると解釈されるどころか、価値を吹き込んだり、個人の利益や選択を形づくったりするという形成的役割を果たしている。国家はそれぞれの国内特有の文脈から登場したのであり、特定の歴史的遺産を反映するような、かつその内部で行動する人々の行動や決定を形成、制約するような規範、公式のルール、そして標準的な操作手続きを具体化する。実際に、新制度論的な国家論は、制度的規範やルールが、政治的行動の理解可能性の基準を確立すると主張している。そうした規範やルールは、政治的生活において何が合理的か、何が許されるのか、何が可能であるのかについて、もっとも基本的な理解を組み立てる。特定の歴史が統治者と被統治者の政治的行動の規範を形成するからこそ、おのおのの国家の行動パターンは特徴的であるかもしれないが、しかし同時に予測可能でもある。たとえば、権威主義的な慣行の遺産は、国家の行動を個人の権利の規範とは異なるように構造化するだろう。特定の国家における政治制度の歴史的発展は、国家の将来の行動に強力な影響を与える行動レパートリー、制度的アジェンダ、一連の期待と忠誠、紛争や協力のパターン、運用法を固定化する。

新自由主義が一九七〇年代から世界的な優位性を獲得すると、ミシェル・フーコーの統治性概念が現代の国家の行動を説明するものとして足場を得ることとなった。フーコーは、統治性を「身体の隷属化と住民の管理を手に入れるための多様かつ無数の技術の爆発的出現」(Foucault 1978: 140〔1986: 177〕)として理論化する。フーコーは、これらの統治術を一九世紀初期から国家が専心してきた「生の保護」に対する懸念に関連づけて、統治性が公と私の間の古典的な境界線を消し去っていると主張する。国家は、死の恐怖を操って確実に服従させることを意図していた君主制による規則の見世物を捨て去り、健康、セクシュアリティ、身体、性向、欲望の規制をその正統な領域として引き受ける。「ふるまいの導き（conduct of conduct）」を促す政治的技術は、諸個人のアイデンティティを生産する――フーコーによれば、そのアイデンティティは、抵抗するアイデンティティでありながら、しかし特定の欲望の秩序をまとわされている（Foucault 1994: 237）。

近代的な権力の技術としての統治性は、国家の公式制度に権力を集中させるよりも、多種多様な「毛細血管」――専門的職業（法律、医学、教育、心理学、社会福祉）、諸制度（裁判所、家族、病院、監獄、学校、市場、軍隊）、プロセス（規律、規範化、社会化）に浸透した権力-知識の配置――を通じて拡散されている（Foucault 1977〔1977〕）。新自由主義の時代において国家は、超国家的、地域的、サブナショナルな組織に責任を割り当てて権限を移譲することによって、および民間の会社や法人に責任を「外注」することによって、そして合理的かつ責任ある「選択」といった新自由主義的な原理に従って自分自身を管理する義務としての自律性の行使を促すことによって、権力を拡散させている（Novas and Rose 2000; Rose 2000）。フーコーは、新自由主義的な統治性の中心的な矛盾に注意を促した。すなわち、権力は民営化を口実に拡張すること、高度な監視には自己規制が伴うこと、責任ある危機管理は諸個人を不可能な選択に直面させること、多種多様な統治術は有意義な自由よりも利潤を生み出す消費をはるかに促進すること、である。

ジェンダー化された制度としての国家

国家に関するこれらの古典的説明は多様であるとしても、国家が脱身体化されている――人種、セックス、ジェンダー、セクシュアリティによって特徴づけられていない――と主張する点に収斂している。キャサリン・マッキノン（MacKinnon 1983, 1987, 1989）は、国家の分析において、国家は脱身体化されているどころか本質的に男性的だと示唆した。客観性と公平無私性を主張するにせよ、普遍的利益の代表を主張するにせよ、国家は男性の利益を共通の利益と単に混同している。「男性の視座は体系的で覇権的である。……この文脈において客観性――特定の立場に立たない普遍的な立脚点を主張するにしても、熱望するにしても――とは、支配的な観点からの現実の構築に暗黙裡に関与している性的不平等の存在ないし潜在力を否定することである」（MacKinnon 1983: 636）。マッキノンによれば、国家の説明責任の規範は、男性の観点からのみ形づくられる。その権力の源泉は、男性から排他的に引き出される。国家の主要な構成母体は男性である。「法は、男性が女性を見たり扱ったりするような方法で、女性を見たり扱ったりする。リベラルな国家は、正統化規範、社会との関係、実体的政策を通じて、男性ジェンダーの利益に資するような社会秩序を強制的かつ権威的に構築する」（MacKinnon 1983: 634）。

後続の理論家たちは、ジェンダー化された制度として国家を理論化する際に、その構成（女性や人種化されたマイノリティは公選による職や任命制の職において著しい過少代表の状態におかれたままである）、およびその実践（議場、委員会室、裁判所、官僚機関における標準的な操作手続きはジェンダー包摂的でもなければジェンダー中立的でもない)、そしてその産物(法律や政策はジェンダー・ヒエラルキー、ジェンダー化されたアイデンティティを創出したり、強化したりする)に注意を促してきた。国家は、公平概念とは著しく対照的に、支配する者と従属する者とを同時につくり出す差異、政治的非対称性、社会的階層序列構造を積極的に生産している。

キャロル・ペイトマンは、形成途中の福祉国家が公的市民権のジェンダー化された基準として「自立」を構築し、白人男性の利益を生産する方法を追跡した。国家は、単に自衛のための能力を強化するだけだと主張して「男性的な能力に関する……『自立』の三つの要素、すなわち、武装する能力、財産を所有する能力、自治の能力」(Pateman 1998: 248〔2014: 276〕)をつくり出した。国家は、白人男性を「武装する者」として構築すべく、強制的な男性の兵役、徴兵、民兵の義務を利用した。その一方で、女性は「一方的に武装解除され」た、つまり兵役や戦闘任務を禁止された。なぜならば、男性が「女性と子どもを保護する」責任を割り当てられたからである。国家は、契約の自由を統治する法律を通じて、「自由な男性」が所有するもっとも基本的な財産、すなわち自分自身および自分の労働力の所有権を創出した。国家は、女性を父ないし夫の所有物として構築することで、女性自身が自由に労働契約を結ぶ権利を否定した。国家は、妻に対する永続的な性的利用権を男性に保障するように婚姻法を構造化することで、既婚女性の身体の自律的な所有権を否定した。さらに「世帯主」というカテゴリーをつくり出し、それを男性に限定することで、男性が彼ら自身のみならず、その「被扶養者=依存する者(dependents)」を統治する法的能力を創出した。

ペイトマンは、イギリスとオーストラリアにおける国勢調査の分類が、男性労働者を「稼ぎ主」として、その妻を世帯の維持や所得に対する貢献を問わず「被扶養者＝依存する者」として公式に承認したと指摘している。イギリスでは一八五一～一九一一年（オーストラリアは一八九一年）に、女性の家庭内労働は生産的活動の一形態から依存の一様式へと分類し直された。この分類の修正は、女性労働者が男性の賃金を低下させていると信じて、有償労働市場から既婚女性を追い出そうとする試みと結びついていた。男性「稼ぎ主」への「家族賃金」の支払いを求める運動――労働組合運動によって積極的に促進された――は、女性に対する不平等賃金の原理を法律に正式に掲げると同時に、工業および農業の労働力における女性の存在を覆い隠して、家族を養う者としての女性の役割を不可視化した。一九一二年には、オーストラリアの男性労働者の四五％は独身だったが、家族賃金が支払われていた。その一方で女性労働者は、その三分の一が扶養家族を支えているにもかかわらず、稼ぎ主ではないという法的擬制にもとづいて、男性の賃金の四六～五〇％しか支払われていなかった。そのため国家は、政治的生活からの女性の排除を正統化するために依存を利用するのと同時に、「被扶養者＝依存する者」としての女性のアイデンティティを直接的および間接的に創出、強化したのだった。つまり女性は、実際の稼ぎや富にかかわらず、「市民社会や国家といった公的な建物の不法侵入者」（Pateman 1998: 24〔2014: 276〕）であると宣言された。

国家はまた、白人女性が子どもを産むよう促すために出産奨励立法を利用したり、彼女たちの再生産の自律性を制限するために人工妊娠中絶や避妊を禁止したりした。ルース・ミラーは、再生産が女性の政治的義務として定義され、母性が女性の市民権と混同されるとき、子宮は国民という「集団の生物学的権利」を主張するために政治化されると指摘している。人工妊娠中絶や避妊が違法化されると、「生物学的集団に対する罪」は女性の子宮の中にあるとされる（Miller 2007: 362）。実際に、市民が生物学的集団に対して犯すことができる唯一の罪は、避妊や人工妊娠中絶に関わっているのだから、ただ女性のみが国民に対して脅威をもたらしうるという。そういうわけでこのことが、女性の再生産の実践を国家が取り締まるための合理的根拠になる。出産奨励政策はつねに人種化されている。再生産を促されたり求められたりする市民もいれば、「優生学」の構想、不妊化キャンペーン、そして集団虐殺の場合には絶滅を通じて再生産を制限されたり禁止されたりする市民もいる。国家の行動、ナショナリズム、エスニックの特権、人種化された不利益をめぐるこうした結びつきを強調するために、ジャクリーン・スティーブンス（Stevens 1999: ch. 4）は「人種－国民」を概念化した。

国民と国家

フェミニスト研究者たちは、国民《ネーション》が理論化されないかぎり、ジェンダー、人種、性の階層序列構造を強化しようとする国家の行動の全体像を理解することはできないと、説得的に主張してきた（Stoler 1995; McClintock 1997; Yuval Davis 1997, 2006）。政治概念としての「国民《ネーション》」は、国家とはかなり独立して、国土と複雑な結びつきをもつ「人民《ピープル》」の存在を示唆している。アンドレアス・ウィマーとニナ・グリック・シラー

（Wimmer and Schiller 2003）は、現代の国民概念が、「血」、血統、祖先、言語、文化、歴史によって結ばれたエスニック集団と関連づけられた形態の帰属を前提にしていると指摘する。アイデンティティの領域としての国民は、国家形成のパワー・ポリティクスよりも先に存在するエスニシティの構成員であることを示唆している。血や血統という隠喩が示唆しているとおり、国民への帰属は有機的な結びつき、すなわち連帯、共有された犠牲、相互扶養を必要とする拡大家族を思わせる事柄を暗に意味している。共通の言語、文化、歴史の強調はまた、共有された地理性だけでなく、からみ合った宿命や共通の運命をも示唆している。国民はいくつかの固有の特徴、すなわち世代をまたいでつながりを築く「国民性」を示すといった定式化もいくつかなされている。エドマンド・バークの言葉を借りれば、国民は「現に生存している者の間の組合たるにとどまらず、現存する者、すでに逝った者、はたまた将来生を享くべき者の間の組合」（Burke 1790［1993］: §165〔1997: 123〕）を伴っている。

ヨハン・ゴットリープ・フィヒテ（Fichte 1807［2013］〔2014〕）は、国民の本質として「内的な境界」を理論化した。法の前の形式的平等と共存する内的な境界という観念は、市民権の意味を法的平等から、ある特定の感性――共有された一連の道徳的価値、文化的指向、洗練された知覚のことであり、それらを欠いていると言われる人々もいるかもしれない――の所有へと巧妙に転換させている。生まれた場所（出生地主義）や血統（血統主義）といった市民権の伝統的な基準は、言葉では表せない不可視の一連の絆で統合された国民共同体の概念によって強化されている。国家――それは支配的な人種、宗教、エスニシティ、そしてジェンダーを基盤とする組織に幇助されている――は、「共同体の本質」を無形の道徳的態度、特定の正しい感情、強化された愛国的な感性と同一視することで、市民たちに国民内部における一連の区別を認識し、それらにもとづいて行動するように教え込む。この強化された愛国的な感性を抱く人々は、往々にして国民を防衛するために行動しなければいけない気持ちにかられて、自分たちが大切に思うものを維持し保護するための諸政策を実行する。そのため、ベネディクト・アンダーソンの著名な定式化においては国民は「想像の共同体」なのであり、あらゆる共同体と同様に国民は排除によって構成されている（Anderson 1991: 101〔1997: 165〕）。

フィヒテの内的な境界という概念は、市民権が形式的平等や法的地位の観点からしか認識されていないときにはほとんど意味をなさない、国家による排他的実践を理解するための一つの方法を提供してくれる。「血のつながり」の観点から特徴づけられる国民への帰属という概念は、外部の要素と交わると汚される可能性のある純粋性や真正性の観念を示唆している。国民の純粋性という神話に関心がある人々は、結婚を統制したり（異種混交、すなわち人種、エスニシティ、宗教の系統を横断した結婚の禁止）、人口集団を取り締まったり（身体的、認知的、道徳的障がいを持つと認識される人々の追放、投獄、施設収容、不妊化、絶滅）、移民を制限したりすることで、外部の汚染物から「政治的統一体」を守るために行動するかもしれない。教育や就業の機会、選挙権を制限する法律、人種や知能による分類を押しつける法律、「優生」政策を強制する法律――障がい、貧困、人種のいずれにもとづくにせよ――は、「国民の一体性、優越性、純粋性を守るため」（Stoler 1995: 150）の手段として正当化されてきた。

ナショナリズムという神話は、人民の統一性を強調する。しかしながら、国民国家（nation-states）は、その資源を利用する権利を特権的な男性の集団に制限するため（McClintock 1997: 89）、ならびに特定の女性による国民の再生産を確実にするため（Yuval Davis 1997; Farris 2017: 67）という双方の目的のもと、ジェンダーの差異を制度化してきた。たとえばムッソリーニは、出生率を上げるために未婚者には重税を課し、労働市場において差別する一方で、七人以上の子どもがいる家族には税金を免除した（Farris 2017: 72）。特権的な市民は国民を再生産することで手厚く報いられるかもしれないが、優生政策は再生産に「適さない」とみなされた人々（有色の人々、貧困層、移民、障がい者、「犯罪者」）を標的にする。共同体全体は、上記の人々の再生産をあらかじめ排除することを意図した強制的な法律、政策、医療行為の創出および実施を通じて社会的に統制されてきた（K. Price 2017: 82）。ヤスビア・プアール（Puar 2017）は、人口集団内部の下位集団に対し、意図的に発育を妨げ、傷つけ、実験の対象に据え、身体的な能力を奪う国家の実践に注目し、殺す権利と結びついているがそれと同一ではない、国家が主張する、主権としての「弱体(debility)」を理論化している。

家族に関わる取り決めを公的秩序と結びつける国家行為は、特定の人種－国民の「内的な境界」に従って構造化された国民としてのアイデンティティに関する想定という観点に立つと理解できる。異性愛結婚は、国民の基盤——国民が再生産されるメカニズム——として特権化されている。ほかの形態のセクシュアリティは、「自然な」秩序のみならず、国民を崩壊させる脅威として認識される。特権化された人種集団やエスニック集団は、想像上の血のつながりを維持するために結婚する権利を付与される。そうでない集団はその特権から排除される。国家は、このもっとも基本的なレベルにおいて「国民」内部にジェンダー、セクシュアリティ、人種、エスニシティの階層序列構造を創出し、維持している。市民間の差異を国家は認識しないというリベラルな前提とは対照的に、国民としてのアイデンティティに関する文化的、政治的言説は、市民権、忠誠、忠義を市民間の社会的区分と関連させて形づくり、往々にして一方の側の集団をもう一方の側の集団に対抗するよう動員する。国民国家は、セクシュアリティ、結婚、家族形態、移民を規制する策を立法化することで、市民権を法的地位として統制するだけではなく、特定の人種化、ジェンダー化、性化されたアイデンティティを持つ市民を生産している。

国民国家は、境界線、人口、統治形態、政治的権威のタイプ以上のものを含んでいる。国民の内的な境界という概念は、主体化＝従属化、すなわち歴史的に特有な形態の人間性、知識、経験の生産において国家が果たす役割を明らかにする。フーコー（Foucault 1977, 1978〔1977, 1986〕）は、生活に浸透していて、新たな形態の欲望、関係、言説、主体性の諸様式を形成する生産的な力として権力を理論化した。主体は権力関係に先立っているのではなく、これらの諸関係を通じて生産されるのであり、このことが特定の社会－歴史的な場における理解可能性の条件を確立している。フーコーが述べているとおり、主体化＝従属化の逆説とは、主体の従属を確保するまさにその過程や条件が、主体が自己意識的なアイデンティティや行為者になる手段でもあるということだ。主体化＝従属化の過程たる、国民国家による内的な境界の構築は、既存の主体の間に階層序列構造を創出するだけでなく、エスノナショナリストな主体を形成する。エスノナショナリズムは、自分自身の文化や政治の本質的な優越性に関する主張と結びつけられている。この枠組みにおいては、ある「国民」はほかのそれよりも発展しているとみなされる。「文明化の達成」とみなされる文化もあれば、「後進性」から抜け出せずにいる文化もある。西洋においてエスノナショナリズムは一般に、多様な市民の善き生の構想に関して不可知論的であるとされるリベラルな国家の包摂性との対比で、「後進的」な政治アジェンダを描写する際に使用される。ところが、近年の「移民の波」が国民を構成する人口集団を多様化させるにつれて、ヨーロッパやアメリカ合衆国で激しさを増している多文化主義論争は、――リベラル・フェミニズムの枠内でさえも――いかにしてエスノナショナリストな主体化=従属化が表出しうるかを示す、一つの強力な事例を提供してくれる。

スーザン・モラー・オーキンによる評論「多文化主義は女性にとって悪なのか？」は、フェミニズムと、エスニック・マイノリティの集団的権利に対する多文化主義の積極的関与との間には、内在的な緊張関係があると指摘した。この緊張関係は、「リベラルな国家によって少なくとも形式的には奨励されているジェンダー平等（どれほど広範にそれらの規範が侵害されていようと）と衝突する、マイノリティの宗教ないし文化についての主張」(Okin 1999: 9) に煽られている。オーキンは「フェミニズム」を、女性はその性別によって不利益を受けるべきではなく、男性のように人間としての尊厳を有し、自由に選択した充実した人生を送る機会をもつべきであるという信念と定義した (Okin 1999: 10)。そして多文化主義を、リベラルな国民国家に住んでいる「先住の人々、かつて植民地化されたエスニック、人種的、宗教的マイノリティ」(Okin 1999: 11) の集団的権利ないし特権の保護と定義する。オーキンのフェミニズム概念は、「個人の自由というリベラルな価値」のなかに包含し、あらゆる集団（とくにリベラルではない集団）の権利集団（女性）の権利を引き合いに出し、その権利の保護を試みる。しかしながら彼女はこの要求を、「個がその価値に勝ってはならないというのである。オーキンは、サブナショナルな多文化に関わる争点は、児童婚、強制結婚、女性に不利な離婚制度から、複婚、陰核切除、パルダ〔南アジアを中心とした地域で行われている、女性を社会から隔離する風習や制度〕にいたるまで、おもに「抑圧的なジェンダー実践、すなわち、男性による女性支配」に関連していると主張する（Okin 1999: 17-18）。オーキンによれば、これらの実践は女性の人権の観念をことごとく否認しており、女性は男性に従属するものであるという文化的メッセージを奨励している。オーキンは、これらの実践がマイノリティの文化において女性や子どもに対し、法の平等な保護を否定して、男性によるいっそうの暴力にさらしていると主張して、集団的権利の観念を拒絶する。「リベラリズムの基本が要請するのは、集団のあらゆる構成員の福利の促進である。集団の自称リーダーたち――おもに年長かつ男性の構成員によってつねに構成される――が、当該集団の全構成員の利益を代表しているとの想定を正当化する理由は、あるはずがない」（Okin 1999: 24）。

オーキンを批判する論者たちは、次の点に疑義を唱えてきた。すなわち、後進性から抜け出せずにいて、断固として女性嫌悪的で、変わることはないというオーキンのマイノリティ文化の解釈、特定の個人による凶悪な行為が文化全体を代表しているという想定、マイノリティ文化内部の女性が行為能力を欠いている、あるいはいっそうひどいことに彼女たち自身の抑圧の道具になっているとの描写である。オーキンは、自由になって伝統や慣習の負荷に妨げられたくないとする普遍的衝動に駆り立てられた、個人の行為能力というリベラルな概念の妥当性を前提にしていると指摘されてきた。そうした批判者たちが主張するには、その前提は、アフリカ、アラブ、ムスリム、東アジア、南アジアの女性たちをオリエント化するような特定の自由概念を自然とみなし、そして「第三世界の女性」を「文化による死」から救い出そうとする、フェミニスト・ポリティクスの一形態の基礎を築いている。批判者たちは、この西洋のリベラルな視座への偏執が、マイノリティの共同体における女性の行為能力や主体性を深刻なまでに歪曲し、そうした女性の状況を悪化させうる政策を維持していると指摘する（Narayan 1997; Abu Lughod 2002; Mohanty 2003; Mahmood 2005）。

リベラルな形のエスノナショナリズムが政治的生活の見方を固定するとき、現代の国民国家の起源や作用に関する多くの事柄が覆い隠される。血によってつながれた人民という美化された観念が、戦争、征服、植民地化における国民の歴史的起源を隠蔽する。入植者の社会の場合、それは財産所有権や市民権を白人エリート集団だけのものにしておくという、人種化されジェンダー化された帰属の境界線の残忍な構築を覆い隠している。それは、人々の間の多様性や、暴動の鎮圧、異議の抑制、スト破りから内戦に至るまで、国民を縫い合わせるために費やされた政治的力を隠蔽している。安定的かつ同質的な人々という神話は、現代の人口を構成する大規模な移民や移住者をも隠している。安定的かつ同質的な人々という神話とは対照的に、「国民たる人々とは、……市民権への経路を同じくしない、異なる法的カテゴリーの集合体である。……市民とは、市民ではない人々と一緒にその国の領域に居住している多くの人々のうちのほんのひと握りの人々にすぎない」。市民ではない人々には観光客、移民、難民、「出稼ぎ労働者」、不法入国者が含まれる（Kretsedemas 2008: 560）。この多元性は、エスノナショナリズムの枠組みによって覆い隠されているだけではなく、その枠組み内部で政治的問題として構築されている。

国の領域が画一的な政治空間であったことは一度もない。国家は、特権化された人々に対しては権利、自由な土地、自己決定の可能性を付与した一方で、そうではない人々を束縛、奴隷化、搾取し、さらには絶滅させることもあった。ジェームズ・スコットは『国家のように見る』(Scott 1998)において、国家が国民たる人々の生産にかなりの労力——人民それ自体の外見やふるまいだけでなく、物的風景、つくられた環境、経済政策、教育実践、規制システムの大規模転換を伴う労力——を捧げてきたと指摘した。

国家は、社会を理解可能なものにするために、社会が行政的に管理可能であると思わせる社会的単純化を展開している。この過程において国家は、管理上の秩序づけに異議申し立てするローカルな知識を周辺化する。空間や場所についての社会統計、モデル、物的表象は、高度な近代主義のイデオロギーに裏打ちされた社会変化の広範囲にわたるプロジェクトを伴っている。すなわち、人間の条件を向上させるべく、社会的生活のあらゆる側面を合理的に設計する未来像である。その目的は転換である。国家はその目的を果たすため、監視や管理がより容易な特徴をもつ人々をつくり出す。そのモデルに適合しない人々は枠組みから除外されて、転換させる必要がある異常ないし病理として特徴づけられる(Bergeron 2006: 30)。

国家は、階級、エスニシティ、宗教、ジェンダーに関わる差異のいくつかを乗り越えられるくらい十分に強力な、国民としてのアイデンティティの感覚を涵養するために、複雑な技術を編み出してきた。そしてその一方で、特定の「ほかの差異」は同化しえないものとしてきた。国家は、当局の願望と、諸個人および諸集団の活動や自己理解との間につながりを築こうとするプログラムに出資してきた。

［国家による］習慣の教え込み、訓練システムの標準化、職業上の専門分野や語彙、装置の開発、調査、健康管理法［を通じて］、……アクターたちは、似たような言語や論理に照らして自らの状況を理解するようになり、自分たちの目的や運命を簡単には切り離すことができないと解釈するようになる。そうしてアクターたちは、流動的でゆるやかに結び合うネットワークへと組み立てられていく。共有された利害は、政治的な言説、説得、交渉、取引において、そしてそれらを通じて構築される。共通の知覚様式が形成され、そこにおいて、ある出来事や存在物が特定のイメージないし発話のレトリックに従って視覚化されるようになる。多種多様な諸個人および諸集団が直面している諸問題の性質、特徴、原因の間に、関係が確立され、……内在的な結びつきは、解決策の基礎を成すとされる。市民のなかに据えつけられた規制技術は、市民の個人的選択を統治の目的に一致させる（Rose and Miller 1992: 183-184, 188-189）。

中立的な媒体としての国家というリベラルな観念とは対照的に、人種化、ジェンダー化、異性愛化は、特定の国家が国民意識や国民的な秩序といった未来像を実現する手段として展開する、国家権力の日常的な作用の一部である（Stevens 1999）。熟練および非熟練に関する人種化－ジェンダー化－セクシュアリティ化されたパターン、政治的権利や経済的機会における差異、政治的な可視性と不可視性の様式は、市民のアイデンティティや自己理解、人生の見通しを構造化している。フェミニズム研究者、批判的人種研究者、クィア研究者、ポストコロニアル研究者、トランス*研究者たちは、血や祖先のつながりを強調する国民国家の神話的構築に屈服するどころか、いかにして国家による行為が、特定の人々と結びついた身体的特徴、主体性の様式、行動を生産してきたのかを追跡している。

国民国家における人種化、ジェンダー化、異性愛化

国民国家に関する主要な説明は、人々の間に階層序列構造を生み出すための権力の行使を隠蔽することに大いに成功してきた。人種、階級、ジェンダー、セクシュアリティ、障がいに関連する特権や不利益が、法、制度的プロセス、慣行、イメージ、イデオロギー、分配のメカニズムを通じて、いかにして創出および維持されているのかを示すために、本章の残りの節では人種化、ジェンダー化、異性愛化のミクロ政治を探求する。

奢侈禁止法から服装規定へ

フィヒテによれば、「りっぱに設立されたあらゆる警察の主要格率は、必然的に次のようなものである。いかなる市民も、……いつでも、すぐさまあれこれの特定の人格として承認されうるのでなければならら

ない。いかなる市民も警察官に知られていないままでいられるようなことがあってはならない」(Fichte 1796 [1889]: 378〔1995: 345〕)。民主的な国家において、国家が諸個人を広く知らしめる複雑な方法に対しては、ほとんど注意が払われていない。奢侈禁止法は、「とりわけ社会的経済的地位、ジェンダー、職業に関連する重要な社会的事実を着用者の衣服に示された目にみえる指標から読み取ることを可能にするという、外観の秩序を構築する」(Capers 2008: 7) 一つの方法であった。この制限が意図していたのは、ある身なりを高貴とする一方、別の身なりを従属的と指定して、ジェンダー、階級、人種の境界線を引いたり、それを取り締まったりすることであった。

服装に対する厳格な規制は、権威主義的な規則や、個人の人生の見通しを出生時から固定する帰属のシステムの特徴であると多くの人々が想定している。そうすると、そういった法律が、個人の自由、独立独歩、上昇移動を旗印として掲げるアメリカのような自由民主主義国家にも見いだせることは、いささか驚きである。しかしながら一八五〇～一八七〇年、「人種的秩序が南北戦争や連邦再建〔南北戦争後における南部の合衆国への再統合〕によって崩壊したり、女性選挙権運動がジェンダー秩序に異議を申し立てたり、……レズビアンやゲイのサブカルチャーが大都市に現れたりしていた時期に、『〔自身の〕性別に属していない服装』を禁止する自治体法が可決された」(Capers 2008: 8)。これらの条例は、「反対の」性別に属する衣服を着て人前に現れることを犯罪とし、「不法な目的で、もう一方の〔性別の〕人間の服装を身に着けて変装すること」を特に禁止した (Capers 2008: 9)。一八四八～一九一四年にアメリカの二一州における四五都市が異性装を禁止する法律を可決した (Sears 2013: 555)。これらの法律は、とりわけ経済的、社会的、政治的利益を得るために男性になりすました女性による、「ジェンダー欺瞞」の防止を意図していた。自治体レベルの新たな条例集に含まれた、これらの「善良な道徳や礼儀作法に対する罪」は重い刑罰――五〇〇～一〇〇〇ドルの罰金もしくは禁錮六か月――を伴っていた。これらの法律は、ジェンダーの「逸脱」を一掃するために用いられて、二型的なジェンダー区分を書き込んだり、ジェンダーを規律として生産することを強制したりもした。

成人男性になることは、男性らしい服装をし、男であらねばならないことを意味した。一方で、成人女性になることは、女性らしい服装をし、女であらねばならないことを意味した。……これらの区分は容易にみてとれ、維持されねばならなかった。……これらの禁止はあらゆる人々に対して、いかなる服装、いかなる行動が適切であるのかを伝えた。あらゆる統治形態、あらゆる国勢調査において、男性もしくは女性という回答が要求されるだけでは不十分だった。人々は、さらにそのように行動したり、見えたりしなければならなかった（Capers 2008: 9）。

クレア・シアーズは次のように述べる。

これらの法律は、それぞれの性別に属する服装の様式を取り締まるにとどまらなかった。それらは、公的領域に「ふさわしい」人々のタイプを管理するために、衣服という目にみえる指標を利用した。……一八六三～一九〇〇年における異性装に対する一〇〇件以上の逮捕は、フェミニスト服装改革家、女性装の男性〔女形〕、男性のような服装をして夜の街にくり出す「尻軽」女、そして性自認が解剖学的な性別と一致していない人々を罠にかけたものであった。逮捕された人々は、自由の喪失に加えて、警察による嫌がらせを受け、さらし者にされ、重い罰金刑を科された（Sears 2013: 555）。

二〇世紀には、これらの法律がトランスジェンダーやクィアのコミュニティを取り締まる主要な手段になった。セックスやジェンダーが非定の人々が逮捕され、もしアメリカ市民でない場合、刑務所や精神医療施設に収容されるか、あるいは国外追放される危険性があった（Sears 2013: 555）。したがって、公的領域からの排除は、ジェンダーの逸脱を規制する強力な方法となった。逮捕されるかもしれないという恐怖のために、公の場における外見を変更したり、異性装を私的領域に限定したりする人もいた。

法的な隔離は、日常的な活動（公園や近所の散歩、買い物、政治集会、市民参加、民主主義への参加）から異性装者を排除した。そうすることで、異性装を秘密の実践にしたり、……公的な生活における性自認の範囲を人為的に狭くしたり、……異なるジェンダーの外観や自認が人目にふれないようにしたりした。公的な排除を通じてジェンダー・ヒエラルキーが管理されるので、異性装に関する法律は、「規範」の普及を誇張することで、差異が異常であるという考えそれ自体を強固にしたのである（Sears 2013: 556）。

異性装の禁止は、一世紀以上強制された後、二〇世紀の最終四半期にアメリカで裁判所によって取り消された。「［自身の］性別に属さない服装」を禁止する条例は、「服装に関する現在の慣習に照らし合わせると、違憲といいうるほどに曖昧だとみなされた……だが、学校、軍隊、職場、法廷、議会では服装規定が残存している」（Capers 2008: 10-11）。本章冒頭のエピソードが示すように、裁判所は、ジェンダーを示す、高度に慣習的な身だしなみを雇用主が雇用条件として求めることは許容しうると判示してきた。服装に関するジェンダー化された慣行は、刑事事件の判決にもとりわけ有害な方法で表れる。裁判官は、女性の服装が襲撃を「誘った」という理由で、レイプ犯に対して軽い判決を言い渡すか、もしくは有罪判決を下すことを拒否する場合さえある。陪審員は、女性のミニスカートは、彼女が「それを求めている」ことを示すと主張して、五時間以上女性をくり返し襲ったレイプ犯に無罪を言い渡してきた（Capers 2008）。性的暴行で起訴されている男性を無罪にすることに加えて、女性の服装は刑罰を与える「恥辱的」な手段として用いられてきた。たとえば、二〇〇一年にオハイオ州コロンバスの裁判官が二人の男性に対して言い渡したのは、ドレスを着て大通りを歩くことであった。この種の恥辱が、女性運転手の車にビールびんを投げつけ、彼女に無礼を働いたことに対する罰として適切だと考えたわけである（Doulin 2001: C13）。

西洋の報道機関は、いくつかの国における強制的な服装の政策に対して、かなりの関心を寄せている。

イスラム教国家が押しつけている「ヴェール」の着用は、特定の体制の権威主義的傾向や、特定の文明の「後進性」を示す証拠として、国際的な関心をたちまちに、そして継続的に集めている。しかしながら、西洋における服装についてのジェンダー化された慣行に対する国家の注力には、はるかに少ない関心しか寄せられていない。実際に、身体の階層的な刻印に国家が関与していることは、往々にして気づかれていない。

政治的統一体を標準化する

一八七九年、すなわちアメリカ連邦政府がアフリカ系アメリカ人の平等の権利の確保の試みを放棄してから二年後に、ミネソタ州のウィリアム・ウィンダム上院議員は「黒人男性が敵意をかき立てるのは、彼が黒人だからではなく、市民だからだ」(Singh 2004: 24) と述べた。連邦再建期の直後、かつて南部連合であった州から北軍が撤退して以降、南部諸州は、黒人による多くの行動を違法化する法律をつくり上げるにあたって、実に見事な法的創造性を披露した。たとえば、公式の労働契約を結んでいないことは、浮浪の罪を示す証拠となった。黒人が公共の歩道に立つことは徘徊として違法化された。白人が歩道を通る際、〔黒人が〕側溝に足を踏み入れて道を譲らなければ、公的秩序の崩壊とされた。これらの行為の違法化は、黒人を逮捕したり、「意に反する苦役」を黒人に言い渡したりできる犯罪の範囲を拡大して、法による平等な保護を保障する合衆国憲法修正第一四条を掘り崩すための残酷な口実の一部であった。

南部は、その経済的ニーズを満たすため、黒人の投獄をめぐる刑事司法システムを築いた。軽微な違反に対する罰金は懲役へと変わった。黒人の選択的刑事訴追は増加した。新たな犯罪が次々に書き加えられた。……そして刑務所は、囚人を労働者として貸し出した。……一時期アラバマ州は、民間企業（プランテーション、法人、炭鉱、製鋼業）に囚人を貸し出すことで、歳入の一二％近くを稼いだ。……囚人貸出システムに丸呑みされた男女はたいてい……利己的な保安官に逮捕されて、腐敗した裁判官に些細な犯罪で裁かれた。……このシステムの遍在や変わりやすさのせいで、事実上いかなる黒人も、白人土地所有者や白人雇用主の保護および統制を受けない限りけっして安全とはいえなくなった。……黒人が、奴隷制に類似した関係である分益小作制に従事した理由の一端は、自身を保護してくれる白人のボスを必要としたことにあった（Haney Lopez 2014: 39-41）。

公的空間における黒人の行動を違法化することに加えて、黒人法は、公共施設における人種隔離を義務づけたり、州境界線をまたぐ際に（アフリカ系アメリカ人にしか適用されない）料金を徴収したり、黒人男性の選挙権行使を阻止するために、読み書きテストや人頭税を課したりした。こうした人種差別的な州法が法廷で異議を申し立てられたとき、裁判官は、これらの体系的な自由の侵害は道理にかなっており、正統であると宣言した（Hartman 1997: 199）。連邦最高裁判所は、プレッシー対ファーガソン裁判（163 U.S. 537, 1896）において、「分離すれども平等」の取り扱いは、形式的平等の要求と両立すると判示して、「公衆の安全、衛生、道徳、快適さが、黒人の公的領域からの追放と排除にもとづくこと」（Hartman 1997: 199）

を保証した。

黒人法と囚人貸出システムは、国民国家が差別的取り扱いを通じて市民を理解可能なものにしている方法の、実にひどい事例である。ジェームズ・スコットの言葉を借りれば、「国家は、複雑さを設計したり法制化したりすることが歴史的に非常に苦手であった。国家は、『自然な』身体に制約を課し、その臣民や領域の分類化および合理化によって、秩序を押しつける傾向にある」(Scott 1998: 136)。人種、セックス、ジェンダー、セクシュアリティといったカテゴリーに従って市民を秩序づけることで、国民国家は、ある属性を基礎的かつ不変的で論争の余地がないものとして特定する。国家はまた、これらの特徴を目に見え、容易に識別でき、問題なく知りうるかのようにみせている。いくつかの人口統計学的な特徴は、出生証明書、国民識別カード、パスポート、運転免許証、死亡証明書の中に記号化されることで、固定化され、国家による承認を与えられ、国民としての帰属意識に組み込まれる。これらの人種化、ジェンダー化、セクシュアリティ化された市民権の指標は、包摂のための基準として特定されることで、排除もしている。

たとえば、二〇〇四年の「学校における世俗性と目立つ宗教的シンボル」に関するフランスの法律をみてみよう。これは、初等学校や中等学校におけるヘッドスカーフのような宗教的シンボルの着用は禁止したが、十字架やキリスト受難像、ダビデの星をかたどる宝石類は禁止しなかった。「世俗主義」の名のもと、イスラム教は異国のものと宣言される一方で、キリスト教やユダヤ教はフランス的なものと認定された。二〇一〇年七月にフランス国民議会(下院)で承認された法案を、同年九月元老院(上院)は圧倒的な賛成多数〔賛成二四六、反対一〕で可決した。これは、あらゆる公の場におけるニカブ〔目元を除いて頭部を覆う女性用のヴェール〕やブルカ〔目元を含め、全身を覆う女性用のヴェール〕の着用を違法とした。二〇一一年に発効したこの新たな法律のもとでは、顔全体を覆うヴェールを着けて公的な場に姿を現す女性は一五〇ユーロの罰金を科される。フランスの議員たちは、世俗主義を個人の自由と国民的なアイデンティティを守る手段として位置づけたが、宗教的な理由からヴェールを着用したいと考えるフランスのイスラム教市民は、自由と自律性を奪われている。女性の服装に関する規制は、フランスの女性市民の間の階層序列を創出すると同時に、公的な場における女性市民の存在に対する国家的規制を、あるいは実際には公的空間からの排除を正統化するような方法で、女性を国民意識の担い手として位置づける。サラ・ファリスは、ＥＵの「統合」政策に関する研究において、国民国家がどの移民の永住を許可するかを決める際の、ジェンダー化された人種化のプロセスを調査した。

統合をめぐるナラティブは、非西洋の女性移住者を国家との二重の関係におく。すなわち、〔第一に〕救出する必要がある、抑圧的文化の被害者として、そして〔第二に〕国民文化を再生産することで、抑圧的慣習を根絶するという西洋の企てを引き受けて、発展させることができる母親として、である。……彼女たちは、個人としてではなく、統合の媒介者として、共同体の担い手として、そして参入側と受け入れ側双方のコミュニティの懸け橋として扱われる。すなわち、彼女たちは、国民を再生産する者として女性に割り当てられる媒介的役割を身体化している（Farris 2017: 102-103）。

ファリスは、イタリア、オランダ、イギリスの統合プログラムの詳細な分析を通じて、「ナショナリズムと人種差別主義は市民を統合するための推進力である」（Farris 2017: 113）と結論づけた。

市民統合政策は、移住者の長期滞在を、試験の結果、言語習得、文化的適性、ジェンダー平等やLGBTの権利といった価値に対する忠誠に左右されるものとする。……統合にあたっての義務として、私的領域における平等（一夫一妻制、家族間暴力の禁止、学校や近所の事柄に母親が関与すること）が強調される。公的領域における女性の平等に関するメッセージは、もっとずっと曖昧である。……ジェンダー平等が促進されるのは、主として労働市場もしくは政治参加の領域ではなく、……何よりもまず、主要な社会的単位としての家族においてである。家庭内部で女性は、一方では後進的文化の被害者として保護を要するとされ、他方では「適切な」母親としての行為能力を増進させるために同化するよう急き立てられている（Farris 2017: 101, 110）。

現代ヨーロッパの国民国家は、オーキンの多文化主義論に埋め込まれた想定を共有した統合政策をつくり上げている。国家の統合プログラムは、女性移住者の多数（六四％）が移住の前は家庭外で雇用されていたという事実を無視して、移住女性は家庭内の領域に閉じ込められたままであると想定している。仕事の割り当ては、有給雇用を通じて「ジェンダーを無効化する（undo gender）」手段として描かれる。しかしながら、雇用促進を意図した政府のプログラムは女性移住者を、ケア部門、サービス・接客業、清掃、飲食業へと向かわせている。これらの配置は、女性を自由にするどころか、人種に関わるステレオタイプや性別による慣習的な職業分離を継続させる。ＥＵにおける女性移住労働者の四二％が、一般家庭もしくは病院におけるケア労働に集中している。多くの人々が、自身の有する資格を活かせない職に就いている（Farris 2017: 157）。しかしながら、ヨーロッパの諸政府は統合が本質的に革新的な経験であると主張している。移住者が西欧的な母親のスタイルを取り入れて、「脱国民化――移住者の国民的起源を無効にすること――ならびに再国民化」することを求めるＥＵ加盟国は、ヨーロッパ文明の優越性に関する想定をくり返している。統合政策は、ヨーロッパ文化をより先進的で寛容で包摂的であると位置づける一方で、人種差別的なステレオタイプを利用して、〔ＥＵ加盟国が〕「自身の格闘の対象だと主張する、移住女性の雇用における職域分離、伝統的なジェンダー役割、そしてジェンダー不正義」を強化している（Farris 2017: 118）。それらはまた、あらゆるヨーロッパ人が、世論調査のデータが証明するよりもずっと、ジェンダー平等、反人種差別主義、そしてＬＧＢＴＱの権利に積極的に関与しているかのような見せかけを与えている。

現代の国民国家の標準化の論理に服する市民は、新たに来た者〔移民〕だけではない。ケイティ・レディンガムは、「国家の身体――（ディス）アビリティ（(Dis) Ability）の法的確立について」という論文において、「障がいのある身体は、他者化の政治を通じて、イギリスの法システム内に構築されていて、障がい者に対するヘイトクライムの増加の一因となっている」（Ledingham 2013: 133）と主張する。レディンガムが主張するには、障がい学の分野において「障がいは、個人の身体に内在する疾患、もしくは本質的な優越性と劣等性に対する心理的信念がもたらすネガティブな社会的苦悩として定義される」が、双方の枠組みとも障がいの構築において国家が果たす役割を無視している（Ledingham 2013: 135）。レディンガムは、一九九五年イギリス障がい者差別禁止法を徹底した言説分析にかけ、障がい者は依存していて無能であるとの考えをいかにして国家が強固にするのかを示している。「障がい者を『機能不全の者（impaired）』、日々の通常の課業を行う『能力が減退している者＝心神耗弱（diminished capacity）』と法的に定義することで、法律は雇用を支配する効率性、実績、生産性についての資本主義的な概念と、障がい者とを相容れない関係におく」（Ledingham 2013: 137）。国家は、健常者／障がい者の二分法を構築することで、――身体的能力、認知的能力、社会的能力のいずれの観点から考慮するのであれ――人間集団に特有の長所や能力の相違を覆い隠し、障がい者の不完全就業や失業の一因となっている（イギリスでは、健常者の八〇％が雇用されているのに対して、障がい者はたった半数しか雇用されていない）（Ledingham 2013: 137）。国家は障がい者の身体を、問題を抱えて機能不全であると特定することで、障がい者を「異なる、他者の形態」として解釈している（Ledingham 2013: 138）。そのため、障がい者の身体の法的構築は、それ自体、差別のメカニズムであり、かつ「正常」（白人、男性、無標）な身体を特権化する一方で、「異常」な、病理化された身体に対する偏見的予想を強固にするという社会秩序を保証する方法である。

異性愛化

障がい者の権利を主張する活動家は、身体を病理化する際に予期が果たす、広汎かつ有害な役割に関心を寄せてきた。そうした活動家の洞察は、「正常」な身体に関する国家の予期について多くの疑問を提起する。二一世紀においては「生年月日や出生地、（わかれば）家系と並んで、性別を明示することによって、人々は国家にとって理解可能なものになる」（Currah and Moore 2013: 608）のは当たり前と考えられている。しかし、国家は「性別」というカテゴリーのもとで正確には何を記録しているのか。もし、これまでの章で示したように、性別が二分法的な変数ではないとするならば、いかにして国家は「疑わしき性別」（Beck and Beck 1863: 179）の人々に対処しているのだろうか。ジン・マグバネは、ジェンダー非定の人々が「敵意をかき立てるのは、単に性器が奇妙で、身体が分類不可能であるからではなく、奇妙で分類不可能な身体をもつ市民だからこそである。市民としての諸権利を行使するためには、男性もしくは女性でなければならなかった」（Magubane 2014: 771）と主張している。クリスティーン・マッタは、一八五〇〜一九〇四年のアメリカにおける「曖昧な身体」の外科的な変更に関する研究において、「法律と医学の権威が一様に、両性具有者とは実際には何者で、いかなる権利をもちうるのかを特定するのに苦心した」（Matta 2005: 75）ことを明らかにした。男性、女性のいずれに指定されるかで権利が著しく異なる場合、劣っていると国家が定義する人々による侵略から、特権的な人々の権力を守るために、政治的判断が下されなければならない。

国家は、性別を法的なアイデンティティとして記録する際、個人の将来の権利や責任を左右するであろう帰属のカテゴリーを決定している。実際に、ある人が帰属を許されるかどうか、もし許されるならばそれはいかなる条件下であるかは、決定的に重要である。歴史学者たちは、メンバーシップの基準や、帰属しないとされる人々の適切な処遇に関して、諸国家が非常に異なる政策を発展させてきたと主張する。

「異常」と認識された身体は、拘束、矯正、排除の対象となってきた。たとえば古代ギリシャでは「身体が部分的に男性であると権威者に判断された女性は、公開で溺死もしくは火あぶりの刑に処された」(Weismantel 2013: 320)。死刑を宣告された人々を描写するために用いられた言語は、示唆的である。身体の一部が男性である女性とは何を意味するのか。何が処刑を正当化すると権威者たちは認識していたのか。古代ギリシャにおける医学的言説は「ワンセックス・モデル」に従っていた。男性と女性は、同じ性器や生殖器をもっていると信じられていた。顕著な違いは、男性の生殖器が外側にあるのに対して、女性のそれは身体の中にあるということだった。それでは権威者は、死刑の根拠は何であると考えたのか。身体の部分の異常だったのか、性行為の倒錯だったのか、ジェンダー役割や性自認の侵害だったのか。残っている断片的な証拠だけでは、これらの疑問に答えることはできないかもしれないが、それらは「性別《セックス》」というカテゴリーの捉え難さに注意を促している。

男性／女性の二分法に容易に適合しない人々の処遇は、中世ヨーロッパやルネサンス時代のヨーロッパでは、もっとずっと人道的であったように思われる。エマ・ヒーニーによれば、洗礼時に父親もしくは教父が、両性具有者を育てるための最初のジェンダーを決定した。その個人が成人に達したとき、彼／彼女は自分が残りの人生をどのように生きることを願うのか、すなわち社会的役割、性的パートナー、服装を決めるであろう選択をすることができた。選択それ自体は、性別の二分法に制限されていた——

男性もしくは女性の二択のみだった――けれども、生物学的決定論が登場するよりも前の時代には、個人に対してはるかに自由が与えられていた（Heaney 2017: 222）。

ヨーロッパによる植民地化は、二分法的な性別を維持するための国家介入に関するさまざまな事例を提供している。アメリカ大陸の先住の人々のなかには、ジェンダー化された身体についてヨーロッパの征服者よりもはるかに流動的な考え方をもつ者がいた（第三章を参照）。ある者たちは、「ツー・スピリット」の人々――「少女」として育てられ、成人期には男性との結婚も含めて女性の役割を与えられ、かつ葬儀においてジェンダーを越境する能力を必要とする重要な役割を果たすための特殊な訓練を受けた「少年」のこと――を承認して、そうした人たちに特別な社会的役割を付与した。一五一三年九月二三日、ヴァスコ・ヌーニェス・デ・バルボアは、女性のような服装をしていた四〇人の先住の男性（征服者の言語では *joyas*）に対して、犬――新世界の先住の人々に対する兵器として利用するために、スペイン人が持ち込んだマスティフとグレイハウンド――に噛みちぎられることを命じた（Miranda 2013: 353）。デボラ・ミランダは、スペイン人植民地開拓者の手による、ネイティブ・アメリカン集団内部の「ツー・スピリットの伝統」の残忍な根絶に言及するために「ジェンダー殺し（gendercide）」という用語を新たにつくった。「ジェンダー殺しは、被害者にとって根本的なジェンダー・アイデンティティに向けられた暴力行為のことである」（Miranda 2013: 350）。

アフサネー・ナジマバーディ（Najmabadi 2005）は、異性愛化がヨーロッパによる西アジアの植民地化において重要な側面であったと示している。すなわち、ヨーロッパ人は、ペルシャの植民地化された領域に中央集権国家を押しつけたとき、男性どうしの性愛的な関係を違法化して、長い伝統のある男性どうしの性愛的な関係性を根絶するための運動を組織化した。ナジマバーディによるカージャール朝イラン（一七九四〜一九二五）のジェンダー史およびセクシュアリティ史は、社会的に受容されていた、男性の欲望対象たる「ひげが生えそろう前の男子（*amrad* や *ghilman*）」の抹消を必然的に伴う、愛の絆の異性愛化を追跡している。一九世紀後半以前は、年長の男性が年少の男性を伴侶、すなわち「ひげなしの恋人」として養うことは、公に認められた慣習だった。これらの関係性は、再生産を伴う契約として理解される異性愛結婚と完全に両立可能であると考えられていた。ヨーロッパ人は、*amrad* を「後進的」であるとみなし、「モダニティ」を獲得するための条件として性愛と愛情の異性愛規範化を要求した。植民地開拓者は、公的空間の異性社会化〔公的空間を異性愛規範にもとづいて組織すること〕だけでなく、家庭生活内部の感情的絆の再構成を求めた。近代化は、ありとあらゆるレベルにおいて男性と女性の混交を必要とした。しかし、エマ・ヒーニーが指摘しているように、「混交という考えそのものが、二種からなる二分法を想定している。……逆説的なことに、異性社会化はジェンダーを二分法として生産することになったのである」（Heaney 2017: 250）。

あらゆる人々を男性もしくは女性へと二分化することは、カージャール朝イランでは愛情と欲望を異性愛化するメカニズムであった（Heaney 2017: 251）。それ以前の時代においては、性差は性的役割（つまり、性交における能動的役割もしくは受動的役割）と結びつけられていた。ヨーロッパ人は、生物学的決定論に関する近代主義的な確信に感化されて、性差は形態学的に定義されるべきであると主張した。相補的な一夫一妻制の規範は、*amrads* を夫の身体および心遣いに対する女性〔妻〕の権利の簒奪者と解釈して、「ひげなしの恋人」を諦めることを男性に要求した。ソドミーの違法化は、性的実践を変化させる方法でもあり、適切な恋愛関係や性的関係についての文化の想定を変化させる方法でもあった[2]。イランにおける近代的な友愛結婚は、「ジェンダーからの逸脱という堕落」を植民地から追放するために逮捕や投獄を利用したヨーロッパの植民地開拓者によって強制的に構築されたものである（Heaney 2017: 206）。*joyas* や *amrads* の根絶は、「たえず危機のなかにあるセックス／ジェンダーにおける二分法が」いかにして「国家がその人民に対して要求する法的陰謀によって――永続性と不可逆性を保証する生理的な必要条件によってではなく、なぜならそれらによってはなしえないから――実際には維持されている」（Currah and Moore 2013: 619）のかについて有力な事例を提供している。

エマ・ヒーニーは、イギリス人が南アジアや西アジアに押しつけた反ソドミー法が、同性愛の欲望をもつ人々を迫害する以上のことをしたと述べている。この強制的なジェンダー化は、「女性に割り当てられた身体のみが貫通される」（Heaney 2017: 251）ということを確立した。それゆえ、植民地の異性愛規範化は、重大なイデオロギー的側面を有していた。それによって、「トランス女性」は歴史や人々の想像の世界から抹消されたのである。ヒーニーは、トランス女性を次のように定義する。すなわち、出生時には男性の性別を割り当てられたが、「女性形の代名詞を使ったり、トランス女性に特有の一つないし複数の語（二〇世紀に入るころ、アメリカ合衆国、イギリス、フランスでは、これらの語として fairy, Mary, molly, queen, *tante*, *molle* が含まれた[3]）で称したり、そして／あるいは女性だと自称したり認定されたりすることで、女性である、もしくは女性の性自認を持つと明言する」（Heaney 2017: xiii）人々と定義している。二〇世紀初頭には、本国や植民地において、「性器こそ社会的役割を決定すべきであるという近代の命令に、自身のジェンダーやセクシュアリティの社会的な表現が一致しない人々は消された」（Heaney 2017: 251）。fairy たちは歴史から抹消され、時代錯誤とされたのである。そうしてトランス女性は、性転換の範囲、すなわち近代医学の可能性の範囲内において姿を現しうるようになった（Heaney 2017: 251）。「トランス女性を性転換と融合させることで、性別はシスとなった」（Heaney 2017: 252）。ヒーニーはシスを「出生時に割り当てられた性別と、自分が同定する性別との大まかな一致を指し示す形容詞」（Heaney 2017: 252）と定義する。「シスセクシズムとは、割り当てられた性別と自認している性別とがつねに一致しているという前提、およびこの前提が普遍的状況ではないと示すあらゆる証拠の拒絶のことである。……性別がシスとなるためには、あらゆる身体への貫通可能性は否定されなければならない」（Heaney 2017: xiii, 252）。

ヒーニーは、フーコーとバトラーがセックスについての生物学的決定論による概念化を性的指向の自然化と結びつけて、正常《ノーマル》な（規範的《ノーマティブ》な）身体およびセクシュアリティと、逸脱した身体およびセクシュアリティとの区別をもたらしていると指摘する（Heaney 2017: 226）。国家による規制は、男性もしくは女性として身体を正規化し、そのことによって異性愛を自然化する概念上の基盤を提供する。男性／女性という二分法は、ひとたび定着すると、自己を女性として同定し、女性との交際のほうを好むトランス女性や、自己を男性として同定し、男性との交際のほうを好むトランス男性を、言語的、文化的、法的慣習の外部におく。このように国家は、性器を基盤にあらゆる身体を男性もしくは女性として登録し、トランスのコミュニティを地下に潜らせるべく強制的権力を用いることで重大な役割を果たしている。トランスのコミュニティの活き活きとした経験は、公的空間や歴史的記憶から取り払われて、理論的洞察を促進する手段へと縮小されている。ヒーニーに従えば、バトラーによる説明においては、「トランスの人々は、ジェンダーの二分法的カテゴリーと、異性愛化および異性愛の標準化との結びつきを暴いている。……トランス女性とトランス男性のジェンダー経験やジェンダー表象は、セックス……を脱自然化するために作用したり、ジェンダーが、セックス化された自然ないし自然なセックスを生み出す言説的／文化的な方法であることを示したりする」(Heaney 2017: 228)。しかしながらヒーニーは、トランスの人々の活気を理論的洞察のみに縮小することは、トランスのコミュニティを不可視化したり、トランスの人々の生活を不可能にしたりする、特定の国家の行動を隠蔽することにもなると警告する。

ヴェク・ルイスは、トランスの人々に対する抑圧が遠い過去の遺物ではなく、国家行為を通じて作用し続けていると強調する。ルイスはラテンアメリカに着目して、いかにしてジェンダーの不一致が、「雄々しく男らしい存在たる『家長(patria)』に対する脅威」(Lewis 2013: 460) として解釈されているのかを示している。ジェンダー非定の人々が「秩序を脅かし、無政府状態を体現する犯罪者、下劣な人間、悪の根源」として描かれるとき、「公にみられる同性間の性愛的実践や異性装は、秩序の終焉、時代の終焉、文明化した国民の破滅を示す終末論的な徴候と捉えられる」(Lewis 2013: 460)。人種間混交を非難する言説と同様に、異性愛規範的な文化は、非規範的なジェンダーやセクシュアリティを「進歩やモダニティを阻む障害、……後進的で未開なもの」(Lewis 2013: 462) として描く。「人種的な主体も性的な主体も、気質においては弱く、情熱においては自然に反するため、想像上の社会的総体の調和に対する脅威として認識され、国民的な身体《ボディ》＝政体を堕落させるものとして理論化される」(Lewis 2013: 462)。

ローラ・ノートンは、二一世紀の日本を分析対象として、二〇〇三年に可決された法律第一一一号〔性同一性障害者の性別の取扱いの特例に関する法律〕が、国家によるトランス市民の承認をいかにして残忍な排除メカニズムへと変容させたのかを示している。すなわち法案は、日本で初めてトランスジェンダーを公表した議員である上川あやによって、革新的な意図――トランスジェンダーの人々が裁判所に対して、日本の国民登録システム（戸籍）における法律上の性別指定の変更を申し立てできるようにする――をもって、当初提出された。ところが立法過程において、「性同一性障害者の性別の取扱いの特例に関する法律」の内容は劇的に変化した。実際、満場一致で可決された法律の文言は、戸籍に登録されている性別を変更する機会を、「子どもがおらず、かつ子どもを産む能力を有していない者」(Norton 2013: 596)に制限した。法律第一一一号はトランスジェンダーのカテゴリーを、性別適合手術を完了して、それによって不妊化された、術後のトランスセクシュアルというごく一部の少数派へと縮小している。

日本の事例が明らかにしているのは、国家の承認に伴う代償であり、トランスの人々の経験に医学的方法を適用することの強力かつ負の帰結である。法律は、――「トランスセクシュアル、ドラァグ・クイーン、ブッチ・レズビアン、異性装者、女らしい男性、男らしい女性、ＦＴＭ、ＭＴＦ、ジェンダークィア、トランス女性、トランス男性、ブッチ・クイーン、フェム・クイーン、トランスの人、ドラァグ・キング、バイジェンダー、パンジェンダー、フェム、ブッチ、スタッド、ツー・スピリット、インターセックス状態にある人々、両性具有者、ジェンダー流動的な人々、ジェンダーユーフォリックな人々、第三の性の人々、そして男性と女性を包含する」(Enke 2012: 4) ――幅広いスペクトラム上にあるトランスの人々を、手術を受けたトランスセクシュアルというほんのわずかな少数派へと縮小している。この法は、国家によるトランスセクシュアルの承認が、結局のところトランスジェンダー内の〔手術を受けた者以外の〕はるかに多くのカテゴリーを排除するだけのメカニズムをつくり出している。さらには、トランスの人々の法的承認は、医学的見地からなされた(性自認の疾患に関わる診断を条件としている)のと同時に、日本の「優生保護法」改正と結びついていた。そのことによって、「性別適合手術」は生殖器官を切除するか、もしくは不能にするような形態の不妊化とみなしうる(Norton 2013: 595)。それゆえ、国家による承認は、病理化と不妊化の両方を伴っている。日本の国会で多数を占める保守派は、「性別を変更した親は彼/彼女の『子どもにショックを与える』だろうという根拠にもとづいて、再生産は制限されなければならないと主張した」(Norton 2013: 597)。ノートンは、「日本の子どもたちに過度にショックを与えるかもしれないという懸念……は、法律第一一一号が、出生届に登録されているジェンダーを再調整するための条件として子どもがいないことを義務づけたので無意味となった」(Norton 2013: 596) という皮肉に言及している。この法律の満場一致での可決は、いかにして国家による承認がトランス嫌悪を制度化しうるかということを示している。「良心の命ずるままに生きることが許される」前提条件としての不妊化は、「再生産に関わる自己決定権や身体的統一性を保障している国際的な取り決めに違反しているけれども」、日本という主権国家・国民国家においては、これが国法なのである(Norton 2013: 597)。

スーザン・ストライカーは、多くの国家におけるトランスの人々に対する承認の懲罰的側面に注意を促して、「ソマテクノロジー」、すなわち、身体化された主体――アイデンティティを支配する、男性／女性、ヘテロ／ホモという二重の二分法に異議申し立てをする――を管理する技術としてのトランスセクシュアリティの狭隘な構築を分析している。

トランスセクシュアリティとは、生政治的な帰結をもたらす、とりわけヨーロッパ中心主義のモダニティ内部において問題とされる特定の種類の身体に対する管理上の解決策である。すなわち、出生時に登録された性別が身体的ハビトゥスと適合しない身体、ジェンダー化されたふるまいが社会的なジェンダー地位と一致しない身体、主観的な性の同一化の対象たるジェンダー・カテゴリーと、再生産役割や能力と一般に結びつけられるそれとが正確に合致しない身体に対する解決策である。……ジェンダー・システムの規制機能を問題化するような身体を持つ個人の、むき出しの生がからめとられているのは、制度化された、国家公認の権力の法－医学的な装置である（Stryker 2013: 551）。

人種、セックス、ジェンダー、セクシュアリティは、自然な状態における問題のない側面ではなく、規制的体制の内部で構築されている。人種、セックス、ジェンダー、セクシュアリティの法的分類は、たとえそれが人類の間に存在する多様性を適切に扱っていない、そして扱えないとしても、国民国家によって押しつけられている。市民に対する異性愛化は多くの形態をとりうる。「性別をシスにしようとする」、もしくはトランスの意味を外科的処置を受けた人々のみに限定しようとする近年の試みは、ジェンダーの曖昧さに対する社会的不安を和らげるかもしれないが、それには途方もない代償——人種化された異性愛規範性の強化および維持、そして国家による暴力の隠蔽——が伴う。セックス、ジェンダー、セクシュアリティが流動的で、多種多様な方法による表現に開かれている世界において、国家による二分法的な法的分類の押しつけがもたらすのは、伝統的な政治理論が見落としている形態の不正義である。その不正義の射程を考察し、描くことが、本書最終章のテーマである。

訳注

1 新制度論とは、政治現象は観察可能な個々のアクターの行動ないし選好を集計したものとして説明できると考えていた一九八〇年代までの政治学に対抗して、政治アクターの行動を制約する制度に着目することを主張した理論を指している。この理論については、Peter B. Evans, Dietrich Rueschemeyer and Theda Skocpol (eds.) (1985) *Bringing the State Back In*, Cambridge University Press. や James G. March and Johan P. Olsen (1989=1994) *Rediscovering Institutions: The Organizational Basis of Politics*, Free Press（遠田雄志訳『やわらかな制度——あいまい理論からの提言』日刊工業新聞社）を参照されたい。

2 ソドミーとは、男色、獣姦、少年愛など、反自然的であるとされた性愛を指す。

3 fairy（男性同性愛者）、Mary（女性役の同性愛者）、molly（腰抜け）、queen（女性役の同性愛者）、tante（女性役の同性愛者）、molle（「腰抜け mou」の女性形）の意。

第六章　不正義の概念をつくり直す

私たちの（近代西洋）世界の現状では、ジェンダー規範に適合しないことは、社会から耐えがたいほどのスティグマを刻み込まれることである。正しい人間であるとは、男であるか女であるか、少女か少年か、または成人男性か成人女性かのいずれかであること以外ない。出会ったときに皆が容易に分類できないような人々は、身体への暴力による攻撃を受けるだけでなく、おそらくもっと傷つくことに、人間らしく関わることができない者とみなされる（Scheman 1997: 132-133）。

法的平等に関する議論は、現行の法の構造には焦点化された排除があり、それを無視した場合にのみ一般的に公平で中立な構造だといえることを明確にし、またこの排除された集団を包摂に値する人々とみなすものでなければならない（Bassichis and Spade 2014: 199）。

身体に関する決定的主張を行う権威が科学に付与されているとき、身体に備わるとされる諸特徴は前ー政治的ないし非政治的なものだと容易に信じられてしまう。この枠組みでは、人種と性別に関する国家の分類には問題がない、すなわち単に所与のものを記録するだけのようにみえる。しかしながら、ある身体を男性もしくは女性に分類しようとする国家の要求に合わせるために、医学が大きな力を発揮していることを考えなければならない。ダン・アーヴィング（Irving 2013）は、国家がトランスの市民を承認するときには、医療化と病理化の両方を要求すると指摘する。通例、国家は性別の同定を医者に委ねており、医者はもっぱら生殖器によって性別を決定するよう訓練されている。産科医たちは、医学校で多様な染色体や生殖器構成が自然において生じうることを学ぶにもかかわらず、身体的な多様性を「正常」（平均、最頻値、典型）と「異常」（特異）という統計的カテゴリーに押し込める。この数学的枠組みのなかで、医者は出生時に性別を割り当て、多様性を男性と女性という二分法的区分に流し込む。国家はこの統計的判定を出生届に記録する。

この判定に異議を唱えようとしても、トランスの人々は医者の判定に誤りがあると指摘することはとてもできないし、特異性を統計上「異常」にしてしまう医学に抗議することも認められない。「第三のジェンダー」を認め、個人が公式文書の性自認を変更することを許可している国は、世界で五％以下である。行政上の変更を進んで認めようとする国は、トランスの人々には、性別違和ないし性同一性障害と診断されるような「一連の精神疾患」に対する医学的治療が必要だと主張する（Irving 2013: 18）。二〇世紀の間、性自認のクリニックで働く医者たちは、ただ一つのトランスセクシュアルの物語——セックス／ジェンダーについての異性愛規範的で覇権的なカテゴリーを認める物語——だけを受容していた。患者は「間違った身体の問題」を訂正する外科的援助を求め、文化的に認められたジェンダー期待にうまく適合する将来生活について、見通しを示さなければならないと強調された（Irving 2013: 24）。「希望者は、外科的処置の前に、移行を容易にしうるホルモンを与えられることなく、うまく『反対の性』として生活できることを証明しなければならなかった。日々のハラスメントや差別に上手に耐えることができた人々が、手術を受ける資格があるとされた」（Irving 2013: 20）。アーヴィングは、トランスの人々が手術を認められるために順応しなければならないとされた、ジェンダー化された慣行が、人種と階級ごとに特殊であり、また非常に性差別主義的なものであることに言及する。FTMのトランスの人々は、「経済的に勤勉で、その確固たる男性性を、労働市場に参加し」、家族にとって「頼れる扶養者になりうることで証明するよう期待され」た（Irving 2013: 20）。また、いくつかの種類のジェンダー化された雇用を求めるだけでなく、完全に異性愛者であることを要求された。医者たちは、ゲイ、バイセクシュアル、レズビアンのトランスの人々に対しては、手術許可を拒否した。MTFのトランスセクシュアルの人々が医学から期待されたのは、一般に広まっている文化的な女性蔑視や制度化された性差別の容認を証明することだった。MTFの移行を希望する者は、「より低い地位の職と低賃金を女性としていとわず受け入れるかどうかを試され、性別の再割り当ての成功いかんは、ある部分、ジェンダー化された搾取的諸関係に同調する従順さ（女らしさの理想的特徴）と同調能力によって測られた」（Irving 2013:21）。

医学的な〔性の〕移行は、非規範的なジェンダーおよびセクシュアリティのどんな小さな痕跡も消し去ることを意図している。トランスを存在の一カテゴリーとして認めるのではなくて、「医学は、標準化された規範的ジェンダー表現に依拠しており、まるでトランスジェンダーであったことなどなかったかのように、非トランスへと滑らかに移行する能力を当事者がもつかどうかを詳しく調べる」(Beauchamp 2009 [2013]: 47)。多様性や流動性を肯定するのではなく、「医学と法は一緒になって、明示された基準範囲を超えた身体ないしジェンダー表現をもつ個人を『矯正』しようとするのであり、トランスというあり方をいっそう隠蔽することで規範を再確立する」(Beauchamp 2009 [2013]: 48)。医学的介入は、規制に従わない身体を「外科的処置とホルモンによって」標準化することで、精神、身体、行動の状態についての「誤ったジェンダー化」という観念を改めて強調する。医学的介入は「けっしてトランスだと気づかれることのない、非脅迫的な身体をつくり出す。服装および行動に関する支配的な基準に適合したトランスジェンダーの身体は、けっしてトランスジェンダーではなく、正しくジェンダー化された『安全な』身体だと国家に解読されるだろう」(Beauchamp 2009[2013]:49)。

国家の承認は、所与のものを単に記録するのではない。それは公認のカテゴリーを創出し、身体がそれに適合することを要求する。国家はアイデンティティを強制し、皮膚の色合いを人種に、身体の流動性を二分法的性別に変える。国家はいくつかの身体性のありよう(インターセックスとトランス)を抑圧するが、国家が承認したカテゴリーに個人が同一化することを前提にして、その抑圧を取り消す。国家は「正しい人間であるとは、男であるか女であるか、少女か少年か、または成人男性か成人女性かのいずれかである」という決まりを強制し(Scheman 1997: 132)、ジェンダー秩序との一致を生むように外科的・心理的介入を要求する。

それゆえ、身体は政治の外部や国家の手の届かないところに存在するのではない。性別と人種は、法的地位を付与し、市民的諸権利を決定する国家行為の産物なのである。国家による分類が、教育および雇用機会、所得や富の水準、特権や権力へのアクセスに影響する。セックス／ジェンダーの判別可能性と一貫性を要求する制度が数多く存在し、普及している。たとえば、レイプ被害者救済センター、ホームレス・シェルター、診療所、職業訓練サービス、住宅供給や公的施設の休憩室などの社会サービス、結婚・家族形成、相続、健康保険、「ジェンダー的に妥当な」施設への収容、パスポートや社会保険証や免許証などの身分証明書がそれである（Enke 2013 : 245）。セックス／ジェンダーの判別可能性は、つねに人種、階級、セクシュアリティ、国籍に関わる基準によって媒介される。

正典とされてきた政治理論は、従属的でスティグマを刻まれる主体を創出するうえで国家が果たす役割をめったに認めない。第三、四、五章で論じたように、人種とジェンダーの階層序列構造を自然なものとすること、「差異」を国家行為に関わらない私的な事柄として処理すること、また人種主義、性差別主義、異性愛規範性を国家的政策というよりも個々人の感情問題として概念化すること、これらによって国家の無罪潔白が可能になっている。国家が人間の本性を創造したわけでなく、それを変えることはできないし、さらにそれを変えようというどんな試みも個人の自由への重大な侵害につながるだろうという主張が、法の潔白さを擁護してきた。国家は潔白で、人間本性の限界に縛られるとみなされることで、正義をつかさどる最重要の制度として位置づけられてきた。

国家行為の大部分について無知であることを是認し、また不正義をきわめて狭く概念化することではじめて、主権国家が法の制定者であり、正義の分配者であるという理解にいたる。本章はこの無知に挑戦し、その不正義の概念化の妥当性を検証する。まず、正典化された正義の一連の概念、およびそれと国家との関係について検討する。次いで、国家による不正義の数多くの事例を提示して、一般に受け入れられている正義論の射程に疑義を呈し、国家の有害な行為および無作為を可視化し、訴えることが可能になるような形で不正義の概念を拡大する。本章の最後の部分では、批判的人種理論家、フェミニズム理論家、批判的先住民理論家、ポストコロニアル理論家、クィア理論家およびトランス＊理論家たちが提起してきた一連の不正義に対する救済策を考察する。

正義と国家

西洋の伝統においては、正義は個人および制度の徳として考えられてきたが、この徳がどのようなものなのかはつねに激しい論争の種であった。プラトンは『国家』のなかで、よき秩序の魂――そこでは理性が利害と性向と情念を統制する――を正義だと考えた。もし理性によって律される者（哲人王）が、武術や戦闘行為に向いている者と、快適な衣食住への欲求および欲望に動かされる者とを統治するならば、正義の魂という徳が、正義の政治秩序に反映されていることになる。正義の政体は階層序列的に組織されるが、このシステムにおいて、各個人は、彼／彼女がもっとも重んじるものを、彼／彼女それぞれに与える報酬体系ゆえに満足している。国家は個人の能力と関心を基盤に、社会的役割と、その役割に適応した物的利益を配分する。人間の必要を満たす物の生産に関心をもつ人々は、職人や農民などの仕事を割り振られ、財の生産に活力を注ぎ、有形の所有物の蓄積を認められる。肉体的鍛錬と競争を好み、軍人としての優れた能力を示したいと思う人々は、政体の防衛の仕事を割り当てられ、食事と住まいを無償で供されて、その身体能力を発展させ、その勇猛さを披露することに時間を費やしうる。学ぶことを愛し、理知的能力の発展だけを望む人々は、思考し、真理を発見し、善を観想することに生涯を費やすよう奨励される。彼らもまた無償で住まいと食事を与えられるが、政治的指導者になってその知識を万民の福利に役立てるよう求められる。賢人に交代でこの役を務めさせることで、賢明な公共政策を保証し、権力の増大と腐敗を防ぐことができるだろう。生存のための差し迫った社会的必要、すなわち財やサービスの生産、共同体の防衛、そして賢い指導者という必要を満たす分業を規定し、これらの役割を好みや能力においてもっともふさわしい個人に割り当てることで、プラトンは、正義の核となる原理――各人にふさわしいものを各人に――を構想した。プラトンはまた、人間の差異に適合した功績という観念をつくり、人々が異なる生活と異なる形の報酬を望むことを認めた。プラトンの理想の「国家」では、各人の幸福と社会的正義が一致するのである。

プラトンの理想のポリスにおいては、国家行為が個人の幸福と共同体の正義の鍵を握る。哲人王は、分業における適正な役割を各個人に割り当てるために、各個人の関心と能力を正確に見定める教育制度を考案しなければならない。もしこれら能力と関心が「自然のうちに所与の」ものであれば、教育制度の課題は単純である。すなわち、各人の天賦の才を最大まで磨き上げればよい。しかしながら、もし個人の潜在能力があらかじめ限定されておらず、その実現が自然的所与よりも一連の社会的要因に拠るとすれば、各個人の将来見通しの決定に国家が果たす役割ははるかに物議を醸すものになる。もし国家が個々の欲望や抱負を形づくり、次いで個人についての国家自身の判断にもとづいて社会的役割と序列的地位を割り当てるならば、不正義の可能性は一挙に拡大する。プラトンは欲望、抱負、気質、さらには住民それ自体を形成するうえでの国家の役割を認識していた。近代の「優生学」に先立ってプラトンは、各カテゴリーの市民が「自種」のみによって再生産することを企図した、政治的に計画された交配の儀式を構想した。

アリストテレスはプラトンの洞察をさらに推し進めて、配分的正義と矯正的ないし補償的正義とを区別する正義概念を発展させた。利得と負担の社会的分配の正義に関するアリストテレスの記述の中に平等が登場するとはいえ、その平等とは、人間は生まれながらに不平等であるという彼の信念に適合して機能する平等である。アリストテレスは、生涯を日々の糧を稼ぐことに費やす者は、人間存在としての生は不可能であるとしており、この信念に一致するように正義は「等しい者は等しく、異なる者は異なるように処遇される」ことを求めると論じた（『ニコマコス倫理学』V: 86）。アリストテレスによれば、等しくない者（たとえば、財産をもつ男性と、女性および生まれつきの奴隷）を同じように処遇することは、平等な者を異なって扱うのと同じように不正義である。ポリスのすべての成員に対して「よく」生きることを保証するために、このような平等と差異についての重要な決定を行うことこそ、棟梁の学問（master science）としての政治の課題であるとした。

このアリストテレスの配分的原理を、自然的平等という近代の前提に適応させるために修正しようとした政治理論家たちもいた。自然的平等の立場では、正義は、道徳的な観点で諸個人が異なっているのでないかぎり、彼らを同じものとして処遇することを要求する。とはいえ理論家たちは、処遇の差異と関わる道徳的なものとして、何を考慮するかという点で意見を異にする。マルクスの有名な格言「各人はその能力に応じて、各人にはその必要に応じて」では、正義は、人間の基本的な必要が配分を決定しなければならないと要求する。この枠組みでは、飢えた人々の必要は、豊かな食を享受する人々への追加的措置よりも優先されるべきである。極貧の人々の要求は、富裕な人々の快適さよりも高い道徳的重要性を認められねばならない。他の哲学者たちは、個人的な「功績」のほうが必要よりもはるかに道徳的に重視されるべきと論じた。すなわち、個人の努力と社会への寄与にもとづいて報われるべきだとした。

アリストテレスの応報的な正義概念も、配分的正義の主張とともに大きな影響を及ぼしてきた。矯正的な原理としての正義は不正の訂正を企図するが、それは不正を働いた者を処罰し、同時に被害者にその不正を補償するためである。二人の人間の間の賠償交渉として、アリストテレスは、及ぼした損害に比例した処罰が与えられるべきであると示唆する。その第一義的な目的は、害を被った側に補償することと——元の状態、すなわち不正がなされた以前の状態を回復して、不正を無効にすることである。窃盗事件であれば、盗人は盗んだ財の返却を要求される。財に関わる犯罪など、ある種の犯罪についてこの訂正原理はおおいに納得できるが、ほかの犯罪では原状回復ができない。レイプ被害者が奪われたものを回復する方法はないし、殺人や傷害の被害をなかったことにする方法もない。

矯正的正義は、裁判手続きの創出と関連づけられることが多い。それら手続きは、被害の深刻さと不正を働いた者の意図に応じて罪状を確定し、適切な処罰を決定するために設計されるべきだからである。すなわち、裁判官と陪審員の選出、証拠提出、評決や科すべき罰についての審議方法などに関する手続きであり、そこでは、公正な裁判を保証し、不正行為の陳述の判定に際して被告の諸権利を保護する重要な役割を国家が担うとされる。さらに多くの国家は、この手続きだけでは正義の結果をきちんと保証しえないことを認め、上訴手続きを創設して、確実に有罪者を処罰し、無罪の者を放免するような結果を確保しようとする。

近代政治思想において、正義は法の支配に結びつけられてきた。ホッブズはこの結合の実用主義的な基礎を提供した。人々が法に従うべきならば、その法は知られ、かつ強制されていなければならない。主権者は、定義上では権力を独占的に保持し、そのようなものとして、法の唯一の強制者たりうる。さらに、主権者の言葉が法なのであるから、主権者のみが法を知らしめうる。このように法を広く公にし、すべての臣下にこの法を平等に強制することが主権者の利益である。個人の行動に対する拘束として法を概念化したホッブズは、法が無言であるところでは臣下は自由であると主張した。

ロックは、全能の統治者の強制的道具というよりは自然法の道徳的要請の成文化として、法を組み立て直した。ロックによれば立法者の任務は限定されている——すなわち、正しい理性を用いて自然法の指針を見分け、それを国家の基本法として成文化することである。自然法はすべての合理的存在が近づけるものであり、法と自由の間に本来的な対立はない。ロックは『統治二論』で次のように主張している。

> 法とは、その真の観念から言って、自由で知性的な行為主体の適切な利害を制限するものであるよりは、むしろそれへと彼らを導くものであり、一般的利益のために必要なこと以上のことを命じるものではない。……従って、誤解を恐れずにいえば、「法の目的」は自由を廃止したり制限したりすることにではなく、自由を保全し拡大することにある。……自由は法がないところでは不可能である……。われわれを沼地や断崖〔に落ちること〕から守ってくれるものを束縛の名で呼ぶことは適切ではない（Locke 1690 [1980]:148〔2010: 358〕)。

法は知られることができ、知性的な行為主体が正しいことをするよう導くものであるから、自然状態においてはすべての合理的な存在が法を強制する義務をもつとロックは示唆する。しかし、人々が自ら関わる事件で裁判官になることを許せば、紛争と暴力に行きつきうる。それゆえに、合理的な存在は、中立的正義を執行する国家の創設に同意する。それによって、周知の中立的裁判官が不在であるという、自然状態の「不都合」の一つを矯正する。

正義を合理性および法の支配に結びつけるロックの考えとは反対に、功利主義の伝統につながる何人かの政治理論家は、もっと皮肉な正義の解釈を提起した。ヒュームは『人性論』において正義を、相続、勤勉、ないし努力によって手に入れた財の継続的所有を可能にする一連の所有ルールにすぎないと示唆した。移転が容易なモノの、恒久的な所有が継続することは、本来的には公平ではないが、所有関係が安定をもたらすという点で社会を利する。それゆえ正義は善意とは無関係であるとヒュームは主張した。「ただ、人間が利己的であり、心の広さに限界があるのに加えて、自然が人間の必要のために備えたものが不足していることのみから、正義はその根源を引き出す」(Hume 1738 [1987]: 495〔2010: 49-50〕)。しかしながら、「財の保有の固定、同意による保有の移転、約束の実行」に関わる法は社会に便益をもたらし、ゆえに道徳的であるとみなすことができる。実際、「これら三つの法を厳格に守ることに、人間社会の平和と安全は完全にかかっている。また、この法がないがしろにされるところでは、人々の間に良好な付き合いが確立される可能性はない」(Hume 1738 [1987]: 526〔2010: 84〕)。ヒュームによる正義の社会的効用の評価に同意するベンサムは、正義を効用のなかにすっぽり包摂しようとした。「正義とは、それが意味をもつ唯一の意味では、議論の便宜のためにつくられた想像上の人格であって、その命令は、ある特定の場合に適用された功利性の命令にほかならない」(Bentham 1789 [1948]:125-126〔1979: 201〕)。

ヘーゲルは『法の哲学』(Hegel 1820)において、ヒュームやベンサムのような理論家が正義と自己利益とを混同し、市民社会と国家とを区別できなかったと論じた。市民社会においては、諸個人は自らを「権利の担い手」、すなわち公領域において自己利益を追求する権利をもつ者であると理解している。しかし、むやみに自分本位の利益を追求すれば、一人の利得がほかの人々の試みを切り詰めるゼロサムゲームを生む。権利と意志のこのような衝突が、正義の実現を妨げる。それは市民を相互にいらだたせ、道徳的にすり減らすような激しい競争を生むだけである。ヘーゲルによれば、このような利害に駆られた政治を救う策は、「人倫的理念の現実性としての国家」——市民たちのつまらない小競り合いを超越して、共有する道徳的目標を一体となって追求しようと鼓舞しうるような国家――の創設にある。ヘーゲルは、戦争がとりわけこの目的達成に役立つと指摘した。共通の敵を特定して愛国感情を動員することは、自己犠牲の精神や、より高度の善のために働こうという意欲を大いにかきたてるのに力があった。よってヘーゲルは、道徳の発展と愛国的な正義秩序観の確立にとって、戦争が刺激になると理論づけた。

より最近の政治哲学は、国民国家を出発点として、配分的正義を市民に対する国家の義務に関連づけている。というのも、市民は自分たちの生を支配する強制法に従い、かつそうする責任を引き受けるよう要求されているからである（Nagel 2005）。ジョン・ロールズ（一九二一〜二〇〇二）は、平等な市民権が憲法によって承認されることの重要性を何よりも強調する。

> 正義にかなう社会における自尊心の基礎は、自己の所得取り分ではなく、基本的な権利と自由の公認された分配なのである。そして、この分配が平等であるならば、すべての人は、より広い社会の共通の問題を処理することになるとき、同種の安全な身分を得るのである。誰も基本法による平等の是認を超えて、さらに自己の身分を保証する政治的手段を求めようとは思わない……そのとき、秩序ある社会では、自尊心はすべての人に対する平等な市民権という身分の公認によって保証される（Rawls 1971: 544-545〔2010: 425-426〕）。

『正義論』においてロールズは、正義には二原理があるという。すなわち、平等の重要性を認めること、そのうえで、ある種の不平等を、それがもっとも不遇な人々の状況改善に役立つならば承認することである。平等な自由という原理は、次のように規定される。「各人は、すべての人の同様な自由と両立可能なもっとも広範な自由に対する平等な権利を保持する」。格差原理によれば、「社会的・経済的不平等は、(a)もっとも不遇な人々の最大の便益に資するもので、かつ(b)公正な機会均等の諸条件のもとで全員に開かれている職務と地位に附帯するものとして、編成される」ものでなければならない(Rawls 1971: 60)。これらの原理は平等主義のような印象を与えるが、格差原理が提起する不平等の正当化は、ずっと以前から資本主義に関して言われてきた正当化論、すなわち経済的不平等は経済成長を促進し、より多くの富を産み出すものであり、そのことが最貧の人々の利益につながるとする議論と同じだという批判が出されている。

資本主義的市場に関わる不平等に対処する別の方法として、マイケル・ウォルツァー(Walzer 1983)は、リベラルな政治秩序の核心にある形式上の諸権利が、実質的な権利によって補足されなければならないと提案する。ウォルツァーは、一つの政体の構成員は相互に義務を負うと論じており、これら諸義務の基礎には、そもそも定義上、社会契約——共同生活にいかなる財が必要かを決定し、次いでこれら財を調達供給するという同意としての社会契約——があるのだと主張する。必要の本質は自明ではなく、資源はつねに限られているのだから、共同体に供給されるべきものについての決定は、政治共同体構成員によって成されるべき政治的決定である。ウォルツァーは、こうした民主的決定を導くべき二つの政治的原理を確定する。すなわち、政治的正義という手続き的原理と、公正な割当という実質的原理である。

政治的正義の原理は、民主主義国家が国内生活を形づくる際の自己決定プロセスが単に開かれているだけではなく、その領土に住み、その地方経済で働き、その地の法に従うすべての男女に等しく開かれるべきだと要求する（したがって市民、住民、移民ないし「出稼ぎ」労働者の間の区別に異議を唱える）。他方、公正な割当の原理が求めるのは、共同体が何らかの必要な財の供給を引き受けるとすれば、共同体は、それを必要とするすべての構成員に、彼らの必要に応じて供給しなければならないということである。この二つの原理が調和的に取り入れられることで、共同体による供給は、「我らの仲間」への最低限の尊重、全市民の尊厳と人間性の承認、そして政治生活への市民参加の前提条件を実現することの保証を示すものとなる。ロナルド・ドウォーキン（Dworkin 2000）も同様に、正義の基礎となるのは人々に対する平等な配慮と尊重であると論じる。社会の成員各人の生に対して、平等に資源が振り向けられなければならない。

　西洋政治哲学の伝統においては、国家が合理性を具現するものとみなされる。国家は万民に適用される法の支配を強制し、自然法を解釈する者であり、自由の前提であり、所有関係を擁護し安定を維持する者、人倫的理念の体現者、共同体が正義を管理する集団的機構とみなされる。こうした多様な概念形成を通して、国家は社会的役割と責務を割り当て、負担と便益を公正に分配し、紛争を調停するための中立の手続きを確立し、不正行為の被害者に補償を提供し、不正を働いた者に適正で罪につり合う罰を科すものとされる。

　国家を正義の媒体として肯定的に描くこのような叙述に対して、批判的人種理論家、フェミニズム理論家、先住民理論家、ポストコロニアル理論家、クィアおよびトランス＊理論家たちは疑義を呈してきた。これらの理論家たちは、法を通じて国家が不平等を分配する多様な方法に注意を向けることで、国家を正義の機構とする記述に挑戦し、「法的に定義される権利と不正」を超えたところの不正を理論化する（Aultman and Currah 2017: 49）。

国家の不正義

人種化

植民地国家がいかに残酷に人種化され、ジェンダー化された階層序列構造をつくり出し、維持してきたかはよく知られている。たとえば、一九世紀に奴隷制が廃止された後になって、「植民地国家およびその役人たちは社会的境界を明確にするために黒い身体の処罰を活用した――この社会的境界は、植民地の社会的、政治的、経済的支配を維持するのに決定的に重要だった」（Harris 2017: 3）。雇用や刑罰におけるジェンダー化された人種化〔ジェンダーと人種とが交差する差別〕は日常ありふれたものだったが、ドーン・ハリスが指摘するように、「多くの場合、身体、とりわけ女性の身体に関する植民地主義的、帝国主義的理解はつねに一定だったわけではなく、曖昧であった」（Harris 2017: 161）。仕事をさせる際には黒人女性のジェンダーは無視され、黒人女性は黒人男性と同じ苛酷な野良仕事をするものとされた。しかし、刑罰の執行においては、国家は一貫していなかった。ある判例では、男女を問わず黒人は同一の身体的責め苦を科された。たとえば「強情」の罪に対して、女性も男性も二四時間の踏み車の刑に処されることがあった。この踏み車とは、水車の回転を維持するために水力の代わりに人力を用いるものであるが、この残酷な刑罰技法によって、執行中、食物も水も休憩も奪われた多くの人が死亡した。しかしながらその死は、残虐な懲罰のせいではなく、植民地治安判事の前に引きずり出されるような強情さによるとされた。「死は踏み車の上で生じたわけではけっしてなく、彼ら当事者の強情がそれをもたらしたのだ」(Harris 2017: 162)といわれた。ハリスの報告では、「黒人女性に対する野蛮な刑罰は、ニグロ女性が女性らしい深い感情や繊細な感受性をもたないという推定、あるいは、もしそれらをもっていたとしても、奴隷状態とは相容れないもので、当然完全に消去されているという推定にもとづいていたと思われる」(Sturage and Harvey 1837: 139. cited in Harris 2017: 165)。しかし、植民地国家は、妊娠している黒人女性には、性別に特有の処罰を認めていた。労働力の再生産という出産奨励主義的な関心が、奴隷状態にある者にふさわしい主体性＝従属性を教え込もうという政策を相殺したのである。「妊娠中、授乳中の母親は鞭打たれたり、独房に閉じ込められたりしてはならない」(Harris 2017: 163)。西インド諸島植民地で英国が施行した一八七七年刑法のもとでは、死刑を宣告された妊娠中の女性は、赤ん坊が生まれるまで刑の執行を猶予された。人工妊娠中絶は犯罪とされた。中絶しようとした黒人女性、および反乱に加わった黒人女性は、「女性性の領域を踏み越えたとして、とりわけ罪深いとされ、男性以上に残酷で野蛮な」処罰を言い渡された(Harris 2017: 167)。雇用と刑罰の施策を通じて植民地国家は、「黒人女性を不公平に貶める一方で」、白人女性を「慎ましさと世間体のよさを体現している」として人為的に持ち上げた(Harris

2017: 163)。

西洋に広く行き渡る進歩主義の物語では、植民地主義と結びつくような人種化されたジェンダー化は、もはや過去のものだという印象を受ける。しかし、批判的人種理論の研究者たちは、市民間に人種化された階層序列構造をつくり出し維持するさまざまな国家政策を明らかにしている。たとえば、アメリカ合衆国では人種差別的政策の驚くべき歴史がある。すなわち、憲法修正第一四条が平等処遇を保障したにもかかわらず、また政策は肌の色によらないと政府が主張しているにもかかわらず、州レベルでも連邦レベルでも人種差別的政策が続けられてきた。二〇世紀に入っても長い間、地方の諸条例は住宅供給における人種隔離を許してきた。一九六〇年代にそれらの条例にとって代わったのは、ある住区を白人専用とし、ほかの住区を有色人住民に割り当てるように「融資除外のための赤線引きを行う」抵当融資政策だった。一九九〇年代以降になると、有色の住民は住宅ローン会社の略奪的貸付の標的となり、そのような融資方法が二〇〇八年の経済危機の大きな要因にもなった。その結果、有色人地区の抵当物受戻し権喪失手続きが、白人の住区のそれを大きく上回った。「大部分が黒人の地区、大部分がラテンアメリカ系の地区では、白人地区に比べて、住宅を失う率はほぼ三倍であった。大部分の家族にとって蓄財の主要な二つの方法は住宅所有と一定の老後資金であるが、現在、黒人はこの両方で所有可能性がかなり低くなっている」(Cohen 2015: B5)。

アメリカ合衆国の人種間の資産格差は非常に大きく、公共政策の決定によってもたらされている。

……二〇一一年、黒人世帯の財産保有額の中央値は七一一三ドル、ラテンアメリカ系世帯のそれは八三四八ドルにすぎないのに対して、白人世帯では一一万一一四六ドルである。アメリカ人の住宅所有に関する融資除外区設定策の今なお続く影響に始まり、公教育における隔離廃止政策からの撤退に至るまで、公共政策がこのような格差を形成してきた。人種に考慮して政策が変更されないかぎり、こうした格差は克服困難なままである(Sullivant *et al.* 2015)。

人種間の格差は「無産ないし負の資産」についても同じように報告されている。この無産ないし負の資産状態にある割合は、白人世帯では一五%なのに対し、黒人世帯では三五%、ラテンアメリカ人世帯では三一%である(King and Smith 2015)。

地方、州、そして連邦政府は協力し合って、「エスニックの飛び地」――より正確にはゲットー〔強制居住区〕と特徴づけられる地区――を確実に永続させるために、高速道路の建設や都市再生計画および公共住宅の配置を行ってきた。「都市の黒人貧困地区は一世紀にわたる体系的差別、空間的な封じ込め、コミュニティ資源の攻撃的収奪が生み出したものである」(Rose 2013)。居住地の隔離は、地方財産税を財源とする公立学校の質に大きく影響している。裁判所命令による学校差別禁止から六五年がたっても、黒人児童の八〇%以上が「マイノリティが多数を占める」学校に留まっており、他方、白人の生徒の九〇%以上が白人が多数を占める学校にいる。十分な資金をとうてい得られない都市部の学校が、貧困線以下の所得の家族に属する有色人の生徒たちを教育しているが、その学校は「教育ではなく『監視と統制』の確立を第一義的使命とする収容施設」にたとえられてきた。「そこでは、子どもたちは要塞にも似た、朽ちつつある過密な施設に追いやられている。外の柵は有刺鉄線で完全装備され、窓はレンガで塞がれ、鉄の扉には重い錠前、門には金属探知機がつけられ、武装した見張り番が廊下を巡回している」（Wacquant 2002）。

都市の脱工業化は、より安価な労働力を見つけられる場所へ工場を移転させる、私企業の利潤極大化にもとづく決定という観点からのみ論じられることが多い。しかし、それは話のほんの一部にすぎない。アメリカ合衆国の州および地方政府は、自らの管轄区に産業を誘致するために、巨額の報奨金と長期の減税を提供してきた。連邦政府は、国境を越える自由な資本移動を容易にし、自由貿易の域外生産地区の設置を促進するために、条約交渉を行ってきた。北部の都市から安定したブルーカラーの仕事が消滅するとともに、州と地方政府は大規模な報奨金を居住地区高級化計画《ジェントリフィケーション》に提供した。このことは白人の都市「家産所有者」に恩恵をもたらしたが、彼らは不動産価格と賃料をつり上げることで、低所得の住民を都市の荒廃した地区へとさらに追いやった。空間的な封じ込めは、安普請で維持管理がお粗末な公営住宅と、より劣悪化する民間の賃貸物件への密集を促進した。一九六八年、リンドン・ジョンソン大統領が、二三の都市を荒廃させた騒擾を調査するために指名した「市民暴動に関する全国諮問委員会」（NACCD）は、人種騒動の根本原因を、「人種的ゲットー」における隔離と貧困を生み出す白人たちの行為や行動と結びつけた。「隔離と貧困は、人種的ゲットーにおいて、大多数の白人アメリカ人がまったく知らないような破滅的な環境をつくり出してきた。白人アメリカ人がけっして十分に理解できないこと

――しかしニグロがけっして忘れられないこと――、それは白人社会とこのゲットーとの深い関わりである。白人の諸制度がそれを生み出し維持し、そして白人社会がそれを黙認している」(NACCD 1968: 1)。

新自由主義の諸都市は、区画規制を利用して「企業の発展のために、公共サービス、手頃な住宅、診療所、コミュニティ・スペースを破壊する」(Edelman 2014: 176)。それらの都市は、「売買春禁止地区」――すなわち、特定の身体を排除するための過剰警備の空間――を創設した。二分法的ジェンダーに適合することを拒み、性取引に頼って生き延びようとする身体は、排除と撲滅の対象となり、国家による保護を拒否され、脅威ないし危険として構築される。とりわけ、有色人トランス女性は、「路上で出会う人々から警察官のような公安に携わる人々に至るまで、広範囲の人々からの暴力をきわめて高い頻度で経験する」(Edelman 2014: 176)。このような「排除区域」を通して、州〔国家〕は一部の市民から、特定の公共空間へのアクセス権・利用権といった基本的権利を奪う。「ポスト正義〔時代〕の都市は、社会的・人種的封じ込め、公共空間の浄化、エリート層への消費助成、社会的再生産の私的責任化、経済的不安定の標準化、および先制的な犯罪統制に基礎をおいている」(Edelman 2014: 180)。

都市部で就ける職は、競争が激しい。アメリカ合衆国では、黒人の失業率は一般に白人の倍である。二〇〇八年の経済危機以後に、黒人の失業は白人の経験より七倍も増加した(Roberts 2011: 297)。新自由主義による民営化もまた、黒人労働者に過度に負の影響を及ぼしている。

黒人の成人の五人に一人は行政部門で働いている。学校で教え、郵便物を配達し、消火活動に携わり、バスを運転し、刑事裁判の捜査を行い、大量の職員の管理を担う。黒人が公共部門の職を得る可能性は、白人に比して約三〇％高く、ヒスパニックの労働者に比べても二倍である。二〇〇七年以降、一〇〇万の公共部門の職が削減された。標準的な人口成長を考慮に入れるなら、公共部門では一八〇万の職が失われたことになる。行政部門の雇用削減は、専門職の黒人により大きな影響を与えた。経済の斜陽部門に集中していたため、白人よりも高い割合で職を失った。学校職が福利厚生のないパートタイム待遇へと移行するにつれて、黒人はことさら大きな打撃を受けた（Cohen 2015: A1, B5)。

トランプ政権は、公共部門の二〇万の職を削減するという公約どおりに、一年目に非国防機関の支出を三〇％削減した。雇用凍結を強制し、閣僚級の省庁の上級ポスト三二五のうち、二二〇を埋めないこと――これは上院の承認が必要な事項である――を決定した(Rein and Ba Tran 2017)。二〇一九会計年度の削減案はさらに過酷である。

有色人の低所得コミュニティに関する公的な言説と、そうしたコミュニティ向けに出される諸政策は、人種化されたジェンダー化に満ちている。黒人およびラテンアメリカ系の若者は、脅威として構築され、過剰監視の対象となり、不つり合いに逮捕、拘留されている（Isoke 2016; Cacho 2012; Alexander 2010)。法学者イアン・ヘイニー・ロペスが指摘するように、「おそらく黒人は白人より罪を犯すことが少ないのに、はるかに頻繁に逮捕され有罪宣告を受けるように思われる」（Haney Lopez 2014:50-51)。警官隊の人種構成、取り締まり方法の変更、新しいDNA技術、そして「麻薬戦争」など、これらすべてが黒人青年およびラテンアメリカ系青年の「犯罪者化」に貢献している（Cacho 2012; Roberts 2011）。有色人と白人が違法薬物を使用する割合はほぼ同じ（黒人で六・四％、ラテンアメリカ系五・三％に対して、白人では六・四％）なのに、いくつかの州では白人男性に比べて黒人男性は二〇〜五〇倍多く刑務所に収容されている（Alexander 2011: 7）。二〇一〇年の薬物使用に関する調査では、一八〜二五歳のアフリカ系アメリカ人の若者は、全国平均よりも違法薬物使用の割合が低いこと、しかし、薬物容疑で刑務所に送られる可能性は、黒人の若者のほうが白人より一二倍も高いことが示された（Roberts 2011: 279）。犯罪行為にはエスニック間での相違がないにもかかわらず、二〇一四年、一八歳以上の白人男性一〇六人に一人が収監されているのに対して、ラテンアメリカ系では三六人に一人、黒人は一五人に一人（二〇〜三五歳の黒人男性では九人に一人）である（Haney Lopez 2014:53）。

収監がもたらす結果は明白である。刑務所に入れられたアフリカ系アメリカ人にとって、生涯所得の期待値は四二％も減少してしまう。これは違反者全体についてみると、三〇〇〇億ドルの逸失を意味する（Haney Lopez 2014: 53）。州法および連邦法は、六〇日以上拘留された者に対して、生活保護手当も退役軍人手当も食料購入補助（フードスタンプ）も支給しない。一九九六年の「就労機会と個人責任法」は、低所得者医療補助（メディケイド）、公営住宅、民間住宅家賃補助、および関連の補助金支給対象者から、前科のある人々の大部分を排除している（Wacquant 2002）。さらに、三九の州は執行猶予中の受刑者に投票権の行使を禁じ、三二州は仮出所者の公民権を剥奪する。一四の州では元重犯罪者に対して、すでに刑事司法の監視下におかれなくなっていても――うち一〇州は生涯にわたって――投票を禁止している。その結果、四〇〇万人のアメリカ人が一時的ないし生涯にわたって投票資格を失っている。このなかにはもはや獄中にいない一四七万人も、さらに刑期を完全に終えた一三九万人も含まれる。完全な投票権を求める歴史的な闘いにもかかわらず、全国で七人に一人の黒人男性が刑罰としての公民権剥奪により投票所から排除され、七つの州が黒人男性住民の四人に一人の投票を生涯にわたり否認する（Wacquant 2002）。

アメリカ合衆国が大量収監へと移行したのは、まさに「刑事司法の基準と目標に関する全米諮問委員会」が、「成人用の収監施設を新たに建設すべきではなく、現存の青少年向け施設は閉所すべき」ことを推奨する報告書を提出したとき（一九七三年）だった。「刑務所、教護院、留置場は」、犯罪を抑制するどころか、「驚くべき失敗しか成しえなかった。これらの制度が犯罪を予防するよりむしろつくり出したことを示す圧倒的な証拠がある」（Alexander 2011: 8）と委員会は主張した。刑務所人口において黒人とラテンアメリカ系が不つり合いなほどの数を占めていることが、意図せざる結果をもたらした。すなわち、アフリカ系アメリカ人とラテンアメリカ系の男性は危険な「犯罪者」であるという認識――警察だけでなく世間の認識につきまとう人種化‐ジェンダー化された見方――を助長した。実際、警察によって拘留されていた黒人の若者の多発する死亡に関する二〇一四年の調査は、黒人およびラテンアメリカ系の若者に対する「恐怖」こそが、御しがたい容疑者を「制圧する」ために警察官が銃や極端な暴力を使用してしまう原因だったと示した（Isoke 2016）。そこにはまさに悪循環がある。警察のやり方が黒人とラテンアメリカ系の若者を過剰な監視にさらし、それが警官とのまずい遭遇を拡大し、軽犯罪での不つり合いに多い逮捕と拘留をもたらして、刑務所人口を膨れあがらせる。そして刑務所人口の膨張は黒人とラテンアメリカ系の若者の「犯罪者化」を促進し、彼らは制止と身体検査におとなしく協力するのを拒むなど、自己防衛の戦略を編み出す。これを警察は力で制圧すべき反抗的態度だとみなし、その結果として、警察の拘置所における有色人「被疑者」の疑わしい死亡が増大する。警察の暴力による死者のなかで、黒人とラテンアメリカ系は突出して高い割合を占めている。アメリカ合衆国の人口に占めるアフリカ系アメリカ人の割合は一二・六％であるが、アメリカ合衆国司法省によれば、二〇〇三～二〇〇九年の警察による殺人の被害者の三二％を占めていた。ラテンアメリカ系はアメリカ合衆国人口の一五％であるが、二〇〇二～二〇〇九年に収監中に警察に殺害された者の二〇％を占めている。これらの困惑させるような統計は体系的な国家的不正義を証拠づける。

ジェンダー化された排除と危険《インセキュリティ》

列国議会同盟（ＩＰＵ）は、『女性議員に対する性差別とハラスメントと暴力』（IPU 2016）において、三九か国五五人の女性議員への調査結果を報告した。仕事に関わる暴力を列挙するそのデータは恐るべきものである。回答者の八一・八％が心理的暴力を受け、二一・八％が性暴力、二五・五％が身体的暴力、そして三二・七％が経済的な暴力を経験したと報告している（IPU 2016: 3）。回答者の半数強（五一・七％）がこれらの事件を議会のセキュリティ担当や警察に報告したが、「十分なサポート」は得られなかった（IPU 2016: 7）。それどころか、セキュリティ担当職員や警察は訴えをきちんと調査せず、安全を確保することもなく、暴力行為の張本人を調査することも起訴することもなかった――したがって、加害者を自由放免した。報告によれば、暴力を経験した女性議員のうちの六一・五％は、暴力には政治の仕事を彼女らに思いとどまらせようという意図があったと考えている（IPU 2016: 6）。同様に国連女性機関（UN Women）は、一〇〇か国以上で、政治に携わる女性への暴力を記録している（Salguero 2017）。南アジアについてのある研究によれば、女性立候補者のうちネパールでは二一％、パキスタンでは一六％が身体的暴力と脅迫を受けたのに対し、インドでは四五％である（Center for Social Research and UN Women 2014）。

「心理的暴力」は女性議員がもっとも頻繁に経験する暴力形態であるが、これは包括的な範疇であり、言葉上の、視覚上の、そしてオンラインでのセクシュアルハラスメントから、殺人の脅迫に至るまで幅広い暴力を含む。回答者の六五・五％が「性的ないし性差別的に貶める言葉」で、二七・三％が伝統的メディアを使った「侮蔑的イメージ」によって、四一・八％がソーシャルメディア上で性的要素を含む屈辱的イメージによって攻撃され、四四・四％が「殺人、レイプ、暴行、誘拐の脅し」にさらされ、三二・七％が「セクシュアルハラスメント」にあたる暴力を受けたと述べている（IPU 2016: 3）。ジェニファー・ピスコポが「制度化された性差別主義」と特徴づける心理的暴力は、「政治的権利の女性たちによる実質的行使を妨害しうるきわめて有害なものでありながら、犯罪行為を構成しない」（Piscopo 2016: 445）。典型的には、心理的暴力は、職業行動規範上の違反行為ないし管理上のけん責対象となる性差別の一形態として概念化されるが、実際の被害が目にみえないということにつけ込む。「目にみえる跡を身体上に残さない」ことで、「身体上の不可視が政治的な不可視を許容する」(Schott 2011: 47-48)。

メディアで流布している、政治における女性の前進の物語は、選挙もしくは任命による女性の官職の獲得、および政策領域における女性の実質的代表を強調する。世界全体の人口の四九・六%を占める女性は、現在、世界各国で平均的には議席の二三・四%を有する。一九四〇年代には三%、一九五〇年代七%、一九七〇年代一〇%、一九八〇年代一四%だったのが、上昇している(IPU 2018)。クオータ〔割り当て〕法や政策が一〇〇以上の国で実施され、新しい刑法が成立し、女子差別撤廃委員会の女子差別撤廃条約(一九七九年)やベレン・ド・パラ条約(Belém do Pará Covention)〔アメリカ州機構総会が採択した地域協定「女性への暴力の防止、処罰、廃絶に関する条約」〕、イスタンブール条約〔「女性に対する暴力及びドメスティック・バイオレンスの防止に関する欧州評議会条約」〕(二〇一一年)などの国際条約が批准されたことに伴い、各国は女性に対するあらゆる形態の暴力に取り組み、被害者保護と加害者訴追によってそうした暴力を防ぐ政策を実施し、それらを通じてジェンダー平等を確保し、説明責任を負うことになった。しかしながら、最近のフェミニスト研究者は、はるかに複雑な物語を示唆している。多くの地域で、ジェンダー平等を促進する法的な努力に付随して、女性に対する暴力がますます猛威を振るうようになっている。国民議会に選出される女性数の増加は、女性の人工妊娠中絶へのアクセスを制限し、出産奨励主義を促進する法の可決と共存している。また、女性の教育水準の向上と、性別職域分離、公的および民間部門の指導的地位における女性の過少代表とが共存している。世界の多くの地域におけるナショナリズムの言説や原理主義的な言説の拡大は、「しかるべき女らしさ」なるもの——公に認められた女性性や服装、礼儀正しさ——が、国や政党、非国家アクターなどによって今なお流布されていることを明らかにする。そして、政治に携わる女性だけでなく人権擁護家たちをも対象にした暴力に関する統計が示すように、現代の女性は——公的生活の頂点にいるような女性も含めて——身体的・性的な暴力、社会的・家族的非難にさらされ、さまざまな形の制約、剥奪、排除だけでなく、周縁化と追放に直面させられている（Chawla *et al.* 2017)。

このような矛盾した状況を説明すべく、何人かのフェミニスト研究者は、これを一種の「バックラッシュ——現状を変革する試みに対する権力側からの抵抗——」と理解し、既成の階層序列構造を「復元しようとする強制力」の展開だと述べている（Mansbridge and Shames 2008: 625, 627)。モナ・レイナ・クルークとジュリアナ・レストレポは、政治領域の女性に対する暴力を、「女性の政治参加に対する家父長制的抵抗であり、……その目標は依然として政治的行為者としての女性を怯えさせ、非合法化し、排除することにある」（Krook and Restrepo 2016: 472）と特徴づける。このような暴力の存在は、現代国家の中立的・包摂的性格に重大な疑義を投げかける。

公私双方の生活における女性に対する暴力を、自由主義国家、社会民主主義国家、ポスト社会主義国家、ポストコロニアル国家、ポスト紛争国家が容認していることは、すべての市民の平等と安全に向けた国家の取り組みの真剣味に疑念を生じさせる。国家は、秩序を維持する——市民の生命と生活を守り保証する――ことが最重要課題であると決まって主張する。フェミニスト研究者たちは、この目標の実現に国家が失敗するとき、そこにジェンダーと人種にもとづくパターンがあることに注目してきた。女性、有色の人々、エスニック・マイノリティ、そしてＬＧＢＴＱの市民は、特権的な男性市民が経験しないような不安な状態に日常的に置かれる。この不安定さは機会平等の状態ではないし、保護の失敗も普遍的な現象ではない。実際、フェミニスト研究者が論じるように、暴力的犯罪への国家の関与を裏づける以下のような多くの証拠があるにもかかわらず、「保護の失敗」を主張するのは的外れである。すなわち、差別的な諸慣行、行政府庁内でのハラスメント、警察や軍隊やセキュリティ・サービスによるむごい扱い、犯罪捜査や起訴の拒否、政治的ホモフォビア（国家のリーダーらが同性愛、非異性愛、ジェンダー非定、性的多様性の活動などを公に中傷するのに用いる言辞）ないし政治的ミソジニー（国家のリーダーらが女性を中傷し、その人間性を否定し、侮辱し、あるいはあざ笑うのに使用する公的な言辞）のように、国家が流布する有害な言論、そして新自由主義的、ナショナリスト的、権威主義的政治体制が促進する制度化された性差別主義の継続的な高まりなどである。

国家は、女性に対する暴力に何一つ直接的に加担していないと主張するかもしれない。法典も公的な制度上の慣行も、女性に対する暴力は容認していない――非常に明白にそれを禁じている。しかし、国家は、不安定さゆえに生命を脅かされている市民や女性に対する暴力に取り組めないこと、取り組もうとしないことを通して関与している。ジェンダーおよび人種にもとづく暴力を禁止する法律は整備されているかもしれないが、しかし実効的に施行されないなら、国家は暴力の加害者を無罪放免している。

メキシコではフェミニストのアクティヴィストたちが、男性の権力を再確認、再生産することで女性の脆弱さを最大化する政治的－法的環境を積極的に、あるいは怠慢によってつくり出す国家を概念化するために、「フェミサイド国家」という用語を考案した（Olivera 2006; Fregoso and Bejarano 2010; Lagarde 2010）。ラテンアメリカのフェミニスト研究者たちは、暴力的な形態での人種化・ジェンダー化がいかに国家権力の日常的な作用を構成しているかを明らかにした。そして国家がフェミサイド（罰されない女性殺人）のイデオロギー的かつ実質的な共犯者であると示唆し、それを「国家犯罪」として概念化した。フェミサイド国家についての諸説明は、制度化されたジェンダー体制を特徴づけるものが、ホモソーシャルな政策、すなわち男性間の関係が女性排除によって、またそれを通じて媒介される政策であることを示唆する。イヴ・セジウィック（Sedgwick 1985〔2001〕）は、独特の三者間構造を伴う男性間の絆の一形態をホモソーシャリティと定義した。この三者関係では、男性はほかの男性たちと濃密な、しかしたいていは非性愛的な絆をもつが、女性はこの絆の表出を導くパイプ役を務めるものとされる。ホモソーシャリティは、男性の社会的絆を堅固にする手段として女性を道具化するが、それはまた女性を性的対象化する傾向をもつ。なぜなら、男性の仲間意識は、女性を性的な対象物にすることで――職場での冗談やセクシュアルハラスメント、仕事帰りのストリップ劇場通い、公式行事のための売春婦雇い、あるいは集団レイプへの参加などを通じて――構築されるからである。性別で分断する制度や慣行は、ホモソーシャリティを奨励し、それゆえ生来的なジェンダーの差異に関する考えは正しい、そして男性間の深い情愛には女性排除が必要だと思わせる。

フェミサイド的な政策を促進するホモソーシャルな政治は、自由民主主義体制にも、社会民主主義体制にも、革命派の体制にも、保守主義体制にも明らかに存在する。女性に対する暴力の原因は、家父長制の残滓や病理的な個人、あるいはミソジニーの文化にあるとする説明よりも、このホモソーシャルな政治の蔓延によるとの説明のほうがずっと包括的だろう（Shalhoub-Kevorkian 2003: 590）。「フェミサイドとは、女性の諸権利や能力、可能性、安全に生きるパワーを破壊するために、覇権的な男性社会が用いる方法にほかならない。それは女性を貶め服従させる虐待、脅迫、侵害、攻撃の一形態である」（Shalhoub-Kevorkian 2003: 600-601）。フェミサイド国家は、女性に対する暴力を、確固たる権力の地位にいる者だけに許されるとはみなしていない。むしろ、フェミサイド国家は、一般的には取り立てて権力があるとはみなされない第一線公務員〔公共サービスの現場職員〕や人事専門職からもっとも強力な公選議員に至るまで、多くのプレイヤーを含んでおり、まったく重要でないプレイヤーでも女性に対する暴力の蔓延に加担することができる。シタ・ランチョド＝ニルソンの言では、「想像された権力は、実際に所有される特権よりも強力だろう」（Ranchod-Nilsson 2008: 649）。シャルーブ＝ケヴォーキアンはこうした複雑さを考慮に入れて、「フェミサイドとは、隠された抑圧機構、……蔓延する非人道的虐待を再びつくり出し、維持し、正当化する、世界の中心的動力を反映する社会政治的、経済的遺産の一部」（Shalhoub-Kevorkian 2003: 581-582）であると論じている。

ローレン・エーデルマンは、『勤労法』（Edelman 2016）のなかで、フェミサイド的な力学が、機会平等を約束しながら白人男性の優越を永続する政策や計画を通じて、いかに作動するのかを証明した。広く存在する機会平等法が、単に差別を隠蔽して不平等を持続させるだけではなく、その隠蔽や持続を、個人的意図のレベルを超えて作用する制度的実践を通して実行していることを明らかにした。アメリカ合衆国労働統計局が収集したデータには、ここ五〇年にわたる労働力の人種・ジェンダー構成、三五〇の組織についての調査、数百名の監査役へのインタビュー、人的資源に関する雑誌・ウェブ会議・ウェブサイト・雇用機会平等委員会（EEOC）のガイドライン・千を超える判例などの内容分析が含まれるが、これらのデータの分析を通してエーデルマンは、「法の経営組織化（manegerialization）が、強制されないルール、偏った手続き、効力のないプログラム、明白な人種・ジェンダー不平等を正当化するイデオロギーを生み出す傾向にある」（Edelman 2016: 124）ことを証明している。エーデルマンは、この法の経営組織化が有する正確なメカニズムを捉えている。たとえば、機会平等政策の創設が紛争の解決を内部化し、法的な危険を回避し、組織活動を法の支配から分離して、法の理念を修辞的に組み立て直す（Edelman 2016: 125）。このようなメカニズムを通じて、すべての人に対する「公平な処遇」という抽象概念は、異なる影響や異なる処遇についての考慮を無視するような作業基準になってしまう。このメカニズムにより、雇用機会平等は「よい経営慣行」に変質され、その意味が空洞化される。

法の経営組織化のやり方は、手品のように鮮やかである。すなわち、差別およびセクシュアルハラスメントを禁ずる政策が入念に策定され、苦情申し立ての明確な指針とともに公に告知され掲げられる。そして、このことは雇用機会平等委員会の人種・ジェンダー差別禁止規定にのっとっている証拠だとみなされる。差別事例が裁判所に持ち込まれた場合も、たとえ公式の政策に効力がなく、被雇用者の市民権を守るものでなくても、そうした政策が存在するゆえに判事は差別なしと推断する。皮肉なことに、差別禁止政策と紛争解決メカニズムの存在が、被雇用者の苦情申し立てや訴訟を困難にしている。差別を経験した際に、そんなことをしても無駄だと思ってしまうからである（Edelman 2016: 161）。中立人の弁護士は、中立人の勝訴は無理だという考えを強化することで、門番を務める。その結果、雇用差別を経験した者のうちの一％以下だけが訴訟を起こす（Edelman 2016: 158）。それゆえエーデルマンは、注意深く練り上げられた差別禁止政策が「慢性的不平等、剥奪、日々の侮蔑的言動を、ただ黙って受容することを確実にする」と指摘した（Edelman 2016: 5）。

『勤労法』は、制度化された性差別主義、経済的周縁化、差別、セクシュアルハラスメント、象徴的暴力がなくならないこと、それらが維持され、実際には拡大していること、しかも、それらを禁止するためにつくられた法そのものがそれらを是正しえなくしていることを明らかにした。平等規範が全世界的に広がっているにもかかわらず、人種やジェンダーにもとづく広範で有害な階層序列構造が依然として存在する。国内法や国際条約の増加そのものがフェミサイド国家に隠れみのを提供し、そこではホモソーシャリティがわがもの顔で支配している。機会平等の保証は女性たちに自らの才能を生かすよう促す一方で、レイプや殺人の脅し、街中や職場、官公庁、兵営で相変わらず続くハラスメントを「普通のこと」として受け入れるよう女性たちを巧妙に社会化する。差別とセクシュアルハラスメントを禁じる政策の激増が是正の試みを無益にするにつれ、制度化された階層序列構造はすっかり自然化されて見えなくなる。国家の不正義のもう一つの側面もまた、視界から消される。

アイデンティティを無効にすること、現実を強制すること

ジェンダー非定で性の枠組みにとらわれない市民に対する国家の政策は、中傷や非人間的扱い、犯罪者化、さらには「アイデンティティの無効化」や暴力的な「現実の強制」にいたるまで広範囲にわたり、この政策特有の国家の不正義をあらわにしている。本章のはじめに論じたように、国家による性別の分類は、ジェンダー二分法と同時に異性愛推定を強いるもので、「社会的慣習を法的統制のメカニズムに転換する。すなわち、ジェンダーについての一種の『自然法』学説」である（Weiss 2001: 124）。異性愛規範的な法の推定に抵触する人々は、行為やふるまい、あるいは病気さえも犯罪化するような国家の全面的な力に直面させられる。ＨＩＶ〔ヒト免疫不全ウイルス〕法および政策センターは、二〇〇八〜二〇一三年のアメリカ合衆国において、ＨＩＶとともに生きる人々に対して、ウイルスの伝染とは科学的に無関係な行為を理由に、二〇〇件以上の起訴があったことを明らかにした。ＨＩＶは唾液を通して伝染することはないにもかかわらず、あるＨＩＶ陽性のテキサス州民は、警官に唾を吐いたとして三五年の禁固刑を宣告された。アイオワ州のある住民は、検出されるウイルス量が少なく、またコンドームを使用していたにもかかわらず、パートナーに自分がＨＩＶ陽性だと打ち明けることができなかったというので、二五年の禁固刑を言い渡された（J. Price 2017: 63）。これらの「犯罪」は、「凶器による攻撃」や「殺人未遂」から、ミシガン州対テロ法下の「生物兵器所持」にいたるまで、多様な罪状で起訴されている（J. Price 2017: 63）。アメリカ合衆国内の一〇州では、これら有罪判決は、事後の性犯罪者〔情報〕登録を要求する。多くの裁判管区では、ＭＴＦの妻は、明示されている条項が遺言書にあるにもかかわらず、死亡

した配偶者の財産の相続が認められず、あるいは夫の不法死亡に関する訴訟を行う権利も拒まれるなど、民法による保護を拒否されている（Weiss 2001: 127）。

国家は子どものプライバシーと身体的安全を保護するものだとみなされているにもかかわらず、インターセックスの子どもはしばしば虐待的な生殖器検査（scrutiny）にさらされる。シェリル・チェイスが指摘するように、「ジェンダーへのこうした不適切な注目は臨床医の視野を歪めるので、多くの点で患者にとって有害である。インターセックスの患者は、くり返される生殖器検査をしばしば強いられ、そのことによって自分が異常であり承認されないと感じる」（Chase 2003: 241-242）。インターセックスの子どもに対する手術が同意なしで行われることを考えると、このような手術は単に身体的統一性への侵害であるだけでなく、一種の性的な暴行だとする研究者もいる。「私は、一四歳のときに、むりやり手術によって切り刻まれ、医学的にレイプされた」（Preves 2003: 73）と語るインターセックスの人もいる。こうした事例において、国家は、保護に失敗することによって法外な危害の加担者になる。

トランスおよびインターセックスの市民は、自らを国家に理解可能なものにすることを余儀なくされるがゆえに、さまざまな実害を経験する。「間違った身体問題」の枠組み〔自分の身体が、自分の性自認と異なる間違った身体であるとする考え方〕に自らの存在をはめ込むことを強いられ、それによって病理化（すなわち精神的に病気だと診断されること）および医療化（すなわちホルモン治療と外科的処置を受けること）を甘受せざるをえない。さらにトランスおよびインターセックスの市民は、ある種のアイデンティティの無効化にさらされる。法制度も医療制度も、そうした市民の身体性、自己理解、あるいは異性愛規範の基準から外れるアイデンティティを、理解も承認もしようとしない。タリア・メイ・ベッチャー（Bettcher 2014, 2016）は、アイデンティティの無効化がトランスの人々の生活全体に覆いかぶさっているという。

トランスセクシュアルであるとは、日常の多様な人間関係において、自分の性別が疑われ、問題にされ、非難されるということである。それは、デートに行って、自分がいつからトランスなのかを、いつ告げるかについて思い悩むことでもある。それはトランスの売春婦を「現実は男」だとして扱う警察からハラスメントを受けることである。それはまた、営利目的の性的な出会いの場で、「男だと暴露される」危険にあうことである。そして、それはまた広範なアイデンティティの無効化が、トランス女性のＨＩＶ罹患率をどれほど高めるかにも関わっている（Bettcher 2016: 420）。

トランスセクシュアルであるとは、身体化された自らの過去を否定し、出生時のジェンダーの痕跡を消し去るよう国家に要求されることであり、それによって規範としての二分法的ジェンダーに適合し、かつ二分法的ジェンダーを再確立するよう求められることである（Beauchamp 2009 [2013]）。トランスの市民は、自分を国家に解読可能なものとするために、自分の記憶とアイデンティティに対して、シスの市民が経験することのないような侮辱、強制、高額の医学的処置、攻撃を受けなければならない。「身分証明書類の変更条件として性転換を義務づける法は、法が定める国家強制の不妊化をトランスの人々に押しつける」（Shrage 2012: 241, n.40）。このように性別にとらわれない市民は、特殊な形態の国家的不正義を経験する。

クィア理論家およびトランス＊理論家は、ジェンダーおよびセックスの多様性の表れ方はいろいろであると強調する。「間違った身体」という物語はある人々の経験には合致するが、しかし、多くの人々にとってアイデンティティを組織的に歪めるものである。国家が承認の条件として「間違った身体」の物語の受容を要求するとき、「ジェンダー二分法」を超え出ていると自己認識する人々は、みな周縁化され、疑わしい者にされてしまう。そして国家の承認を得るには、多くのトランスやインターセックスの人には入手が難しい、ある程度の富が必要となる。それゆえに外科的処置を望まない、あるいはできない、性別にとらわれない人々の大多数が、文字どおり国家の発行する間違った身分証明書を所持して生きるという境界線上の生を強いられる。「証明書を持たない人々」が大衆の敵意と監視にさらされるなか、公式書類と公でのジェンダー表現との間に何らかの不一致があることはたいへんな危険を招き、警官、雇用主、一般大衆がそうした個人を「現実の強制」に従わせる可能性が高くなる。

ベッチャーはこの現実の強制を「アイデンティティの無効化の危険な一技法であり、『見た目／現実』の曖昧さを公でのジェンダー表現と私的な性別化された身体との間の、目にみえる不整合へと変えるもの」だと定義する。

> それは単にトランス女性が男性と呼ばれることではない。それはトランス女性が「女のようにみえる、本当は男」と呼ばれることであり、この言い回しでは、どのような身なりをしているかが社

会的に意味をもつ。この見た目と現実との対比は、以下の二つの状況においてなされるが、その両方がトランスのアイデンティティを傷つける。トランスの人物がトランスではない者としてパス（他人から自分の望む性別のほうで認識されること）している場合、「本当」は違うジェンダーではないかという暴露が可能性として確実にある。そしてそのような暴露が起こったら、トランスの人は裏切り者とみなされる。反対に、トランスの人がトランスであることを知られている場合、トランスのふりをしているだけではないかとみられることが往々にあり、ここでもまた欺瞞だといわれてしまう。トランスの人々を嘘つきだと暴くことこそが、「現実」の強制のねらいであり、それはしばしばあからさまな生殖器の検認を伴う。すなわち、トランスの人の生殖器を実際に人目にさらそうとする者が出てくるのであり、そうしたやり方は明らかに虐待である（Bettcher 2016: 420、強調は原著者による）。

暴力的な生殖器の検認がない場合でも、トランスの市民は容赦ないプライバシーの侵害を受ける。警官、空港警備員、航空会社の職員、医療専門職、将来の雇用主、同僚、トランス嫌悪の居酒屋店主、そして道行く人々が、トランスの市民の性自認と生殖器との関係を問いただそうとする。国の役人たち自体がトランスおよびインターセックスの人々を「詐称者」のように位置づけている。たとえば一九九四年以来、アメリカ合衆国社会保障局（SSA）は、被雇用者の雇用関連書類の記載事項が、社会保障局にファイルされている被雇用者当人の情報と矛盾する場合、「合致せず」を告げる文書を雇用主に送付してきた。これはトランスの人々に過度に悪影響を及ぼす政策である。なぜなら、求職者に関する「ジェンダー不一致」という社会保障局の通知書を雇用主が受け取ることになるのだから（Beauchamp 2009 [2013]: 49）。二〇〇五年にアメリカ合衆国議会で成立した電子IDカード法は、七〜一〇年の間、公式の身分証明書（出生証明書、社会保障カード、裁判命令による氏名変更など）の作成に使用される証明書類を蓄積する、連邦データベース構築のための法律だった。この法の目的は「欺瞞」を摘発することとされた（Beauchamp 2009 [2013]: 50）。トランスおよびインターセックスの人々に押しつけられる国家的分類のせいで、とりわけそれらの人々は詐欺師とみなされがちである。この高い脆弱性は、「トランスの身体は、その個人的詳細が検査、診断、鑑定に供されるべきだという無礼な前提」（Heaney 2017: 237）にある程度由来する。そして、ジェンダー二分法にもとづく分類体系の欠陥を国家が認めようとしないことにも同様に由来する。「男女の二元論を超えたジェンダーは虚構でも未来形でもなく、身体化され、現に生きられている」（Salamon 2010: 95［2019: 152］）。トランス女性は、女性になりたいのではなくて、女性なのである。トランス男性は男性なのである。ジェンダー非定でジェンダー・クィアの人々は、男性でも女性でもない。こうした現実の承認を国家が拒否していること、これが国家のもう一つの不正義である。

ポストコロニアル的、帝国主義的介入

西洋諸国は、二一世紀を「ポスト人種主義」で「ポストコロニアル」な世紀として描写する。しかしながら、新自由主義的多文化主義に関連づけられる形での平等は、具体的な現実も階級序列構造もほとんど無視しているとの批判がある（Duggan 2003）。「北側」の国々は、自国のすべての市民にとって意味のある平等の実現に明らかに失敗しているにもかかわらず、ＬＧＢＴＱＩのアクティヴィズムが存在すること自体を、自分たちの寛容さと進歩の証拠であるとみなす。クィアの市民に対して「権利をもつ権利」を認めることで、「『啓蒙的』西洋国家」は、「この新しく標準化された主体を、それが抑圧される地域で、擁護する」(Weber 2016: 111) 義務を主張する。シンシア・ウェーバーは、とりわけアメリカ合衆国が自らを「ゲイの権利擁護の世界チャンピオン」と改めて位置づけ、ＬＧＢＴＱＩの市民の処遇に関して「正常な国と病理的な国」とに分けて世界を図示するようになったと指摘する。たとえば、二〇一一年一二月にジュネーブの国連本部で、アメリカ合衆国国務長官ヒラリー・クリントンは歴史的な世界人権デーの演説を行った。「ゲイの権利は人権である」と宣言したクリントンは、国家には性的マイノリティの人権を守る道徳的義務があると主張し、人々の性的指向や性自認を理由とする犯罪〔者〕化や暴力をなくそうと呼びかけた (Weber 2016: 5)。また、クリントンはオバマ大統領が以下のような政策に着手すると告げた。

アメリカ合衆国政府は今般初めて、海外にいるＬＧＢＴの人々に対する人権侵害と闘うために、次のような戦略を開始する。すなわち、海外におかれているすべての合衆国政府機関を指導して、ＬＧＢＴであること、およびそうした人々の行為を犯罪化させないよう取り組み、脆弱なＬＧＢＴの難民や亡命希望者を保護する努力を強化し、われわれの海外援助がＬＧＢＴの人々の権利擁護を確実に促進するよう図り、差別と戦う国際的組織に協力を求め、ＬＧＢＴの人々への虐待に迅速に対応する（Weber 2016: 5）。

アメリカ合衆国は、遅れた野蛮な政府に対して民主主義と平等の強制に専心する、世界の警察権力だと自らを位置づけており、他国を監視し、病理的だと思われる国を矯正し罰するために、そしてそれによって「白人ストレートが、有色のクィアを有色のストレートから救う」（Rao 2010: 139）という原理を実行に移すために、選別的な介入を行うことを自らの任務だとみなしてきた。平等と民主主義の世界規模での促進を提案することで、「人権としてのゲイの権利の西洋的擁護は、帝国の一つの手段となっている」（Rao 2016: 109）。

この新帝国主義的様式に内在する諸矛盾は、「自由主義という非自由主義」と一体不可分である（Weber 2016: 109）。ネヴィル・ホード（Hoad 2000）は、こうした現代のやり方が、初期のころに植民地の人々を異常者として構築した方法――植民化した人々を帝国主義のルールに合法的に従属させるための構築――を再現するものだと示唆している。「逸脱した」セクシュアリティについての主張は、かつて暗黒大陸に住む「低開発」で「発展不能な野蛮人」という帝国主義的言説において顕著にみられた。ダーウィニズムの進化論において鍵となる比喩は、オスの同性愛を、性的退化、文明的退化に関連づけるものだった。「『メス』は、『オス』に対して生物学的に退化した性であると理解されたが、これとまったく同じように、医学的言説において『同性愛者』は『異性愛者』に比べ生物学的に退化したものとして登場した」（Hoad 2000: 136）。いくつかの医学のテクストでは、「『同性愛の身体』を男の胎児よりも発達が遅い女の胎児と同じものだとし、新陳代謝レベルにおいては、活力があり、発達的で、異化作用をもつ細胞ではなく、不活性で受動的で、同化作用の細胞をもつと記述していた」(Hoad 2000: 136)。未開で乱交的とされた、「しかるべく文明化されていない同性愛者は、人種化されたジェンダー連続体に位置づけられ、部分的に男で部分的に女、性的雑種と記述された」(Hoad 2000: 140)。

ナイル・バンジーは、国際政治にトランスの身体を配置する基礎的な論理立てが、一九世紀および二〇世紀初頭の植民者たちの見方と現在もたいして変わっていないと示唆する。

欧米の研究者たちがしばしば用いる比較〔研究〕の枠組みは、人種的差異を見世物として位置づける身ぶり崇拝の方法を通して、セクシュアリティについてのナショナリスト的言説を自然化し、再生産するような枠組みである。トランスを自認する有色の人々は、人類学的分類法のなかで凍結され、それによって時空を超えるトリックで、ここではないほかの場所――前近代や前資本主義社会――へと移される。西アフリカの異性装の男性呪術師（シャーマン）も、ベトナムの農村の呪術師も、アンゴラのトランスセクシュアルの易者や予言者も、さらにはインドのヒジュラー〔ヒンディー語あるいはウルドゥー語で、肉体的には男性として生まれながら、女装し、女性のようにふるまう者を示す語で、歴史的にその宗教上の役割が社会的に認められてきた人々〕までもが、エキゾティックなトランスセクシュアルという名のもとに〔まとめて〕分類される。トランスジェンダーの身体性をこのように記述することは、トランスセクシュアルの差異を普遍化しつつ、他方で身体を過剰に再生産するという、二重の動きをもたらす。それは、暗黙の白人西洋的規範に対置して、次々と周縁に配置される諸民族の展示ショーのようなものである（Bhanji 2013: 521）。

白人の西洋的規範を維持する国家の営みは、進歩、自由、寛容を旗印として掲げることで、入植者たちの植民地主義の数々の不正――環境の悪化や白人至上主義に始まり、異性愛家父長制的支配や階級的搾取、とてつもない不平等の拡大まで――を、今なお存続させている（Coulthard 2014, 2018）。

国家にもとづいて正義にアプローチすることの限界

フェミニズム理論、批判的人種理論、先住民理論、ポストコロニアル理論、クィア理論、トランス*理論の理論家たちは、従来型の政治理論では省略されてしまう国家による不正義を明らかにするだけではなく、さらに国家にもとづく正義へのアプローチでは不十分であることも説得的に示してきた。国家は自らを正義の分配者、自由と平等の守護者として位置づけることで、人種的不平等、ジェンダー不平等、性的不平等をつくり出し再生産する国家自身の役割を隠蔽している。実際、国家は、平等を達成するための有意義な唯一の形式として、憲法上の形式的諸権利に依拠するが、そのことは国家自身がこれら諸権利を具体化できないことを隠す。モーガン・バシキスとディーン・スペイドは、法律上の形式的平等は人種差別主義を実質的に除去するものではないと指摘する。すなわち「世代を超える白人至上主義の構造ではなく、白人と有色の人々がもつ人種意識こそ法が取り除くべき問題だとする誤った想定に、形式的平等への訴えは立っている」(Bassichis and Spade 2014: 200)。形式的平等は「人種的差異への無関心」を助長し、持続する差別を放置する。実際、形式的平等を提唱する人々は、人種間格差の軽減を企図する積極的差別是正策(アファーマティブ・アクション)などのプログラムをなしにしようと訴えている。裁判所は、差別の証拠基準を処遇や結果の違いから「意図」へと転換させたが、採用、昇進、住宅についての訴訟事例では、この「意図」の証明は周知のように困難である(Bassichis and Spade 2014: 201)。その結果、「住宅、雇用、教育、食料および保健医療サービスへのアクセスにおける極端な人種間格差の明らかな状況、また犯罪者処罰、環境被害、および移民法執行における深刻な格差が、差別原理によって自然で不可避なものと位置づけられる」(Bassichis and Spade 2014: 201)。

人種差別による危害が、差別を行う常軌を逸した個人の問題として組み立てられ、法律違反を評決するのに意図が証明されねばならないとき、その背後にある白人至上主義の状況は暗黙裡に無関係なものとされる……批判的人種理論家たちは、公民権法がこのような動きにおいて果たす巧みなトリックを記述するために、「変化を通じた維持」という概念を提起した。従属的な状況への著しい抵抗に直面すると、法改正は現状を安定化し維持しうる範囲内での変化を用意する傾向にある……政策とその実践による明示的な排除は公的に禁じられるが、生活上の機会の不平等な配分は同じままに留まるか、アメリカ合衆国における人種化された富の集中や社会福祉の解体および犯罪化の激増によっていっそうひどくなる（Bassichis and Spade 2014: 201）。

ローラ・ショバーグは、ジェンダーにもとづく暴力を検討するなかで、「ジェンダー化された正義の法体系は、被害者としての女性に関わるものであり、それゆえ女性をエンパワーし、女性を男性と平等にして、女性特有の必要に注意を払うことをめざしている」という（Sjoberg 2016: 167）。その法体系は、厳密なジェンダー二分法の枠組みで作動しており、「女性を男性に対置するがゆえに、正義とは女性にとっての正義を意味する」（Sjoberg 2016: 170）との想定に立っている。こうした理由から、そうした正義は、自然化されたジェンダー二分法に国家が依拠することで周縁化され排除される人々にとって、ほとんど助けにならない。そしてまたそれは、女性化――出生時における男／女の割り当てよりもずっと体系的な影響をもたらす、計画された従属の実践――による危害の認識に失敗する。ショバーグはまた、検察官の自由裁量に注意を喚起する。それは、国家の保護に値する者として誰を含めるかを決定する権力を国家に付与するが、いつも決まってこの権力は、ある集団を合法としつつ別の集団には合法性を認めないために行使される。戦争犯罪の起訴のために創設された国際法廷に関しては、「起訴の形式は、文明人（起訴する側の人々）と野蛮人（起訴される側と被害者）との区別に依拠する……この区別には、犯罪者と被害者についての性差別的かつ人種差別的な本質主義の前提が具体化されている」（Sjoberg 2016: 169）。この本質主義的仮定は、国民国家内での刑事訴追でもしばしばみられる。勝訴の場合――被告人に対してジェンダー暴力の責任があると判決された訴訟――であっても、法は損害を補償しないし、ましてや帳消しにもしない。被害者の声は無機質な弁論用の証拠で覆い尽くされてしまい、裁判では、被害者には宣誓証言の場も治癒の場も、弁明の場も与えられない（Sjoberg 2016: 168-169）。

排除および搾取のいくつかの型は、非差別（nondiscrimination）という法の原理のもとで違反行為とはみなされないので、多くの形態の不正義が法的救済の範囲外におかれている。「身体上の恐怖、すなわち人種化され、ジェンダー化された構造的暴力の大規模な体制の日常的側面は、黒人人口に対して――出生前から死後にいたるまで――押しつけられる犯罪〔者〕化、移民法執行、貧困、医療化の実践にはっきりと表れている」が、法的救済は今なおそれに手をつけていない（Bassichis and Spade 2014: 196）。こうした現実を強調するために、ルス・ギルモアは「人種差別主義とは、早すぎる死にさらされる、集団差別的な危険性を生み出し活用する、国家是認の諸実践、かつ／あるいは法規外の諸実践」（Gilmore 2007: 28）と定義する。トランス＊理論家もまた、身体上の恐怖がジェンダー適合を拒否する人々の日常経験を特徴づけると強調してきた。

一部のアクティヴィストは、補償のメカニズムを何とか見つけようと、ヘイトクライム〔憎悪犯罪〕規制の立法を陳情してきた。しかしほかのアクティヴィストたちは、人種や性別を理由に抑圧されている市民の保護者として新自由主義国家を位置づけることに対して、警鐘を鳴らしてきた。サラ・ランブルは「ヘイトクライム立法が、刑事裁判制度は罰するに値する者を懲罰するという神話にもとづいており、監獄国家の暴力性、人種差別的な本質を無視している」（Lambre 2014: 155）と論じる。そのような立法への要求においては、「アイデンティティにもとづいたハラスメントを受けない権利」についての国家の「承認は、ハラスメント加害者を国家がいかに積極的に投獄するかでもっともよく測れる。そのようなやり方は、懲罰や抑止を誤って予防と混同し、社会正義を解体して投獄を保証するだけである」(Lambre 2014: 156)。さらに、ヘイトクライム法の制定と施行の要求は、アクティヴィストに警察と連携するよう求める。そのことは差別がシステムに内在するというよりも、単にシステム内の不備であると推定し、さらにこの推定は、新自由主義的監獄国家の刑罰の本質を曲解させる。ランブルが指摘しているように、「監獄とは、現状に脅威をもたらし、あるいは社会的に逸脱していると印づけられた人々からだけでなく、公式の政治経済秩序の適正な機能の外部へこぼれ落ちる人々からも、社会を隔離保護するために設計されている」(Lambre 2014: 159)。監獄は、「ある人々の生活向上と保護が、ほかの人々の暴力的封じ込めのうえに打ち立てられている」(Lambre 2014: 162) システムの表象である。ゆえに、ランブルは、「人種化された人々や地域に対して新たに集中的にねらいが定められているまさにそのとき、警察がマイノリティの保護者、パトロン、スポンサーの役割を自らの新しい仕事にしようとする」ことを許すのは間違っていると警告する。「福祉国家は打ち捨てられ、監獄国家が、監視や収監を必要とする危険な他者を再創出しつつ、正義を配分する権力を我が物にしようとしている」(Lambre 2014: 163)。

ジョン・ロールズに従って、何人かの政治理論家は、既存の国家の反‐差別政策および機会平等政策の実施がその規範可能性にまったく達していないという、批評家たちの非難を正当と認めている。そのうえで、そうした理論家は、ロールズの「公正な機会平等」の理論化が変革力をもちうると論じる。『正義論』でロールズは次のように規定する。すなわち、市民が目標を達成できるよう、国家が基本財(権利と自由、機会と権力、所得と富、そして自尊の感情）を市民に提供することを公正な機会平等は要求する。ロールズは、基本財の配分において、「政府の移転部門が個々人のニーズを勘案し、ほかの権利要求を尊重しつつ、それらのニーズに適正な重要性を割り当てる」（Rawls 1971: 276）と設定する。公正な機会平等を確実にするには、国家は、よりいっそう平等な社会を創出するために教育制度および社会福祉制度を変更しなければならないだろう。社会的最低限の基本財の保証は、各人の全面的発展に必要なものすべてを市民に提供することで、社会階級、人種、ジェンダーおよび家族的背景がもつ負の影響を中和するものでなければならない。

ロールズの公正としての正義の諸原理にのっとって国家が運営されれば、既存の社会民主主義国家や自由民主主義国家に比して、より平等な国家になるかもしれないが、しかしロールズの主張のいくつかの側面は懸念を抱かせる。ロールズは、社会・経済・政治的役割の階層序列構造を正統化する能力主義を是認している。公正な機会平等では、「才能ある人」が昇進の追求を社会的障壁によって妨害されることはけっしてない。しかし、そのことは、公正な社会で、すべての社会的役割あるいは個人的野心が同等に価値づけられることを保証しない。実際、ロールズは次のように明言する。

善に対する正の優先が、個々人の行動および人生の計画の選択に制約を課し……何が善であり、どのような形の性格が道徳的に価値があるか、したがって人々はどんな種類の人間であるべきかについて、境界を定める……正しさおよび正義の諸原理は、どのような満足が価値を有するかの限界を定め、何が各自の善の妥当な構想だといえるかについての制約条件を課す(Rawls 1971: 31-32)。

ロールズはこれら制約には問題がないと示唆する。なぜなら、そのような制約は、「同等で十分な関連情報をもって考えるすべての合理的な人々が、同一の前提から同一の結論を導き出すような」不偏の「推論方法」(Rawls 1971: 263)に由来するからである。しかし多くの批判が指摘するように、ロールズの不偏の概念は、ある種脱身体化された合理性に依存している。誰がいつどこに住み、何を欲しているかという知――すなわち自己利益ゆえに立ち位置を偏らせるであろう知――から人を解放する「無知のヴェール」のもとで、偏らない決定が下されるという。普遍的理性に関する概念化の多くがそうであるように、ロールズの合理性概念も、人種、ジェンダー、セックスないしセクシュアリティによって印づけられない、代替可能な精神《マインド》を想定している。しかし、この代替可能性が生じるのは、人種化、ジェンダー化、および異性愛化に関わって身体化された知が、道徳上無関係とみなされた場合のみである。身体化された知の妥当性を否定する国家が、前述したような肌の色やジェンダー、セクシュアリティを無視する政策と結びつくさまざまな形態の不正義を阻止するとは想像しがたい。インターセクショナリティの精緻な理論化、および不正義に拍車をかける複雑な方向の諸力に関する意識的な警戒がないならば、代替可能な精神および公平な推論を前提とする国家のイニシアティブは、エリート白人男性の経験を反映しながら無標の規範にコード化されている偏りを反復するものといえよう。

シルビア・ポウゾッコは、後期自由主義の文脈において「国家の承認は有益でもなく、明らかに肯定的なものでもなく、むしろ規範的で規律的である」(Pososco 2014: 73) と警告している。この視野に立てば、正義はつねに矛盾し混迷しており、危険、剥奪、深刻化する脆弱性および不安定さを修復することはできない (Pososco 2014: 73)。ロールズの公正な機会平等についての楽観主義よりはるかに洞察に富むと思われるのが、アキーユ・ンベンベ (Mbembe 2003: 40) による「死政治」の叙述である。それは、「死の世界」(生ける死者という地位を与える生の条件に従属させられる、社会的実存の新しい特異な形態) が現代の世界に具現化されたものである。初期の植民地化と奴隷化に結びつく人格否定や排除、追放の過程を反復することで、「死の生成が政体を構成し、そのことが日々の経験を緩慢な死へとつなぐ」(Berlant 2007: 755)。「死なせること、見捨てること、差別的に帰属させることは、後期自由主義における統治の諸形態の中核を成す……ある人口の極端でしかも平素の身体的摩耗、およびその人口のなかの人々の荒廃は、早すぎる死にさらされやすくする」(Haritaworn, Kuntsman, and Pososco 2014: 7)。死政治は、「既存の法の構造が一般的に公正で中立である」(Bassichis and Spade 2014: 199) という前提を拒絶する。「誰一人として苦悩について責められるべき者はいない……自発的に責任を負う個人を除いては」と強弁し、「貧困によって緩慢に殺すような無慈悲な法や政策について、国家の責任を免除する」(Shakhsari 2014: 93) 新自由主義の論理に対して、死政治は異議申し立てをする。

社会変革を構想する

批判的人種理論やフェミニズム理論、先住民理論、ポストコロニアル理論、クィア理論、トランス*理論の理論家たちの間で、意見の異なる点は多数あるが、以下については大方同意をしている。すなわち、現在の国家的実践が、引き続く残虐行為の責任が国家行為にあることを認められないため、喫緊の不正義を解決することができないという点である。また、アリストテレスの分配的および応報的正義という理論枠組み自体が、問題含みであるということは批判者たちも示唆している。補償的処置としての矯正的正義は、救済が可能であることを前提にする。しかしながら、サイディヤ・ハートマンが人種的不正義の脈絡において強調しているように、「不履行の大きさを考慮すれば」、そしてコモン・ローと法令の規定が危害を及ぼすうえで果たす役割をみれば、「〔法的〕救済は喪失を原状回復することも補償することもできない」(Hartman 1997: 76-77)。アリストテレスの理論では、正義は、諸個人の財および特定の諸行為の、具体的な分配に関連するものとして概念化されているため、国境の内部と外部で生活する人々の主体性=隷属性を強力に形づくる国家が実行する不正義の重要な諸側面を捉えることができない。

マーサ・アケルスバーグは、フェミニズム理論家、批判的人種理論家、クィア理論家およびトランス*理論家が「政治的なものの定義を拡大し、支配的な分析枠組みと諸カテゴリーに挑戦することで、政治と権力の作用に関する私たちの思考に、これまでとは異なるものをつけ加える」(Ackelsberg 2017: 189)と主張する。新しい問題を立てることで、理論家たちは不平等に注目し、いかにして権力がもっとも親密な個人間関係でさえ構造化するのかを明らかにする。彼らは親族間関係の再考を求めているが、それはまた政治的生活の再考、および公/私二元論についての伝統的推定に埋め込まれたすべての不平等に対する再考をも含む（Josephson and Marques 2017: 240）。

ホセ・ムニョスは、「支配的イデオロギーによる抑圧的標準化の言説に抵抗する」手段として、非同一化（disidentification）の理論を打ち立てた（Muñoz 2013: 79）。この非同一化は、伝統的理論による説明や国家機構との提携から得られる便益を拒否することで、「主体が社会的身体の制約を克服する方法を想像する」（Muñoz 2013: 83）可能性を開くものである。リー・オールトマンとペイズリー・カラは、非同一化を「認識論的正義」の見込み、すなわち「自己と身体を民主主義プロジェクトの場、および多元主義の源泉として理解する新しい方法」（Aultman and Currah 2017: 48）の発展に結びつけている。

グレン・ショーン・コールサード（Coulthard 2014, 2018）が先住民研究の脈絡で指摘しているように、西洋の政治理論の力を打破するためには、西ヨーロッパを文明の頂点とするあらゆる推定と一緒に、近代主義的歴史観を批判的に再考する必要がある。殖民植民地主義〔本国から植民地への人口移動を伴う植民地支配〕とは、先住民の土地の継続的奪取を根拠におき、そうした土地についての現代における関係性を統制する、政治的権威および司法権の諸形態に埋め込まれた支配の構造であると認識しなければならない。フランツ・ファノンが認めたように、認識論的正義は、内面化された暴力と格闘することでもある。その暴力の内面化は、奪取と政治的服従とが、了解された文化的劣等性と後進性にふさわしい対応であるとみえるように、植民地化された主体の自己像を歪め、それによって植民地化された人々に対する植民者たちの支配を確実にする方法である（Adams 1989, 1999）。認識論的正義は、それゆえ「復活（resurgence）」を含む。この計画は、「先住民およびその共同体に、先住民の認識論や彼らの政治構造、土地にかかわる経済的慣行を蘇らせることを通じて、非先住民の知を再生産する植民地主義の言説教育の場と暴力的影響から一時的に逃れるように呼びかける」(Simpson 2017: 17)。土地だけでなく精神をも脱植民地化するために、先住民は、「国家や西洋理論、あるいは白人殖民植民者の意見による承認や許可、関与なしに、自分たち自身のやり方」(Simpson 2017:17) で行動しなければならない。リアンヌ・ビタサモゥサケ・シンプソンによれば、「復活」は先住民アニシナアベ族 (Anishinaabe) の「われらへ回帰 (*biiskabiyang*)」のコンセプトに近い。それは「自分たち自身に帰るプロセス、置き去りにした物事への再関与、徹底的な展開」(Simpson 2017: 17) である。

コールサードとアダムズとシンプソンは、有意義な脱植民地化を成し遂げようとする先住民の試みに尽力するが、さらにその復活理論は、クィア理論家およびトランス*理論家が発展させている理論、すなわち既存の秩序に埋め込まれた不正義への同化に抵抗する最良の方法をめぐる議論に共鳴する。リサ・ダガンは「同性愛規範性」に対する抵抗を呼びかけるが、それは「支配的で異性愛規範的な前提や制度に異議を申し立てるのではなく」、ゲイ文化を私的化、脱政治化して、家庭生活や消費のなかにつなぎ留めることで、「それらを擁護、支持する」(Duggan 2003: 50) 政治である。ヤスビル・プアールは、「ホモナショナリズム」ともいうべき、人種化された世間体のポリティクスから撤退するよう呼びかける。ホモナショナリズムは、セクシュアル・アイデンティティ・ポリティクスをカミングアウトと市民としての認知、および法改正――これが社会的進歩の鍵とみなされる――という形で解釈するものであり、ゆえに覇権的な文化規範を肯定し、抑圧的な国家的実践に対して批判的な規範を周縁化するものだからである（Puar 2007）。

エイミイ・リンドとクリスティン・キーティングは、「同性愛保護主義」の誘惑に負けないよう警告する。それは、国家が、ＬＧＢＴの人々を迫害と支配から守ると同時に、差別的な行為、態度、信念の助長、動員を試みるやり方を隠蔽するという、国家権力の展開である。一例として、リンドとキーティングは二〇〇八年のエクアドル憲法を分析している。そこでは、性自認にもとづく差別を禁止し、また家族の定義を血縁にとどまらず、同性カップルや国境を越えた移民世帯をも含むよう変えたが、同時に婚姻は男性と女性の間のみで可能とし、養子縁組も異性のカップルだけにする規定を設けた(Lind and Keating 2013: 522-524)。同性愛保護主義の偽装の陰で、国家は市民間の階層序列構造を支えるべく国家的権威を強化し、拡大し、集中化した。先住民復活を唱える理論家たちと同様にこれらの研究者たちも、覇権的な社会規範に批判的な関係を発展させようとするとつねに随伴する困難、およびそうした努力に伴いうる辛い離別を強調している（Smith 2016: 968-969）。

たとえば、タリア・ベッチャーは、「ジェンダー表現と生殖器全体との間の表象的関係」（Bettcher 2016: 421）を拒否する試みに関わる複雑さを分析している。ジェンダー表現と生殖器との同一化は、二分法的性別についての自然化された一連の推定と、服装をセクシュアリティに結びつける視覚的コミュニケーション体系として、公の文化と個人の意識に染みわたっている。この同一化を変更するためには、ベッチャーが示唆するように、一方で性自認の主意主義的説明（人がジェンダーを「選んでいる」にすぎないという考え方）を退けながら、他方でジェンダー本質主義および生物学的決定論を回避して、「男性」「女性」

の意味するところをていねいに意味づけし直すことが必要である。そのためには、ベッチャーがいうように、エミ・コヤマの「医療、宗教および政治的権威から自己定義の権利を取り戻すこと」としての「トランス解放」の見方（Koyama 2003: 250）が、キャシー・コーエンによる、生き抜くための社会的アイデンティティおよびコミュニティにおける絆の重要性の承認（Cohen 2005: 34）によって補完されねばならない。

包摂的「トランスフェミニズム」に関するベッチャーの注意深い規定は、負の生存条件との闘争としてのボーヴォワールの自由概念――偶然性、曖昧さ、潜在可能性への関与《アンガージュマン》の要求――に共鳴する。ボーヴォワールは、身体に押しつけられた固定的地位を超越するよう、また差異は関係性のなかで生ずるものであって、他者性は規範との関係においてのみ理解しうることを認めるよう、各個人を促す。自由の行使によって具現化されるさまざまな形の人間性の開花は、本質的対立や硬直したアイデンティティとしてではなく、各主体の限定された脈絡と諸関係の媒介において、またそれを通して個別性が発展する経路だとみなされなければならない。しかしながら、課題は、超越を身体からの逃避と一緒くたにする傾向を避けること、ならびに身体性の多様な形式を重んじる自由概念を発明すること――その目的は、実在の新しい諸形式を制定し、見方を再編成し、過去の慣行の抑圧的側面を変更し、自由のために政治的共同体《コレクティブ》を結成すべく参集することにおかれる――である。

批判的人種理論、フェミニスト理論、先住民理論、ポストコロニアル理論、クィア理論およびトランス＊理論は、「二分法を超える民主的文化を創造し、植民地化する諸関係を終わらせて、全人類との共存を豊かにする相互的倫理的基礎を見いだす」ための、そしてまた、「ラディカル・デモクラシー、協同、相互関係のうえに成り立つ社会構成体」(Plumwood 1994: 196)を創造するための、それぞれ微妙に異なる示唆を包含している。不正義の諸側面に対応するために、「社会民主主義は、市民権とアイデンティティ・ポリティクスを超えて、より幅広く包摂的な、一連の平等主義的社会正義を目標として掲げることを意図する」(Mucciaroni 2017: 540)。被抑圧集団の連帯をめざして、これらの理論は、人種化された異性愛規範性が制定した抹消を取り消すために、また性差別主義、人種主義、同性愛者嫌悪、トランス嫌悪、貧困、犯罪〔者〕化、そして文化帝国主義に対する戦略を考案するために、活動の幅広い連携を促進しようとしている(Daum 2017: 364-365)。国家的不正義を明らかにして、それを打倒するために、ジョゼフ・デフィリッピスとベン・アンダーソン=ナテは、「社会正義のトリクルアップ(trickle-up)」を理論化している。それは「共同体のセーフティネットなしに路上経済や地下経済に頼って生きる人々、すなわち不法入国者や性別にとらわれない人々」が経験する苛酷な形態の暴力と差別を優先する、インターセクショナルな活動を基礎とした理論である(Defilippis and Anderson-Nathe 2017: 115-116)。デフィリッピスとアンダーソン=ナテは、現代の不正義が広く行きわたっている状況で、政策アドボカシー、サービスの提供、組織化の間でアクティヴィストが経験する緊張を認めつつ、そうしたアクティヴィストが「未来に描く世界に向けた活動と、現存する世界で目にする苦痛への対応との間で、選択すること」(Defilippis and Anderson-Nathe 2017: 126)が必要だと指摘する。さらに、この困難な選択に取り組むなかで、社会正義を求めるアクティヴィストたちが、権力関係を変革するべく努めつつ、階層序列構造をもつ組織を拒否し、直接民主主義に力を注ぐように促す。

最初期のフェミニストたちがジェンダーと政治理論に取り組んで以来、言説枠組みは劇的に変化した。クレシダ・ヘイスが示唆するように、「あらゆる系統のフェミニストが、西洋諸文化における、『女』『女らしい』を劣位語とするような価値引下げを付随した、抑圧的なセックス／ジェンダー二形性の支配を弱めるという政治目標を共有している」(Hayes 2013: 202)。ここ数十年の間に多くのフェミニズム理論家は、人種化されたジェンダー規範性の実践的範囲と力が、西洋哲学および科学の古典的テクストをはるかに超えるものだと気づくようになり、国民国家および帝国的権力の実践に注意を向けるようになった。フェミニスト学者たちは、ジェンダー、人種、セックスおよびセクシュアリティと結びつく強制的な階層序列構造に対して闘いを挑むなかで、古典的正典への批判を、生活の諸実践を分析し変革する手段として用いてきた。こうした営為において、多くのフェミニスト学者が批判的人種理論、先住民理論、ポストコロニアル理論、クィア理論およびトランス＊理論から重要な洞察を引き出してきた。

多様な分析アプローチにかかわらず、現代のフェミニズム理論は政治理論の指針、たとえば、中立的で距離をおいた冷静な分析とか、普遍的説明の追究とかいった規範を通常受け入れない。曖昧さや不確定性に通じ、自由の倫理に積極的に関与するフェミニストたちは、本質化されたジェンダー対立や固定的な支配・従属様式を認定することを拒否し、代わりに、特定の制度内部における権力のインターセクショナルな作用を分析する。このようなフェミニズム理論は、虚偽の普遍性を混乱させ、画一的固定的やり方を封じることで、社会的、政治的、知的生活の新様式を実現する条件を考え、そして生み出す新たな方法を可能にしようとしているのである。

日本語版の読者へ

エドワード・サイードは評論「移動する理論」(Said 1982: 196)のなかで、「理論は、一つの歴史上の時代や民族文化から別のものに旅するにつれ、変化し、別の時代や情況にとってはまったく異なるものになる」と指摘した。そうした変化は諸観念の創造的領有や、原語の概念にぴったり合う訳語の不在、新たな文脈に落とし込むための変更、そして言語上ないし文化的政治的な理由で翻訳が難しい構成部分の省略に起因する。一つの社会政治的な環境から別のそれへとテクストを移し替えるのは、非常に困難な作業である。よって私は、『ジェンダーと政治理論』の邦訳に時間と才能を費やしてくれた新井美佐子さん、左髙慎也さん、島袋海理さん、見崎恵子さんに深く感謝する。

私は、フェミニズム理論と政治思想の西洋的伝統との一つの出会いとして本書を構想した。西洋の哲学者たちは、善き生、統治の構造化の可能性、存在・法・道徳・戦争・(そして何よりも)自由の本質に関する概念において意見を異にするが、自由なヨーロッパ人男性の本来的な優越という点では一致する。

古代の哲学者も近代の哲学者も人間の本性について普遍的主張を展開し、その後に、女性は完全な人間ではないと示唆してジェンダーの差異を固定化し、その普遍的な主張を否定した。フェミニスト研究者たちは、正典とされるテクストのなかに人格の尊重をうたった普遍的金言を冒涜する有害な女性表象をたどり、古典的な正典における根深く体系的な性差別主義とミソジニーを確認した。女性を危険で気まぐれ、堕落していて正義を実現できない者として構築することに始まり、女性は狡猾で無慈悲、かつ利己主義で幼稚だという主張にいたるまで、政治理論家たちは社会の安寧のためにも女性自身の善のためにも、女性はコントロールされる必要がある、すなわち実際に家庭化＝馴化されるべきだと強調してきた。

古典的政治理論が誤っているのは「女性」についてだけではないとフェミニズム理論は明示した。その政治理論は身体性、公／私領域の関係、国家権力の範囲、正義の要求をも誤って構築する。正典とされるテクストは、たとえば、人種と性別は単に生物学的ないし身体的特性であると主張する。また、身体性を自然化することで、人種と性別を政治の外部、政治を超えたところに位置づける。人種と性別は――個人の適性と同じく――人間存在の本性ないし所与の側面を成すものとされ、政治とは無関係と理解される。人種差別および性別による領域の分離を強化する法と規範、組織的な諸実践に関するフェミニスト研究は、人種と性別についての根底にある見方に疑問を呈する。それらの研究は、国家が法や政策を人種化とジェンダー化――個人のアイデンティティと適性を形づくる、権力関係と不平等の諸形態の構築――の機構として用いてきたと指摘する。人種化されジェンダー化された差異の階層序列構造は、自然の所与ではけっしてなく、徹底して政治過程をとおして産出され維持されてきた。さまざまな人種と階級の女性および男性の、本性とみなされる利害関心や能力は、教育や職業、移民、市民権、役職に関して国家が定めた制限の結果である。政治は、人口内部に人種化、ジェンダー化、性別化された区分を創設、維持し、そうした区分にもとづいて異なる権利を付与するだけでなく、この人口の諸部分間に対立を固定するような言説を流布することで、人種とジェンダーを生産する。

現代の多くの政治理論家は、正典とされるテクストにあふれる露骨な性差別主義とは距離をおいているが、セックスが道徳的にも認識論的にも政治理論とは無縁であるという信念を放棄していないし、フェミニストによる哲学上の業績を取り入れて古典的正典を改訂することもしない。主流の思想家たちは、理性の普遍性と精神の作用、および認識者（knower）の置き換え可能性に関する、連動した諸概念を提示して、知の生産における身体的、時間的、地政学的特殊性への関心を排除する。あるいは、こうした特殊な現象は入念な分析をとおして除去されるべき問題だとみなす。

こうした見解に異議を唱えるために、ある潮流のフェミニズム認識論は、いつ、いかなる状況で「認識者の性別が認識論上の意味をもつ」（Code 1981, 1991）のかを特定しようとしてきた。リンダ・アルコフ（Alcoff 2007）は、認識者全員が同じく考えるという見方を排して、「一貫性、不変性、関連性、妥当性、信頼性に関する論点」への判断は、個々の認識者が置かれている状況によって変わりうると論じた。個別の経験、社会に占める位置、知覚に関する実践と習慣、推論の仕方および諸関心が、経験的、規範的主張に影響を及ぼすだろう。それゆえに、必ずしもすべての認識者が認識論的に同一でも同等でもない。

実際、アルコフが指摘するように、フェミニストたちの「批判の態度は異なっていて、ジェンダーに関するいく種類かの問題についてより豊かで、〔その批判が〕より直接的で総合的な知と経験にもとづくという意味においていっそう豊かなものであろう」(Alcoff 2007: 42)。

本書『ジェンダーと政治理論』は、政治生活を解明するためにフェミニストたちが導入した思考の、豊富な差異のいくつかを概観する。過去四〇年の間に、フェミニズム理論はさらに、批判的人種理論、クィア理論、ポストコロニアル理論、トランス*理論との出会いによって異議を申し立てられて豊かなものになった。本書はこれらの重要な異議申し立てに取り組むことによって、性別、性差、セクシュアリティ、ジェンダー、性自認、ジェンダー表現、身体性=身体化、生物学的物質性の意味、ジェンダー公正の可能性に関する現代の論争を包括的に説明しようとした。きわめて厄介な日常レベルの政治から有益な理論上の論点を抽出するために、本書では、世界各地でフェミニストと有色の人々、およびLGBTQ+のアクティヴィストの間の連携を破壊し、あるいは妨げているあからさまな対立を論じていない。ほかならぬこの抽象化が、社会正義の可能性をめぐって困難な対立に巻き込まれている多数の人々にとって、受け入れがたい怠慢だと思われるかもしれない。

日本語への翻訳を考えたとき、私はこの著作に浸透している西洋のバイアスを強く認識した。知の主張の特殊性および偶然性に関する議論を提起するに際して、本書は、ジェンダー化された排除の特定の技法と時代性、抑圧と解放のレトリック、包摂のための闘争という、西洋の文脈を前提にしている。日本の活動家たちは、「東京婦人矯風会」の設立〔一八八六年〕以来、少なくとも一三五年にわたって西洋の女性権利擁護〔運動〕に関わってきた。しかし天皇家父長制の遺産、宗教および文化の諸慣行、広島と長崎の原爆経験により誕生した平和主義の諸活動、そしてアメリカ軍の占領をめぐる緊張した歴史が日本独自の状況――そこでは、本書のいくつかの議論が的外れになる――を醸成しているのかもしれない。以下では、本論と合わせて、異文化間の関与の発展をめざし、いくつかの共通性と相違点について検討する。

特殊性を深掘りする

新自由主義的グローバリゼーションが継続する今の時代において、日本は高度に民主化、都市化、工業化した資本主義国民国家の地位を西洋諸国と共有している。世界の先進経済国の集まりであるG7〔主要国会議〕の一員として、日本もまた海外移転――賃金および生産費用が著しく低い場所への工業生産の移動――や、サービス経済への移行に伴う経済的混乱――福利厚生が備わり、相当の賃金が得られる終身雇用から、低賃金で福利厚生がない非正規労働への移行――といった課題に追われている。

権利の平等という面では、日本はヨーロッパ連合の国々よりもアメリカ合衆国との共通点が多いようだ。一九四七年公布の日本国憲法は、世界でもっともリベラルなものの一つである。ほかの国々が基本法に平等権条項をつけ加える数十年前に、日本国憲法第一四条第一項は「すべて国民は、法の下に平等であって、人種、信条、性別、社会的身分又は門地により、政治的、経済的又は社会的関係において、差別されない」と規定した。ジェンダー平等の範囲は明確に特定されている。すなわち、〔第二四条第二項〕「配偶者の選択、財産権、相続、住居の選定、離婚並びに婚姻及び家族に関するその他の事項に関しては、法律は、個人の尊厳と両性の本質的平等に立脚して、制定されなければならない」(Mackie 2000: 183)。同様に、一九四七年に制定された労働基準法もきわめて先進的で、賃金について性別にもとづく異なる処遇を禁じ、差別に際して賠償訴訟を起こす権利を女性に付与し、生理休暇、産前産後休暇、就業時間内の育児時間を女性に提供した。一九八〇年、日本は「女子差別撤廃条約」(CEDAW)に署名した最初の国家の一つとなり、一九八五年までの批准を約束した。この批准への取り組みの一環として、日本は一九八五年に男女雇用機会均等法を制定し、募集、採用、異動および昇進における差別撤廃に向けた自発的努力を企業に促した。

しかしながら日本のフェミニストたちは、ジェンダー平等のためのこうした明白な法的規定にもかかわらず、法律上の平等が顕著にジェンダー化された様式の市民権と共存していると指摘してきた。国籍法は当初、日本国籍の男性を親にもつ子にのみ日本国籍を付与するとし、それによって国籍帰属を家長としての父親に結びつけていた。ようやく一九八五年にこの法は改正され、父母のいずれかが日本国籍であれば子もそれを得られるようになった。さらに戸籍制度は、依然として大日本帝国の植民地的規則に由来するもので、究極の父／支配者としての天皇に結びつく家父長制的家系を確立し、結婚を一人の男性と一人の女性の間の関係として定義し、家族が一つの姓〔氏〕を共有し、その姓〔氏〕で新生児を登録するよう要求する。一九四八年に制定された優生保護法は、人口成長の鍵となるのは一夫一妻の合意にもとづく婚姻と生殖につながる性であるとみなした（Shimizu 2020）。さらに一九四七年制定の労働基準法も女性の深夜業および危険有害業務への就業を禁止し、そのことで女性の経歴の前途を制限する諸条項を含んでいた。これらの法律は、組み合わさって、女性のもっとも重要な務めとして母性を優先する顕著なジェンダー分業を確立する。日本の社会政策は福祉を家族の責任に帰している。子の養育であろうと高齢者の介護であろうと、女性がケア労働を担うことが期待される。それゆえ女性をパートタイム雇用に割り当てることは、ケアを担当させるために女性を「自由にする」ことである。最近の調査が示すように、日本の女性は男性パートナーの四倍もの時間を無償の家事および再生産労働に費やしている（Zahidi and Eda 2020）。

このジェンダー分業がもたらす結果は深刻である。二〇一九年、男性労働者の二三％に対して女性労働者の五五％が非正規雇用（パートタイム、臨時、周縁的労働者）である（Mishima 2019）。非正規労働の増加傾向は、ここ数十年男女双方で強まっているとはいえ、女性への影響ははるかに大きい。たとえば、二五〜三四歳層において、非正規労働者の割合は男性で一六・四％に対して、女性では四一・四％である（Takeda 2018: 60）。仕事の地位に関するこのような男女差は、賃金に直接現れる。比較対象に相当する男性と比べて女性の稼ぎは平均して、二〇〇三年六七・七％、二〇一三年には上昇して七一・三％である。さらに女性のパートタイム労働者の平均賃金を、男性正規労働者のそれと比較すると、前者は後者の半分（五〇・七％）にすぎない（Takeda 2018: 60）。賃金に関する日本のジェンダー格差は、経済協力開発機構（OECD）加盟国の最下位から二番目で、韓国だけが日本より下位にある。

世界経済フォーラム『グローバル・ジェンダー・ギャップ・レポート2020年』によれば、ジェンダー公正〔ジェンダー・パリティ〕に関して日本は一五三か国中一二一位で、二〇一九年〔版レポート〕から地位を一一下げた。このギャップ指数策定初年の二〇〇六年に日本は八〇位だったので、以来四一位の下落となる。現在のランキングでは、日本のジェンダー格差は先進経済諸国のなかで最大である。日本は、現在、政治分野のエンパワーメントにおける平等達成についてワースト一〇の国の一つである。日本にはまだ一人も女性首相が誕生していないし、国会議員のうち女性は一〇%を占めるのみで国際的にみて最低水準であり、先進経済諸国の平均より二〇%低い。この「日本語版の読者へ」を書いている二〇二一年三月現在、閣僚一八人のうち女性は一人のみで、女性閣僚は近年減少している。民間部門では、女性は要職（上級職、管理職）および指導的地位の一五%にすぎない。二〇一八年のある研究によれば、女性が主要企業の最高経営責任者になった場合、それに満足すると回答した日本人はわずか二四%だった（Zahidi and Eda 2020）。

フェミニズムがたどってきた道

このような広範な不平等が、日本のフェミニズム活動を形成してきた。日本における女性の権利運動は、ほかの先進経済国と同じように、一九世紀末までさかのぼることができる。一八九〇年に帝国議会が政治集会への参加、および政党への加入を女性に禁じたとき、日本の女性はイギリス、中国、カナダおよびアメリカ合衆国の女性たちと国境を越えた連携をはかり、キリスト教女子青年会（YWCA）や女性キリスト教禁酒同盟（WCTU、日本では東京婦人矯風会〔現在の日本キリスト教婦人矯風会〕として知られる）といった組織に加盟した（Maloney 2010: 94-5）。西洋の「姉妹たち」の後援を受け、彼女らの屈辱的な文化的固定観念に悩まされはしたが、日本の裕福な活動家女性は創造的な戦略を考案し、市民権（国籍、参政権、政治的関与）の権利や教育機会、性道徳および家父長制的家族支配にかかわる諸改革を強く求めた。同時に、労働者階級の女性たちは、労働条件の改善および経済的公平を強く主張するべく、社会主義やアナーキズムの組織に加わった。しかしながら、こうした国境を越えた結びつきは、キリスト教組織の場合であろうと社会主義団体の場合であろうと、女性の権利の擁護者に対する日本人男性の非難を招いた。活動を駆り立てたのは日本の諸状況だったにもかかわらず、「フェミニストたち」は国民文化とは両立不可能な外国の観念を輸入している、あるいはまさに西洋帝国主義を取り込んでいるとして非難された（Maloney 2010: 90）。アメリカ合衆国が一九二四年に日本からの移民を禁止した際、アメリカの組織とつながる日本人女性の忠誠心に対して疑いがさらに深まった。一九三〇年代をとおして日本の軍事政権は女性参政権活動家を厳しい監視下においた。〔一九四一年一二月の〕真珠湾攻撃後、アメリカ合衆国とのあらゆる絆は断ち切られた。

戦後、アメリカ占領軍の強圧的な支配下で、マッカーサー連合国軍最高司令官は、一九四七年憲法に定められた女性の平等権の保障を含む、彼が「普遍的価値」と呼ぶものを押しつけた——皮肉にもアメリカ合衆国女性はまだそうした保障を得ていなかった（Maloney 2010: 99）。一九四六年には、二一世紀になるまで再現をみないほど数多くの女性が国会議員に選出された（議席の八・四％を獲得した）。その後の選挙では女性が議席の三％を確保することはめったになかったし、閣僚の地位に就く女性もほとんどいなかった（Shin 2015）。主流の政治や労働組合活動から追いやられた女性は、一九五〇年代に、食の安全や環境に有害な工業活動だけでなく、食糧不足や物価高、欠陥製品の問題に取り組むために地方で結集した。多くの主婦が自分たちの活動は家政の責任の延長にあると考え、家庭、経済、政治領域と、生産と消費の不可分性との間の複雑にからみ合う関係を強調した。主婦たちはまた平和を優先した。女性たちは平和と核兵器廃絶を求めてまずは近隣で組織し、さらに地域的、全国的な組織を創設し、全国地域婦人団体連絡協議会、主婦連合会、新日本婦人の会および母親大会の連携をつくり出した。一九六〇年代には、アメリカ合衆国との安全保障条約の更新に対する大規模な抗議活動（「安保闘争」）を開始し、日本国内にあるアメリカ軍基地への反対運動を行った。女性活動家たちは、アメリカ軍による北富士の「入会地」収用に対する闘いにおいて、軍事演習場にある仮兵舎の占拠を含めて積極的、消極的に抵抗し、その後にイギリスにおけるグリーナムコモンの反対派や世界中の環境活動家たちの先例となった。

自分たちの活動を社会的母性やコミュニティに対するケアという概念に根拠づけることで、これらの活動家の多くは自らをフェミニストとはみなさなかった。しかしながら、彼女たちの活動は必然的に男性の黒幕たちと衝突した。女性たちはゴミや合成洗剤、環境汚染物質、学校給食プログラムに関する政策を変更するよう、地方の行政官や公選による当局者に請願や要望を提出したが、それらはいつも無視された。アメリカ軍基地撤廃および核兵器廃絶の要求はまったく聞き入れられなかった。権力を握る男性たちの妨害に遭って、多くの活動する主婦たちは日本において作動するジェンダーの制約を鋭く認識するようになった。そこから、社会におけるジェンダー諸関係および公私領域に浸透する性差別主義に対するラディカルな批判が生まれた。日常生活の身近な問題を解決するために地域で結集していた女性たちは、ジェンダー・ポリティクスを批判するに至った（Mackie 2000; Shin 2015）。

教育を受けた女性たちが、雇用あるいは政治参加を通じた有意義な自己実現の欠如からくる諸矛盾を経験するようになった一九七〇年代には、フェミニズムが盛んになり、さまざまな形をとった（Mackie 2000: 186）。フェミニズムのなかには、憲法が保証する機会平等を実現するために制度的変化を要求し、また名門大学が女性に門戸を開き、官公庁および民間産業における意思決定の地位への経路が創設されるよう求めるものもあった。改良志向のフェミニストは、性差別主義的でない教育、家族法の改正、離婚に際しての公平な権利、公営の保育施設、性による差別を廃した国籍法改正、賃金だけでなく昇進および退職をも含む機会平等法の拡大を求めて戦った。「ぐるーぷ闘うおんな」は、母親に対する福祉を考慮する検討項目から経済的な負の影響を排除することで人工妊娠中絶法を制限しようとした、保守派の企みと闘うために組織された。斎藤千代は、東京に女性のための情報センターを立ち上げ、女性が公的領域でスキルを発揮できるよう人材バンクを創設し、意識向上のための活動グループや自己肯定訓練のワークショップを組織した。「リブ新宿センター」は共同生活と共同子育てを試みた。マスメディアが無視する女性問題を議論するために、ミニコミ誌が次々と生まれた。ラディカル・レズビアンがいくつかのグループを組織し、「レズビアン・フェミニスト・センター」を創設して、連帯、意識向上および護身術の訓練の場を提供した。雑誌『女・エロス』は理論的文学的観点から、セクシュアリティ、結婚、売買春、労働および政治の諸問題を探究した。フェミニストはまた最初のレイプ救済センター〔東京・強姦救済センター〕を東京に開設した〔一九八三年〕。一九八二年には七〇以上のフェミニスト団体が集まって、人工妊娠中絶を認める理由のなかから経済的理由条項を取り除こうというさらなる企てを阻止するため、「阻止連」〔優生保護法改悪阻止連絡会〕を結成した。彼女たちのキャンペーンは、保守派の人々が女性を単に国民再生産の手段とみなし、女性に家事労働を押しつけ、女性の生殖に関する自由を否定する諸政策を永続させようとしていると断罪した（Mackie 2000: 185-196）。

人工妊娠中絶へのアクセスに対するさらなる制限を阻止すべく結集するなかで、日本のフェミニストはナショナリズムを厳しく批判し、その批判は一九九八年出版の上野千鶴子著『ナショナリズムとジェンダー』においてさらに精緻化された。フェミニストたちは、「国民」「人民」といった包摂的言語と、日本国民の一員であることを構成する、ジェンダー化された根強い排除との間にある亀裂に注目した。形式上の法的平等にもかかわらず、国家は、「共通善」のために女性の身体に対する規制を公認する、明白にジェンダー化された市民権の階層序列構造を維持してきた。国家は再生産を命ずる正統な権利をもつと主張し、出産奨励政策および中絶禁止の政策をとおして再生産行動を政治問題化した。国家が生命と健康を保護するために、また国民の人口を増加させる、あるいは少なくともそのさらなる減少を防止するために行動するにつれ、女性の再生産能力は「公的なものにされ」た——公的な規制と関心の標的にされた。

ナショナリズムに対する、信念にもとづいた批判は、日本のフェミニストが、国連による一連の会議、すなわちメキシコシティおよびベルリンで開催された一九七五年の国際婦人（女性）年世界会議、続くコペンハーゲン（一九八〇年）、ナイロビ（一九八五年）および北京（一九九五年）での世界女性会議、さらに世界人権会議（一九九三年、ウィーン）および国際人口開発会議（一九九四年、カイロ）を通じて、国境を越えアジア、さらに世界に活動の場を広げていたのと同時期に起こった。日本のフェミニストたちの国際問題への参与は、「慰安婦」論争が登場した一九九〇年代には政府との直接対立をもたらした。第二次世界大戦中日本によって植民地化され、あるいは占領された九か国（韓国、北朝鮮、中国、フィリピン、インドネシア、台湾、マレーシア、東ティモール、オランダ）の女性たちが日本政府に賠償を請求したことで、この論争に火がついた。日本の裁判所に法的救済をくり返し要求し、また国連人権委員会およびほかの国連機関においても成果を得られないことが明らかになったのち、国際的に活動するフェミニストたちは二〇〇〇年に東京で「日本軍性奴隷制を裁く女性国際戦犯法廷」を組織した。

女性国際戦犯法廷の組織を支援した日本のフェミニストたちを代表して、松井やより（2000）は次のように述べた。「正義と尊厳を求める『慰安婦』の叫びに応えることなしに、女性に対する暴力のない二一世紀をつくることはできないと考えた日本の女性たちは……全国で支援団体を組織し始めた……加害国の女性である私たちは、彼女たちの勇気に強く動かされ、サバイバーである女性たちからの訴えに応えることが私たちの道徳的責任だと考えた」。女性国際戦犯法廷に提出された証拠は、一三か国のフェミニスト活動家たちが実施した一〇年以上にわたる調査から得られた。その調査は、日本軍によって強制的に性奴隷制に従わされたアジア各地の二〇万人以上の女性の経験を注意深く記録した。フェミニスト研究者や活動家は、この虐待の範囲を記録するのに加えて、歴史家と協力しながら、日本の各省庁およびアジア諸国の最近機密解除された文書のなかから、大日本帝国軍が「慰安婦」システムの制度化を日本の戦争機構の成功に不可欠だとみなしていたことを証明する記録を特定すべく働いた。士官による兵舎への女性の派遣要求、女性たちの積み込み命令、移送手段の詳細、医学検査に関する実施の詳細、切符システムや時間割は、「慰安所」における女性への容赦ないレイプが「戦争における不可避の成り行きでも戦争の道具ですらもなく、まさに戦争のエンジンを成しており、女性の性奴隷化は軍事目的を達成するのに必要だと考えられていた」（Chinkin 2000: 9）と暴露した。

女性国際戦犯法廷は日本に対する訴訟を審理するために本物の判事を募集した。旧ユーゴスラビア国際刑事法廷前所長を務めたガブリエル・カーク・マクドナルド判事、国際女性法律家連盟会長のカルメン・マリア・アルヒバイ判事、そしてケニアの人権弁護士・法律家のウィリー・ムトゥンガ判事が裁判長を務め、二〇〇〇年一二月の審問の終わりに予備判決を、そして二〇〇一年一二月にハーグで確定判決「日本軍性奴隷制を裁く女性国際戦犯法廷判決」を言い渡した。予審判決も確定判決も、当時の適用可能な法に照らして天皇裕仁は人道に対する罪において有罪であり、日本政府は人道に対する罪にあたる奴隷制や人身売買、強制労働およびレイプにかかわる条約上の義務および国際法の諸原則に違反した責任があるとした。「慰安所」が体系的に制度化され、軍事政策の問題として管理されていたことを示す証拠を見いだして、判事たちは賠償を勧告した。

保守派の人々にとって、日本のフェミニストたちが女性国際戦犯法廷に関与したことは、反逆罪にも匹敵する裏切りを示すものだった。フェミニストたちは天皇の名誉を傷つけ、保守派が組織的に否定してきた〔性奴隷の〕実践の責任を日本軍に帰し、韓国および中国との外交関係を悪化させ、国民的想像界（イマジナリー）の鍵となる学校教科書の内容について論争を引き起こした。保守派は、歴史修正主義の「新しい歴史教科書をつくる会」設立から、フェミニスト活動家や政策策定者、学者たちに対する殺害の脅しにいたるまで、激しい反フェミニスト攻撃をくり広げて反撃した（Levy 2014）。

清水（Shimizu 2020: 90）が指摘するように、日本における反フェミニズムのバックラッシュは、「政府があからさまに、また組織的にそれを主導し、与党自由民主党（自民党）の主要な支持者である道徳的、宗教的保守の草の根の人々によって焚きつけられ、支えられた」という独自性をもつ。もっとも顕著なのは、政府がこの運動を行うにあたって、フェミニズム言説のいくつかの用語を取り入れたことである。ジェンダー平等を達成するために体系的行動をとるよう各国に約束させた一九九五年「北京行動綱領」の言葉をうまく利用して、日本政府は一九九九年に男女共同参画社会基本法を可決した。「しかし、原文の日本語の男女共同参画社会を逐語的に翻訳すれば、『男女が共同して参画する社会』のようになろう。換言すれば、『基本法』は平等にも反差別にも関わるものではなく、男女が一緒に協力して働き、寄与する社会に関する」ものである。このような概念化は、相補的なジェンダー分業によって構造化された日本の伝統的家族と完全に両立する（Shimizu 2020: 90）。二〇〇五年、自民党政府は「きわめて過激な性教育・ジェンダーフリー教育実態」を調査するプロジェクトチームを任命した。このチームは、「『ジェンダー』

という用語は定義が十分に明確でなく、さらにジェンダー研究が性差を否定し、結婚と家族を否定的にみて伝統的日本文化を破壊しようとしているがゆえに、その語〔ジェンダー〕を」政府が「使用するべきではない」と勧告した（Shimizu 2020: 91）。この報告は、長年にわたる考えをそのまくり返し、ジェンダーおよびジェンダー平等に関するどんなことも「美しい」日本の伝統と文化を脅かす破壊力として拒否した（Takeda 2018: 51）。

フェミニズムは日本の伝統や価値観と相容れず、「家族」を脅かすと特徴づける保守派の人々は、日本のフェミニストを「外国の利益」と「極端な個人主義」の両方に結びつけ、自分たちを日本のあらゆる神聖なものの守護者と位置づける。そうした人々は、女性を周縁化し続ける多種多様な構造的障害や、LGBTQ＋の市民を差別する法や政策に対する国家の責任について議論しない。また、「自然の性差」というレトリックを動員して、正義と公正の議論を阻む。多くのフェミニストは、身体化された差異の自然化をくわしく探るよりも、家族の解体や子どもたちに「ジェンダーフリー」になるのを求めることを否定するほうを選んだ。それによってフェミニストは、ゲイ、レズビアン、トランスのアクティヴィストとLGBTQ＋のアクティヴィストたちの間に反目を持ち込む。さらに改良志向のフェミニストとLGBTQ＋の連帯を放棄することになった。

清水によれば、悪意に満ちたトランス嫌悪やトランスミソジニーをイギリスと韓国から持ち込んで、状況をより悪化させたシスジェンダーのフェミニストもいたという。世界的な #MeToo 運動へのインターネット上での呼びかけの最中に一部の日本のフェミニストは、セクシュアルハラスメントおよび性暴力に関する自らの告発を行うとともに、危険は力のある男性との関係のみにあるのではないと主張した。このフェミニストたちは、トランス女性に対するアイデンティティの無効化というおなじみのやり方を実行することで、人の「本当のジェンダー」は戸籍に記録されている性別だと主張する極端な保守派に共鳴する。こうした動きはトランスの存在を否定するとともに、苦労して獲得したシス女性の権利や、男女別の化粧室における女性の身体的安全とに対する脅威としてトランス女性を構築することにもなった（Shimizu 2020: 101）。清水は、日本におけるトランス嫌悪および同性愛に対する敵意の近年の増大を調査して、次のように嘆く。「バックラッシュという難しい政治情勢のなかでの生き残りに集中するため、二〇〇〇年代初頭の日本において主流のフェミニズムは、インターセクショナリティを断念し、フェミニズム……およびジェンダー・マイノリティやセクシュアル・マイノリティを見捨てた」（Shimizu 2020: 93）。

自民党のバックラッシュ運動は追加的な利点をもたらす。すなわちそれは、新自由主義的改革がもたらす深刻な経済的混乱から人々の注意をそらして、その代わりにフェミニストに罪を負わせて、敵意を向けさせ、意味のある変化などまったく期待できない机上のジェンダー平等促進政策の生成を正統化する。フェミニスト研究者たちは、新自由主義が不平等を拡大していることを明らかにした。二〇一〇年代には、日本に住む一〇人中七人が三〇年前よりもひどい経済的不平等のもとにいる（Hardoon, Ayele, and Fuentes-Nieva 2016）。こうした経済的悪化のなかで女性たちの生活はより困難になっているとはいえ、男性もまた苦境にある。それでも保守派の指導者たちは、新自由主義の諸政策が原因として果たす役割に注目するのではなく、ますます数が減っている職をめぐる階層間競争における武器としてジェンダーを利用する。保守派の指導者は、女性の権利に反対して低所得の男性を持ち出し、他方で男性のために職を生み出し、かつ低下する出生率を速やかに反転させるために、女性が職を手放して家庭に留まるように圧力をかけるプロパガンダ作戦を展開する。指導者たちは、男性の経済的苦境の原因をフェミニストによる経済的、政治的平等要求にすり替え、そうした男性たちの怒りと恨みをかき立てて、公私における暴力を激化させている。ドメスティック・バイオレンスや性暴力、反社会的暴力、複合的な社会不安、これらの増加は経済的混乱状況においてすべて密接に関連している（Tetreault 1999; IFJP 2006）。

フェミニズムはまた、この数十年間における六六％の離婚増、七二％の母子世帯増、さらに未婚や子どもを持たないことを望む女性の増加に対する責めを負わされている（Semuels 2017）。政府は人々の注意をフェミニストの利己的な個人主義へとそらすことで、伝統的な結婚が女性に押しつけるケアの不公平な負担、出産休暇や適切な保育および高齢者介護施設・サービスの欠如が余儀なくする、職業と家族の両立不可能、正規雇用を維持する特権的労働者に課される異常な長時間労働が生む継続的不公平を隠蔽する。

政府は構造的問題から注意をそらし、二一世紀の社会、経済、政治の諸課題の解決を散漫な戦略に頼る。日本政府は、ジェンダー平等についての日本特有の概念化、すなわち男女の共同参画を援用して、とうてい実現の望みのない平等目標を公式に定める。女性（二五〜四四歳）の労働力率を二〇一二年の六八％から二〇二〇年には七三％へ上昇させる、保育所定員を四〇万まで増やす、そして指導的地位における女性比率を三〇%まで高めるとする政策目標を含む、女性の潜在労働力を活用するための一連の取り組みの導入を約束した、「女性が輝く日本」を創成する「ウーマノミクス」に安倍晋三は舵を切った（Takeda 2018: 50）。しかし、武田宏子が証明するように、これらの目標は、重大な構造的障害を無視しており、実現不可能である。非正規雇用への女性の集中は子育てのためのキャリア中断と結びついていて、三〇代、四〇代の女性が正規雇用に復職する機会は著しく狭められている。その結果、官民両方のセクターにおける指導的地位ないし管理職に求められるキャリア形成ができる女性はあまりにも少ない。そのうえ、現行経済における正規労働者と非正規労働者の間の制度的構造的格差ゆえに、指導的地位にいる女性の数は、この先もしばらく少ないままである可能性が高い。低下する出生率を懸念する安倍政権は、出産奨励政策による刺激で後押しし、合計特殊出生率上昇の数値目標を導入した。「アベノミクス」は、女性のエンパワーメントを促進するというより、戦時のスローガン「産めよ増やせよ」を反復する（Takeda 2018: 65）。ゆえに武田は、全体的戦略としての「安倍政権下での家族・ジェンダー政策の改革は、女性に対する古いおなじみの政治メッセージ、すなわち市場の基準にのっとり、かつ家族的責任が許す範囲において、有給雇用に参加しつつ、他方で再生産のよき担い手であれ、というメッセージの強化版として読める」と結論する（Takeda 2018: 65）。

架橋する

日本のアクティヴィストたちは、社会正義を追求するうえで恐るべき障害に直面している。悪意に満ちたバックラッシュによって、継続する不平等はいっそうひどくなっている。漫然たる戦術としての、自然の性差というレトリックは、トランスの存在をありえないものとして構築すると同時に、フェミニストとLGBTQ+による平等の要求を自然の秩序に対する冒涜として構築する。そのような誤った要求は、伝統的な日本の価値観を脅かす、外国からの輸入物だとみなされ、社会正義を求めるアクティヴィストは、その反逆的な性質ゆえに政治に関する共同体から排除されて当然だと考えられて、永遠のアウトサイダーに位置づけられる。バックラッシュのレトリックは、差異を武器にして反フェミニズム、同性愛嫌悪、トランス嫌悪およびトランスミソジニーを標準化する（Murib 2020: 299)。包摂と平等な市民権を求めるアクティヴィストは、バックラッシュ論者によって用意された論争の枠組みを受け入れてしまうとき、社会変革のプロジェクトにおける連帯と提携の可能性を〔自ら〕打ち砕く。

本書『ジェンダーと政治理論』における議論は、「闘いのさまざまな場面で性差の自然化に対抗」（Haraway 1991b: 131〔2017: 250〕）し、国家による市民間の階層序列構造の産出を解明し、包摂的な政体への頑強な構造的障害に焦点を当て、社会正義に向けた合同戦略を計画する。これらの議論が日本のアクティヴィストや学者の間で共振することを願う。

訳者あとがき

本書は Mary Hawkesworth, *Gender and Political Theory: Feminist Reckonings*, 2019, Polity の全文、ならびに著者から本書刊行に際して寄稿された「日本語版の読者へ」の邦訳である。

著者のメアリー・ホークスワースは、女性学およびジェンダー学で高名なアメリカのラトガーズ大学でフェミニズムや女性と政治に関する科目を長年担当し、「著者紹介」にある「主要著作」をはじめ重要な研究業績を多数発表している。また、ジェンダー、フェミニズム、セクシュアリティを対象とする学術雑誌として国際的に知られる、一九七五年創刊の *Signs: Journal of Women in Culture and Society* の編集長を二〇〇五年から一〇年間務め、現在は名誉編集員に名を連ねるなど、数々の要職歴を有する。本原書は、右記領域における主要論者の一人たる著者の現時点での最新著である。

本書は以下のように構成されている。

第一章の「性別化された身体——挑発」では、冒頭にカナダで近年争われた性別認定をめぐる裁判事例の詳細をおき、読者を本論へと導く。すなわち、その事例が投げかける種々の難問に「政治理論の西洋的伝統は即答することができない」ことを指摘し、フェミニズム理論が批判的人種理論、ポストコロニアル理論、クィア理論、トランス＊理論と交わることで拓きえた射程を確認する。

続く第二〜六章では、各章で掲げた論点についてフェミニズム理論を用いて解き明かそうとする。まず第二章の「ジェンダーを概念化する」では、言語学や自然科学をはじめ諸分野においてジェンダーがどのように捉えられてきたかをセックス、セクシュアリティに関連させつつ論じ、その概念に関する既存の分析を批判的に整理する。次の第三章「身体化＝身体性を理論化する」では、西洋政治哲学における身体化＝身体性が人種差別主義的、性差別主義的、異性愛主義的な社会関係の構築に寄与したとして、その例証を大きな歴史的空間的枠組みの中から列挙する。そして、第四章「公的なものと私的なものを描き直す」で、そうした諸々の差別主義的関係や権力関係が公／私領域の双方で前提、ならびに再生産されていることを裏づけたうえで、第五章の「国家と国民を分析する」において「公的領域と私的領域のリベラルな構築が抱える構成的な矛盾」を分析し、国家を再検討する。つまり、伝統的な政治理論による隠蔽を暴く。さらに最後の第六章「不正義の概念をつくり直す」で、そのような分析や再検討を通じて浮かび上がってきた、国家が関与する不正義の数々を告発する。本書が描くフェミニズムの一連の営為は、著者によれば「社会的、政治的、知的生活の新様式を実現する条件を考え、そして生み出す新たな方法を可能にする」。

今日のフェミニズム研究に不可欠な視点である「インターセクショナリティ（交差性）」を全編にわ

たって前面に押し出し、豊富な事例や広範囲の先行研究をふまえて政治理論の近代以降の基軸（ロックやルソーなど）に異議申し立てをする本書は、積年のフェミニズム研究の大いなる成果といえよう。近年相次いで邦訳されたペイトマン『社会契約と性契約』（Pateman 1988〔2017〕）や『秩序を乱す女たち？──政治理論とフェミニズム』（Pateman 1989〔2014〕）、オーキン『正義・ジェンダー・家族』（Okin 1989〔2013〕）、ヤング『正義と差異の政治』（Young 1990〔2020〕）などとも軌を一にする。こうした特長を強調すべく、翻訳にあたって副題を『インターセクショナルなフェミニズムの地平』に変更した（原書副題は『フェミニストの見解』（*Feminist Reckonings*））。

ここで、この翻訳を手がけた経緯についてふれておきたい。本企画は、公益財団法人東海ジェンダー研究所で水田珠枝さん（同研究所顧問、名古屋経済大学名誉教授）を中心に長らく続いてきたフェミニズム研究会が、二〇一七年一一月に名古屋大学に開館したジェンダー・リサーチ・ライブラリへと開催場所を移したのを機に、同大学院生はじめ新たな参加者を得て再出発した「フェミニズム・ジェンダー読書会」の有志による発案から始まった。日本の大学では、女性の教員が少ないこともあってか、フェミニズムやジェンダーについて体系的に学ぶ授業や機会に恵まれているとはいいがたい。そのような状況下、右記読書会は、研究領域や世代はさまざまでありながら、フェミニズムやジェンダー、セクシュアリティへの知的関心を共有する学内外の参加者が学び、意見を交わす得がたい場となっている。そこで学んだものを何かしらの形として結実できればとの思いから、参加者の一部で翻訳書刊行の立案にいたった。複数の候補文献から本原書を選んだ理由には、学術研究の参照文献としてのみならず、大学や大学院での授業やわれわれの読書会と類似の研究会で用いるテキストとしても推薦に値することに加え、前段末に記した近年刊行の関連邦訳書を読書会で取り上げており、その際の参加者間での議論を（本原書の）訳出に活かせることもあった。「#MeToo」はじめフェミニズムが運動としても学問的にも世界規模で大いに注目を集め、一九九〇年代における「ジェンダー」に続いて、「LGBTQ」や「性的マイノリティ」が日本でも人口に膾炙するようになった昨今、本訳書が多くの人にとってフェミニズムやジェンダー、セクシュアリティについて学ぶ、考える一助となれば幸いである。

翻訳作業は、まず、第一・四・五章を左高、第二章前半を新井、同後半および第三章を島袋、第六章および「日本語版の読者へ」を見崎がそれぞれ試訳し、それをたたき台にして訳者全員で全体の推敲をくり返した。この推敲の段階が、新型コロナウイルス感染症対策措置の開始期と重なり、オンラインでの共同作業や制約つきの図書館利用を余儀なくされた。とくに前者は、突然の、授業や会議をはじめ「何でもオンライン」状況に悪戦苦闘中だったこともあり、なかなか大変であった。数か月にわたって週に一度、毎回数時間を費やしての訳語や原文解釈をめぐる（ときに熱い?!）論議を経て完成させた訳文が、世代も専門も異にする訳者四名のいわば補完性を一助に、原書の広範な内容を正しく伝えられていれば本望である。むろん、誤訳などあればその責は訳者が負う。忌憚ないご指摘、ご教示を賜れれば幸甚である。

最後に、本書の刊行に関わってお世話になった方々への謝辞を記して本稿を閉じたい。まず何より、まったく面識のない訳者からの突然の申し出にもかかわらず、翻訳ならびに「日本語版の読者へ」の寄稿をご快諾下さった著者のメアリー・ホークスワースさんに感謝申し上げる。とりわけ「日本語版の読者へ」の原稿を「早いほうがいいと思って」と（エージェントを介さず）訳者に直接お送り下さったご厚意には今でも感に堪えない。続いて、「フェミニズム・ジェンダー読書会」の参加者、ならびにその会場を提供下さっている公益財団法人東海ジェンダー研究所に対してありがたい思いでいっぱいである。既述のとおり、同読書会なくして本訳書はありえなかった。また、複数の候補文献から本原書を選定するにあたって有益な助言を下さった長山智香子さん（名古屋大学大学院人文学研究科教員）にも謝意を表したい。そして、明石書店の武居満彦さん、田島俊之さんには、諸々厳しい状況下、つねに温かいご対応と丁寧なご教示で出版まで導いていただいた。心より御礼申し上げる。

訳者一同

二〇二二年二月

Models from Japan and South Korea." In Mino Vianello and Mary Hawkesworth, eds. *Gender and Power: Toward Equality and Democratic Governance*, pp. 344-365. London: Palgrave MacMillan.

Takeda, Hiroko. 2018. "Between Reproduction and Production: Womenomics and the Japanese Government's Approach to Women and Gender Policies."『ジェンダー研究』(お茶の水女子大学) 第 21 号、pp.49-69.

Tetreault, Mary Ann. 1999. "Sex and Violence: Social Reactions to Economic Restructuring in Kuwait." *International Feminist Journal of Politics* 1 (2): 237-255.

Ueno, Chizuko. 1998. *Nashonarizumu to jendâ*. Tokyo: Seidosha.〔上野千鶴子(1998)『ナショナリズムとジェンダー』青土社〕

Zahidi, Saadia and Makiko Eda. 2020. *Global Gender Gap Report 2020*. World Economic Council, https://www.weforum.org/agenda/2020/03/international-womens-day-japan-gender-gap.

197–214.

［日本語版の読者へ］
Alcoff, Linda. 2000. "On Judging Epistemic Credibility: Is Social Identity Relevant?" In Shannon Sullivan and Nancy Tuana, eds. *Race and Epistemologies of Ignorance*. Albany, NY: SUNY Press.
Code, Lorraine. 1981. "Is the Sex of the Knower Epistemologically Significant?" *Metaphilosophy* 12: 267-276.
Code, Lorraine. 1991. *What Can She Know?* Ithaca: Cornell University Press.
Haraway, Donna. 1991b. "Gender for a Marxist Dictionary: The Sexual Politics of a Word." In *Simians, Cyborgs and Women*. New York: Routledge, pp. 127–148.〔高橋さきの訳（2017）「マルクス主義事典のための『ジェンダー』――あることばをめぐる性のポリティクス」『猿と女とサイボーグ――自然の再発明』新装版、青土社〕
Hardoon, Deborah, Sophia Ayele and Ricardo Fuentes-Nieva. 2016. *An Economy for the 1%. Oxfam International*. https://www.oxfam.org/en/research/economy-1.
IFJP. 2006. Special Issue: Gender Violence and Hegemonic Projects. *International Feminist Journal of Politics* 8 (4):467-659.
Lévy, Christine. 2014. "The Women's International War Crimes Tribunal, Tokyo 2000: A Feminist Response to Revisionism?" *Clio: Women, Gender, History* 39.
http://journals.openedition.org/cliowgh/508.
Mackie, Vera. 2000. "Feminist Critiques of Modern Japanese Politics." In Bonnie G. Smith, ed. *Global Feminisms Since 1945*, pp. 180-201. London and New York: Routledge.
Maloney, Barbara. 2010. "Crossing Boundaries: Transnational Feminisms in Twentieth Century Japan." In Mina Roces and Louise Edwards, eds. *Women's Movements in Asia*, pp. 90-109. London and New York: Routledge.
Matsui, Yayori. 2000. "Women's International War Crimes Tribunal on Japan's Military Sexual Slavery." http://globalag.igc.org/elderrights/world/women.htm.
Mishima, Daichi. 2019. "Japan Sees Record Number of Women Working, but Challenges Remain." *Nikkei Asia*. July 30. https://asia.nikkei.com/Economy/Japan-sees-record-number-of-women-working-but-challenges-remain.
Murib, Zein. 2020. "Backlash, Intersectionality and Trumpism." *Signs: Journal of Women in Culture and Society* 45 (2): 295-302.
Said, Edward. [1982] 2000. "Traveling Theory." In Moustafa Bayoumi and Andrew Rubin, eds. *The Edward Said Reader*. New York: Vintage Books.
Semuels, Alana. 2017. "Japan is No Place for Single Mothers." *The Atlantic*, September 7, https://www.theatlantic.com/business/archive/2017/09/japan-is-no-place-for-single-mothers/538743/.
Shimizu, Akiko. 2020."'Imported' Feminism and 'Indigenous' Queerness: From Backlash to Transphobic Feminism in Transnational Japanese Context."『ジェンダー研究』（お茶の水女子大学）第 23 号、pp.89-104.
Shin, Ki-young. 2015. "Women's Mobilizations for Political Representation in Patriarchal States:

Warner, Michael. 1991. "Introduction: Fear of a Queer Planet." *Social Text* 9 (4): 3–17.

Warner, Michael. 1993. *Fear of a Queer Planet.* Minneapolis: University of Minnesota Press.

Weber, Cynthia, 2016. *Queer International Relations: Sovereignty, Sexuality, and the Will to Knowledge.* Oxford: Oxford University Press.

Weber, Max. 1919 [1946]. "Politics as a Vocation." *From Max Weber: Essays in Sociology*. Hans Gerth and C. Wright Mills, trans. and eds. New York: Oxford University Press, pp. 77–128.〔野口雅弘訳（2018）「仕事としての政治」『仕事としての学問 仕事としての政治』講談社〕

Weinrich, James. 1982. "Is Homosexuality Biologically Natural?" In William Paul, James Weinrich, John Gonsiorek and Mary E. Hodveldt, eds. *Homosexuality: Social Psychological, and Biological Issues*. Beverly Hills: Sage Publications, pp. 197–211.

Weismantel, Mary. 2013. "Towards a Transgender Archaeology: A Queer Rampage through Prehistory." In Susan Stryker and Aren Azira, eds. *The Transgender Studies Reader 2.* New York: Routledge, pp. 319–334.

Weiss, Jillian Todd. 2001. "The Gender Caste System: Identity, Privacy, and Heteronormativity." *Law and Sexuality* 10 (1): 123–186.

West, Candace and Zimmerman, Don. 1987. "Doing Gender." *Gender and Society* 1 (2): 125–51.

Willen, Diane. 1989. "Women and Religion in Early Medieval England." In Sherrin Marshall, ed. *Women in Reformation and Counter-Reformation Europe: Public and Private Worlds.* Bloomington: Indiana University Press, pp. 140–188.

Wilson, Edward O. 1975. *Sociobiology: The New Synthesis.* Cambridge, MA: Harvard University Press.〔坂上昭一他訳（1999）『社会生物学』思索社〕

Wilson, Edward O. 1978. *On Human Nature.* Cambridge, MA: Harvard University Press.〔岸由二訳（1980）『人間の本性について』思索社〕

Wimmer, Andreas and Nina Glick Schiller. 2003. "Methodological Nationalism, the Social Sciences, and the Study of Migration: An Essay in Historical Epistemology." *The International Migration Review* 37 (3): 576–610.

Wingrove, Elizabeth. 2016. "Materialisms." In Lisa Disch and Mary Hawkesworth, ed. Oxford *Handbook of Feminist Theory*. New York: Oxford University Press, pp. 454–471.

Wittig, Monique. 1979. "One Is Not Born a Woman." *Proceedings of the Second Sex Conference.* New York: Institute for the Humanities.

Wittig, Monique. 1992. *The Straight Mind and Other Essays.* Boston: Beacon Press.

Wollstonecraft, Mary. 1792 [1975]. *Vindication of the Rights of Woman.* Carol H. Poston, ed. New York: W.W. Norton.〔白井堯子訳（1980）『女性の権利の擁護——政治および道徳問題の批判をこめて』未来社〕

Young, Iris. 1990. *Justice and the Politics of Difference.* Princeton: Princeton University Press.〔飯田文雄／苅田真司／田村哲樹監訳（2020）『正義と差異の政治』法政大学出版局〕

Young, Iris. 1994. "Gender as Seriality: Thinking about Women as a Social Collective." *Signs: Journal of Women in Culture and Society* 19 (3): 713–738.

Yuval Davis, Nira. 1997. *Gender and Nation.* London: Sage Publications.

Yuval Davis, Nira. 2006. "Belonging and the Politics of Belonging." *Patterns of Prejudice* 40 (3):

Ruetschlin, and Tamara Draut. 2015. *The Racial Wealth Gap: Why Policy Matters*. New York: Demos, http://www.demos.org/sites/default/files/publications/RacialWealthGap_1.pdf.
Tang-Martinez, Zuleyma. 1997. "The Curious Courtship of Sociobiology and Feminism: A Case of Irreconcilable Differences." In Patricia Adair Gawaty, ed. *Feminism and Evolutionary Biology*. New York: Chapman Hall, pp. 116–150.
Thomas, Jerry D. 2017. "Queer Sensibilities and Other Fagchild Tools." In Marla Brettschneider, Susan Burgess, and Christine Keating, eds. *LGBTQ Politics*. New York: New York University Press, pp. 394–413.
Thomas, Kylie. 2013. *Homophobia, Injustice, and Corrective Rape in Post-Apartheid South Africa*. Centre for the Study of Violence and Reconciliation and Centre for the Humanities. University of the Western Cape, South Africa. https://www.files.ethz.ch/isn/166656/k_thomas_homophobia_injustice_and_corrective%20rape in_post_apartheid_sa.pdf.
Tillyard, Stella B. 1995. *Aristocrats: Caroline, Emily, Louisa and Sarah Lennox, 1750–1832*. London: Chatto and Windus.
Tong, Rosemarie. 2014. *Feminist Thought: A More Comprehensive Introduction*, 4th edition. Boulder: Westview Press.
Towns, Ann. 2009. "The Status of Women as a Standard of 'Civilization.'" *European Journal of International Relations* 15 (4): 681–706.
Towns, Ann. 2010. *Women and States: Norms and Hierarchies in International Society*. Cambridge: Cambridge University Press.
Tuana, Nancy. 1997. "Fleshing Gender, Sexing the Body: Refiguring the Sex-Gender Distinction." *Southern Journal of Philosophy* 35 (1): 53–71.
Vaccaro, Jeanne. 2013. "Felt Matters." In Susan Stryker and Aren Aizura, eds. *The Transgender Studies Reader 2*. New York: Routledge, pp. 91–100.
Vickery, Amanda. 1998. *The Gentleman's Daughter: Women's Lives in Georgian England*. New Haven: Yale University Press.
Vincent, Andrew. 2004. "Conceptions of the State." In Mary Hawkesworth and Maurice Kogan, eds. *Encyclopedia of Government and Politics*, 2nd edition. London: Routledge, pp. 39–53.
Wacquant, Loïc. 2002. "Deadly Symbiosis: Rethinking Race and Imprisonment in Twenty-First-Century America." *Boston Review* (April/May), http://bostonreview.net/BR27.2/wacquant.html.
Wacquant, Loïc. 2008. "The Body, the Ghetto, and the Penal State." *Qualitative Sociology* 32 (1): 101–129.
Wall, Corey. 2007. "Application Denied: *Kimberly Nixon v. Vancouver Rape Relief Society*." *The Court. CA*. February 7, http://www.thecourt.ca/application-denied-kimberly-nixon-v-vancouver-raperelief-society.
Walzer, Michael. 1983. *Spheres of Justice*. New York: Basic Books.〔山口晃訳（1999）『正義の領分――多元性と平等の擁護』而立書房〕
Ward, Julie K. 2016. "Roots of Modern Racism: Early Modern Philosophers on Race." *The Critique*, Special Issue, The Bright Continent: Illuminating the Challenges, Opportunities & Promises of a Rising Africa (September–October): 1–22.

Shrage, Laurie. 2012. “Does Government Need to Know Your Sex?” *The Journal of Political Philosophy* 20 (2): 225–247.
Simien, Evelyn. 2007. “Doing Intersectionality Research: From Conceptual Issues to Practical Examples.” *Politics & Gender* 3 (2): 264–271.
Simpson, Leanne Betasamosake. 2017. *As We Have Always Done: Indigenous Freedom Through Radical Resistance.* Minneapolis: University of Minnesota Press.
Singh, Nikhil Pal. 2004. *Black is a Country: Race and the Unfinished Struggle for Democracy.* Cambridge, MA: Harvard University Press.
Sjoberg, Laura. 2016. *Women as Wartime Rapists: Beyond Sensation and Stereotyping.* New York: New York University Press.
Skocpol, Theda. 1979. *State and Revolutions.* Cambridge: Cambridge University Press.
Smith, Alison A. 1998. “Gender, Ownership and Domestic Space: Inventories and Family Archives in Renaissance Verona.” *Renaissance Studies* 12 (3): 375–391.
Smith, Anna Marie. 2016. “Subjectivity and Subjectivation.” In Lisa Disch and Mary Hawkesworth, eds. *Oxford Handbook of Feminist Theory.* New York: Oxford University Press, pp. 955–972.
Smith, Steven G. 1992. *Gender Thinking.* Philadelphia: Temple University Press.
Spade, Dean and Craig Willse. 2016. “Norms and Normalization.” In Lisa Disch and Mary Hawkesworth, eds. *Oxford Handbook of Feminist Theory.* New York: Oxford University Press, pp. 551–571.
Spelman, Elizabeth. 1988. *Inessential Woman.* Boston: Beacon Press.
Spinoza, Baruch. 1677 [1994]. *The Ethics and Other Works.* E. Curley, trans. and ed. Princeton: Princeton University Press.〔畠中尚志訳（1951a, b）『エチカ（上・下）』岩波書店〕
Stevens, Jacqueline. 1999. *Reproducing the State.* Princeton: Princeton University Press.
Stoler, Ann Laura, 1995. *Race and the Education of Desire.* Durham, NC: Duke University Press.
Stoller, Robert. 1985. *Presentations of Gender.* New Haven: Yale University Press.
Strossen, Nadine. 1993. “Preface: Fighting Big Sister for Liberty and Equality.” *New York Law School Review* 37: 1–8.
Strossen, Nadine. 1995. *Defending Pornography: Free Speech, Sex, and the Fight for Women's Rights.* New York: Scribner.〔岸田美貴訳（2007）『ポルノグラフィ防衛論――アメリカのセクハラ攻撃・ポルノ規制の危険性』ポット出版〕
Stryker, Susan. 1994. “My Words to Victor Frankenstein above the Village of Chamounix: Performing Transgender Rage.” *GLQ* 1 (3): 237–254.
Stryker, Susan. 2013. “Kaming Mga Talyada (We Who Are Sexy): The Transsexual Whiteness of Christine Jorgensen in the (Post)colonial Philippines.” In Susan Stryker and Aren Aizura, eds. *The Transgender Studies Reader 2.* New York: Routledge, pp. 543–553.
Stryker, Susan and Aren Aizura, eds. 2013. *The Transgender Studies Reader 2.* New York: Routledge.
Sturge, Joseph and Thomas Harvey. 1837 [1968]. *The West Indies in 1837.* London: Dawsons of Pall Mall.
Sullivan, Laura, Tatjana Meschede, Lars Dietrich, Thomas Shapiro, Amy Traub, Catherine

Rubin, Gayle. 2011. *Deviations: A Gayle Rubin Reader*. Durham, NC: Duke University Press.
Rubin, Lillian. 1993. "The Sexual Dilemma." In Alison Jaggar and Paula Rothenberg, eds. *Feminist Frameworks*, 3rd edition. New York: McGraw Hill, pp. 461–468.
Rupp, Leila and Carly Thomsen. 2016. "Sexualities." In Lisa Disch and Mary Hawkesworth, eds. *Oxford Handbook of Feminist Theory*. New York: Oxford University Press, pp. 894–914.
Salamon, Gayle. 2010. *Assuming a Body: Transgender and Rhetorics of Materiality*. New York: Columbia University Press.〔藤高和輝訳（2019）『身体を引き受ける――トランスジェンダーと物質性のレトリック』以文社〕
Salguero, Elizabeth. 2017. "Tackling Violence against Women in Political Life: Insights from UN Women." Conference on Resisting Women's Political Leadership: Theories, Data, Solutions. Rutgers University, New Brunswick, May 24.
Scheman, Naomi. 1997. "Queering the Center by Centering the Queer." In Diana Meyers, ed. *Feminists Rethink the Self*. Boulder: Westview Press, pp. 124–162.
Schott, Robin May. 2011. "War Rape, Social Death and Political Evil." *Development Dialogue* 55 (March): 47–62.
Scott, James. 1998. *Seeing Like a State: How Certain Schemes to Improve the Human Condition Have Failed*. New Haven: Yale University Press.
Scott, Joan. 1986. "Gender: A Useful Category for Historical Analysis." *American Historical Review* 91: 1053–1075.〔荻野美穂訳（2004）「ジェンダー――歴史分析の有効なカテゴリーとして」『増補新版　ジェンダーと歴史学』平凡社〕
Sears, Clare. 2013. "Electric Brilliancy: Cross Dressing Laws and Freak Show Displays in Nineteenth Century San Francisco." In Susan Stryker and Aren Aizura, eds. *The Transgender Reader 2*. New York: Routledge, pp. 554–564.
Sedgwick, Eve. 1985. *Between Men: English Literature and Male Homosocial Desire*. New York: Columbia University Press.〔上原早苗／亀澤美由紀訳（2001）『男同士の絆――イギリス文学とホモソーシャルな欲望』名古屋大学出版会〕
Sedgwick, Eve. 1990. *Epistemology of the Closet*. Berkeley: University of California Press.〔外岡尚美訳（1999）『クローゼットの認識論――セクシュアリティの20世紀』青土社〕
Sedgwick, Eve. 2003. *Touching Feeling: Affect, Pedagogy, Performativity*. Durham, NC: Duke University Press.
Segato, Rita. 2011. "Género y colonialidad: en busca de claves delectura y de un vocabulario estratégico descolonial." In Karina Bidaseca y Vanesa Vazquez Laba, eds. *Feminismos y poscolonialidad. Descolonizando el feminismo desde y en América Latina*. Buenos Aires: Godot, pp. 17–48.
Shakhsari, Sima. 2014. "Killing Me Softly With Your Rights: Queer Death and the Politics of Rightful Killing." In Jin Haritaworn, Adi Kuntsman, and Silvia Posocco, eds. *Queer Necropolitics*. New York: Routledge, pp. 93–110.
Shalhoub-Kevorkian, Nadera. 2003. "Reexamining Femicide: Breaking the Silence and Crossing 'Scientific' Borders." *Signs: Journal of Women in Culture and Society* 28 (2): 581–608.
Sheffield, Carole. 1984. "Sexual Terrorism." In Jo Freeman, ed. *Women: A Feminist Perspective*, 3rd edition. Mountain View: Mayfield Publishing Co, pp. 1–20.

postcolonial: indígenas y mujeres en Bolivia." *Revista Aportes Andinos* 11: 1–15. Ecuador: Universidad Andina Simon Bolivar, http://repositorio.uasb.edu.ec/bitstream/10644/678/1/RAA-11-Rivera-La%20noci%C3%B3n%20de%20derecho%20o%20las%20paradojas%20de%20la%20modernidad.pdf.

Roberts, Dorothy. 1997. *Killing the Black Body: Race, Reproduction, and the Meaning of Liberty.* New York: Vintage Books.

Roberts, Dorothy. 2011. *Fatal Invention: How Science, Politics, and Big Business Re-create Race in the 21st Century*. New York: The New Press.

Rosario, Vernon A. 2007. "The History of Aphallia and the Intersexual Challenge to Sex/Gender." In George E. Haggerty and Molly McGarry, eds. *A Companion to Lesbian, Gay, Bisexual, Transgender, and Queer Studies.* London: Blackwell, pp. 262–281.

Rose, Nikolas. 2000. "The Politics of Life Itself." *Theory, Culture, and Society* 18 (6): 1–30.〔本文献をもとに書かれた著作に Rose Nikolas. 2006. *The Politics of Life Itself : Biomedicine, Power, and Subjectivity in the Twenty-first Century.* Princeton: Princeton University Press、檜垣立哉監訳（2019）『生そのものの政治学——二十一世紀の生物医学、権力、主体性』法政大学出版局、がある。〕

Rose, Nikolas and Peter Miller. 1992. "Political Power Beyond the State: Problematics of Government." *British Journal of Sociology* 43 (2): 173–205.

Rose, Tricia. 2013. "Public Tales Wag the Dog: Telling Stories about Structural Racism in the Post-Civil Rights Era." *Du Bois Review* 10 (2): 447–469.

Rosen, Hannah. 2009. *Terror in the Heart of Freedom: Citizenship, Sexual Violence, and the Meaning of Race in the Postemancipation South*. Chapel Hill: University of North Carolina Press.

Roughgarden, Joan. 2004. *Evolution's Rainbow: Diversity, Gender, and Sexuality in Nature and People*. Berkeley: University of California Press.

Rousseau, Jean Jacques. 1762 [1950]. *The Social Contract*. G. D. H. Cole, trans. New York: E.P. Dutton.〔作田啓一訳（2010）『社会契約論』白水社〕

Rousseau, Jean Jacques. 1762 [1955]. *Emile*. Barbara Foxley, trans. New York: E.P. Dutton.〔今野一雄訳（1962, 1963, 1964）『エミール（上・中・下）』岩波書店〕

Rubin, David A. 2012. "'An Unnamed Blank that Craved a Name': A Genealogy of Intersex and Gender." *Signs: Journal of Women in Culture and Society* 37 (4): 883–908.

Rubin, David A. 2017. *Intersex Matters: Biomedical Embodiment, Gender Regulation, and Transnational Activism*. Albany: SUNY Press.

Rubin, Gayle. 1975. "The Traffic in Women: Notes on the Political Economy of Sex." In Rayner Reiter, ed. *Toward an Anthropology of Women*. New York: Monthly Review Press, pp. 157–210.〔長原豊訳（2000）「女たちによる交通——性の『政治経済学』についてのノート」『現代思想』28（2）118-159〕

Rubin, Gayle. 1984. "Thinking Sex: Notes for a Radical Theory of the Politics of Sexuality." In Carol Vance, ed. *Pleasure and Danger: Exploring Female Sexuality*. Boston: Routledge and Kegan Paul, pp. 143–178.〔河口和也訳（1997）「性を考える——セクシュアリティの政治に関するラディカルな理論のための覚書」『現代思想』25（6）94-144〕

University Press.
Price, J. Ricky. 2017. "The Treatment and Prevention of HIV Bodies: The Contemporary Politics and Science of a Thirty-Year-Old Epidemic." In Marla Brettschneider, Susan Burgess, and Christine Keating, eds. *LGBTQ Politics*. New York: New York University Press, pp. 54–71.
Price, Kimala. 2017. "Queering Reproductive Justice: Toward a Theory and Practice for Building Intersectional Political Alliances." In Marla Brettschneider, Susan Burgess, and Christine Keating, eds. *LGBTQ Politics*. New York: New York University Press, pp. 72–88.
Puar, Jasbir. 2007. *Terrorist Assemblage: Homonationalism in Queer Times*. Durham, NC: Duke University Press.
Puar, Jasbir. 2017. *The Right to Maim: Debility, Capacity, Disability*. Durham, NC: Duke University Press.
Quijano, Anibal. 2000. "Coloniality of Power, Eurocentrism, and Latin America." *Nepantla: Views from South* 1 (3): 533–580.
Rabinow, Paul and Nikolas Rose. 2003. "Thoughts on the Concept of Biopower Today." Paper presented at the Conference on Vital Politics: Health, Medicine, and Bioeconomics in the 21st Century. London School of Economics. September 5–7.
Ranchod-Nilsson, Sita. 2008. "Gender Politics and Gender Backlash in Zimbabwe." *Politics & Gender* 4 (4): 642–652.
Rao, Rahul. 2010. *Third World Protest: Between Home and the World*. Oxford: Oxford University Press.
Rao, Rahul. 2012. "On Gay 'Conditionality,' Imperial Power and Queer Liberation." *Kafila*, January 1, https://kafila.online/2012/01/01/ongay- conditionality-imperial-power-and-queer-liberation-rahul-rao.
Rawls, John. 1971. *A Theory of Justice*. Cambridge, MA: Harvard University Press.〔川本隆史／福間聡／神島裕子訳（2010）『正義論』（改訂版）紀伊國屋書店〕
Reich, Robert B. 1991. "Secession of the Successful." *New York Times Magazine*. January 20, http://www.nytimes.com/1991/01/20/magazine/secession-of-the-successful.html?pagewanted=1.
Rein, Lisa and Andrew Ba Tran. 2017. "How the Trump Era is Changing the Federal Bureaucracy." *The Washington Post*, December 30, https://www.washingtonpost.com/politics/how-the-trump-erais-changing-the-federal-bureaucracy/2017/12/30/8d5149c6-daa7–11e7-b859-fb0995360725_story.html?utm_term=.1c70bdca7bfe.
Reis, Elizabeth. 2009. *Bodies in Doubt: An American History of Intersex*. Baltimore: Johns Hopkins.
Rich, Adrienne. 1980. "Compulsory Heterosexuality and Lesbian Existence." *Signs: Journal of Women in Culture and Society* 5 (4): 631–660.〔大島かおり訳（1989）「強制的異性愛とレズビアン連続体」『血、パン、詩――アドリエンヌ・リッチ女性論』晶文社〕
Richardson, Sara. 2012. "Sexing the X: How the X Became the 'Female Chromosome.'" *Signs: Journal of Women in Culture and Society* 37 (4): 909–933.〔渡部麻衣子訳（2018）「X の性化」『性そのもの――ヒトゲノムの中の男性と女性の探求』法政大学出版局〕
Rivera Cusicanqui, Silvia. 2004. "La noción de 'derecho' o las paradojas de la modernidad

Okonjo, Kamene. 1994. “Women and the Evolution of a Ghanaian Political Synthesis.” In Barbara Nelson and Najma Chowdhury, eds. *Women and Politics Worldwide*. New Haven: Yale University Press, pp. 285–297.

Olivera, Mercedes. 2006. “Violencia Feminicida: Violence against Women and Mexico's Structural Crisis.” *Latin American Perspectives* 33 (2): 104–114.

Osborne, Martha. 1979. *Women in Western Thought*. New York: Random House.

Oyewumi, Oyeronke. 1997. *The Invention of Women: Making an African Sense of Western Gender Discourses*. Minneapolis: University of Minnesota Press.

Pateman, Carole. 1988. *The Sexual Contract*. Cambridge: Polity Press.〔中村敏子訳（2017）『社会契約と性契約――近代国家はいかに成立したのか』岩波書店〕

Pateman, Carole. 1989. “Feminist Critiques of the Public/Private Dichotomy.” *The Disorder of Women: Democracy, Feminism, and Political Theory*. Stanford: Stanford University Press, pp. 118–140.〔山田竜作訳（2014）「公／私の二元論に対するフェミニズムの批判」『秩序を乱す女たち？――政治理論とフェミニズム』法政大学出版局〕

Pateman, Carol. 1998. “The Patriarchal Welfare State.” In Joan Landes, ed. *Feminism, the Public and the Private*. New York: Oxford University Press, pp. 241–274.〔山田竜作訳（2014）「家父長制的な福祉国家」『秩序を乱す女たち？――政治理論とフェミニズム』法政大学出版局〕

Pew Research Center for Religion and Public Life. 2017. “Gay Marriage Around the World.” http://www.pewforum.org/2017/08/08/gaymarriage- around-the-world-2013.

Pharr, Suzanne. 1997. *Homophobia: Weapon of Sexism*. Berkeley: Chardon Press.

Phelan, Shane. 2001. *Sexual Strangers: Gays, Lesbians, and Dilemmas of Citizenship*. Philadelphia: Temple University Press.

Pinker, Steven. 2002. *The Blank Slate: The Modern Denial of Human Nature*. New York: Penguin Books.〔山下篤子訳（2004a, b, c）『人間の本性を考える――心は「空白の石版」か（上・中・下）』日本放送出版協会〕

Piscopo, Jennifer. 2016. “State Capacity, Criminal Justice, and Political Rights: Rethinking Violence Against Women in Politics.” *Politica y gobierno* 23 (2): 437–458.

Plato. 1961. Republic. E. Hamilton and H. Cairns, eds. *Plato: The Collected Dialogues*. Princeton: Princeton University Press.〔藤沢令夫訳（1979a, b）『国家（上・下）』岩波書店〕

Plumwood, Val. 1994. *Feminism and the Mastery of Nature*. New York: Routledge.

Pocock, J.G.A. 1973. *Politics, Language, and Time*. New York: Atheneum.

Poole, Kristen. 1995. “‘The Fittest Closet for All Goodness’: Authorial Strategies of Jacobean Mothers' Manuals.” *Studies in English Literature* 35 (1): 69–89.

Posocco, Silvia. 2014. “On the Queer Necropolitics of Transnational Adoption.” In Jin Haritaworn, Adi Kuntsman, and Silvia Posocco, eds. *Queer Necropolitics*. New York: Routledge, pp. 72–90.

Preciado, Beatriz. 2013. “The Pharmaco-Pornographic Regime: Sex, Gender and Subjectivity in the Age of Punk Capitalism.” In Susan Stryker and Aren Azira, eds. *The Transgender Studies Reader 2*. New York: Routledge, pp. 266–277.

Preves, Sharon. 2003. *Intersex and Identity: The Contested Self*. New Brunswick: Rutgers

Nagel, Thomas. 2005. "The Problem of Global Justice." *Philosophy and Public Affairs* 33: 113–147.

Najmabadi, Afsaneh. 2005. *Women with Mustaches, Men without Beards: Gender and Sexual Anxiety of Iranian Modernity.* Berkeley: University of California Press.

Najmabadi, Afsaneh. 2013. "Reading Transsexuality in 'Gay' Tehran (around 1979)." In Susan Stryker and Aren Aizura, eds. *The Transgender Studies Reader 2.* New York: Routledge, pp. 380–400.

Namaste, Viviane and Georgia Sitara. 2013. "Inclusive Pedagogy in the Women's Studies Classroom: Teaching the Kimberly Nixon Case." In Susan Stryker and Aren Aizura, eds. *The Transgender Studies Reader 2.* New York: Routledge, pp. 213–225.

Narayan, Uma. 1997. "Cross-Cultural Connections, Border-Crossings, and 'Death by Culture': Thinking about Dowry-Murders in India and Domestic-Violence Murders in the United States." *Dislocating Cultures: Identities, Traditions and Third World Feminisms.* London: Taylor & Francis, pp. 81–118.〔塩原良和監訳（2010）「クロス・カルチュラルなつながり、越境、そして『文化による死』――インドのダウリー殺人と米国のドメスティック・バイオレンス殺人を考える」『文化を転移させる――アイデンティティ・伝統・第三世界フェミニズム』法政大学出版局〕

Nath, Dipika. 2008. "Discourses of Liberation or the Master's Tools?" https://www.academia.edu/4439534/Discourses_of_Liberation_or_ the_Masters_Tools.

Nicholson, Linda. 1994. "Interpreting Gender." *Signs: Journal of Women in Culture and Society* 20 (1): 79–105.〔荻野美穂訳（1995）「〈ジェンダー〉を解読する」『思想』853、103-134頁〕

Noble, Bobby Jean. 2013. "Our Bodies Are Not Ourselves: Tranny Guys and the Racialized Class Politics of Incoherence." In Susan Stryker and Aren Azira, eds. *The Transgender Studies Reader 2.* New York: Routledge, pp. 248–258.

Norton, Laura H. 2013. "Neutering the Transgendered: Human Rights and Japan's Law No. 111." In Susan Stryker and Aren Aizura, eds. *The Transgender Studies Reader 2.* New York: Routledge, pp. 591–603.

Novas, Carlos and Nikolas Rose. 2000. "Genetic Risk and the Birth of the Somatic Individual." *Economy and Society* 29 (4): 485–513.

Nuti, Alasia. 2016. "How Should Marriage Be Theorized?" *Feminist Theory* 17 (3): 285–303.

Oakley, Ann. 1972. *Sex, Gender and Society.* London: Temple Smith.

Offen, Karen. 2000. *European Feminisms, 1700–1950.* Stanford: Stanford University Press.

Okin, Susan Moller. 1979. *Women in Western Political Thought.* Princeton: Princeton University Press.〔田林葉／重森臣広訳（2010）『政治思想のなかの女――その西洋的伝統』晃洋書房〕

Okin, Susan Moller. 1989. *Justice, Gender and the Family.* New York: Basic Books.〔山根純佳／内藤準／久保田裕之訳（2013）『正義・ジェンダー・家族』岩波書店〕

Okin, Susan Moller. 1999. "Is Multiculturalism Bad for Women?" In Joshua Cohen, Matthew Howard, and Marth Nussbaum, eds. *Is Multiculturalism Bad for Women.* Princeton: Princeton University Press, pp. 7–26.

Theory. New York: Oxford University Press, pp. 100–121.

Metz, Tamara. 2010. *Untying the Knot: Marriage, the State, and the Case for their Divorce*. Princeton: Princeton University Press.

Mill, James. 1813. "Report on the Negotiation Between the Honorable East India Company and the Public, Respecting the Renewal of the Company's Exclusive Privileges of Trade for Twenty Years from 1794." *The Monthly Review* 70 (January): 20–37.

Mill, John Stuart. 1869 [1970]. *The Subjection of Women*. London: Longmans, Green, Reader, and Dyer.〔大内兵衛／大内節子訳（1957）『女性の解放』岩波書店〕

Miller, Ruth. 2007. "Rights, Reproduction, Sexuality and Citizenship in the Ottoman Empire and Turkey." *Signs: Journal of Women in Culture and Society* 32 (2): 347–374.

Millett, Kate. 1969 [2000]. *Sexual Politics*. Champaign: University of Illinois Press.〔藤枝澪子／加地永都子／滝沢海南子／横山貞子訳（1985）『性の政治学』ドメス出版〕

Miranda, Deborah. 2013. "Extermination of the Joyas: Gendering in Spanish California." In Susan Stryker and Aren Aizura, eds. *The Transgender Studies Reader 2*. New York: Routledge, pp. 350–363.

Mohanty, Chandra. 2003. "Under Western Eyes Revisited." *Signs: Journal of Women in Culture and Society* 28 (2): 499–535.

Money, John. 1995. "Lexical History and Constructionist Ideology of Gender." *Gendermaps: Social Constructionism, Feminism, and Sexosophical History*. New York: Continuum, pp. 15–32.

Money, John and Anke E. Ehrhardt. 1972. *Man and Woman, Boy and Girl: The Differentiation and Dimorphism of Gender Identity from Conception to Maturity*. Baltimore: Johns Hopkins University Press.

Money, John, Joan G. Hampson, and John L. Hampson. 1955. "An Examination of Some Basic Sexual Concepts: The Evidence of Human Hermaphroditism." *Bulletin of the Johns Hopkins Hospital* 97 (4): 301-319.

Morgan, Jennifer. 2004. *Laboring Women: Reproduction and Gender in New World Slavery*. Philadelphia: University of Pennsylvania Press.

Moses, Claire. 1984. *French Feminism in the Nineteenth Century*. Albany: SUNY Press.

Mucciaroni, Gary. 2017. "Whither the LGBTQ Movement in the Post-Civil Rights Era?" In Marla Brettschneider, Susan Burgess, and Christine Keating, eds. *LGBTQ Politics*. New York: New York University Press, pp. 525–544.

Muñoz, José Esteban. 2009. *Cruising Utopia: The Then and There of Queer Futurity*. New York: New York University Press.

Muñoz, José Esteban. 2013. "The White to Be Angry." In Susan Stryker and Aren Aizura, eds. *The Transgender Studies Reader 2*. New York: Routledge, pp. 79–90.

NACCD (National Advisory Commission on Civil Disorders). 1968. *Report of the National Advisory Commission on Civil Disorders*. Washington, DC: National Institute of Justice, US Department of Justice.

Nadler, Steven. 2016. "Baruch Spinoza." *The Stanford Encyclopedia of Philosophy*. Edward N. Zalta, ed., https://plato.stanford.edu/archives/fall2016/entries/spinoza.

Lugones, Maria. 2010. "Towards a Decolonial Feminism." *Hypatia* 25 (4): 742–759.
McCall, Leslie. 2005. "The Complexity of Intersectionality." *Signs: Journal of Women in Culture and Society* 30 (3): 1771–1800.
McCann, Carole and Seung-Kyung Kim. 2003. *Feminist Theory Reader: Local and Global Perspectives*. New York: Routledge.
McClintock, Anne. 1997. "No Longer a Future in Heaven: Gender, Race, Nationalism." In Anne McClintock, Aamir Mufti, and Ella Shohat, eds. *Dangerous Liaisons: Gender, Nation, and Postcolonial Perspectives*. Minneapolis: University of Minnesota Press, pp. 89–112.
MacKinnon, Catharine. 1983. "Feminism, Marxism, Method, and the State: Toward Feminist Jurisprudence." *Signs: Journal of Women in Culture and Society* 8 (4): 635–658.
MacKinnon, Catharine. 1987. *Feminism Unmodified*. Cambridge, MA: Harvard University Press.〔奥田暁子／鈴木みどり／加藤春恵子／山崎美佳子訳（1993）『フェミニズムと表現の自由』明石書店〕
MacKinnon, Catharine. 1989. *Towards a Feminist Theory of the State*. Cambridge, MA: Harvard University Press.
Magubane, Zine. 2014. "Spectacles and Scholarship: Caster Semenya, Intersex Studies, and the Problem of Race in Feminist Theory." *Signs: Journal of Women in Culture and Society* 39 (3): 761–785.
Mahmood, Saba. 2005. *The Politics of Piety: The Islamic Revival and the Feminist Subject*. Princeton: Princeton University Press.
Mansbridge, Jane and Shuana Shames. 2008. "Toward a Theory of Backlash: Dynamic Resistance and the Central Role of Power." *Politics & Gender 4* (4): 623–634.
Markowitz, Sally. 2001. "Pelvic Politics: Sexual Dimorphism and Racial Difference." *Signs: Journal of Women in Culture and Society* 26 (2): 389–414.
Marx, Karl and Friedrich Engels. 1848 [2004]. *The Communist Manifesto*. L. M. Findlay, trans. London: Broadview Press.〔大内兵衛／向坂逸郎訳（1971）『共産党宣言』岩波書店〕
Matta, Christine. 2005. "Ambiguous Bodies and Deviant Sexualities: Hermaphrodites, Homosexuality, and Surgery in the United States, 1850–1904." *Perspectives in Biology and Medicine* 48 (1): 74–83.
May, Vivian. 2015. *Pursuing Intersectionality, Unsettling Dominant Imaginaries*. New York: Routledge.
Mbembe, Achille. 2003. "Necropolitics." *Public Culture* 15 (1): 11–40.〔小田原琳／古川高子訳（2005）「ネクロポリティクス」『クヴァドランテ』(7) 11-42〕
Mehrhof, Barbara and Pamela Kearan. 1971 [1973]. "Rape: An Act of Terror." *Notes from the Third Year*. Reprinted in Anne Koedt, Ellen Levine, and Anita Rapone, *Radical Feminism*, New York: Quadrangle, pp. 228–233.
Mehta, Uday. 1997. "Liberal Strategies of Exclusion." In Frederick Cooper and Ann Laura Stoler, eds. *Tensions of Empire: Colonial Cultures in a Bourgeois World*. Berkeley: University of California Press, pp. 59–86.
Mendoza, Breny. 2016. "Coloniality of Gender and Power: From Postcoloniality to Decoloniality." In Lisa Disch and Mary Hawkesworth, eds. *Oxford Handbook of Feminist*

Theoretical, Political and Legal Construction." In Rosa Linda Fregoso and Cynthia Bejarano, eds. *Terrorizing Women: Feminicide in the Americas*. Durham, NC: Duke University Press, pp. xi–xxv.

Lamble, Sarah. 2013. "Retelling Racialized Violence, Remaking White Innocence: The Politics of Interlocking Oppressions in Transgender Day of Remembrance." In Susan Stryker and Aren Aizura, eds. *The Transgender Studies Reader 2*. New York: Routledge, pp. 30–45.

Lamble, Sarah. 2014. "Queer Investments in Punitiveness: Sexual Citizenship, Social Movements, and the Expanding Carceral State." In Jin Haritaworn, Adi Kuntsman, and Silvia Posocco, eds. *Queer Necropolitics*. New York: Routledge, pp. 151–171.

Landes, Joan. 1988. *Women and the Public Sphere in the Age of the French Revolution*. Ithaca: Cornell University Press.

Landes, Joan, ed. 1998. *Feminism, the Public and the Private*. New York: Oxford University Press.

Laqueur, Thomas. 1990. *Making Sex: Body and Gender from the Greeks to Freud*. Cambridge, MA: Harvard University Press.〔高井宏子／細谷等訳（1998）『セックスの発明――性差の観念史と解剖学のアポリア』工作舎〕

Laqueur, Thomas. 2012. "The Rise of Sex in the Eighteenth Century: Historical Context and Historiographical Implications." *Signs: Journal of Women in Culture and Society*, 37 (4): 802–813.

Ledingham, Katie. 2013, "Bodies of the State: On the Legal Entrenchment of (Dis)Ability." In Angus Cameron, Jen Dickenson, and Nikola Smith, eds. *Body/State*. Abingdon: Ashgate, pp. 133–144.

Lévi-Strauss, Claude. 1969. *The Elementary Structures of Kinship*. Boston: Beacon Press.〔福井和美訳（2000）『親族の基本構造』青弓社〕

Lévi-Strauss, Claude. 1971. "The Family." In H. Shapire, ed. *Man, Culture and Society*. Oxford: Oxford University Press, pp. 261–285.

Lewis, Vek. 2013. "Thinking Figurations Otherwise: Reframing Dominant Knowledge of Sex and Gender Variance in Latin America." In Susan Stryker and Aren Aizura, eds. *The Transgender Studies Reader 2*. New York: Routledge, pp. 457–470.

Lind, Amy and Christine Keating. 2013. "Navigating the Left Turn: Sexual Justice and the Citizen Revolution in Ecuador." *International Feminist Journal of Politics* 15 (4): 515–533.

Lindblom, Charles. 1965. *The Intelligence of Democracy*. New York: Free Press.

Locke, John. 1689 [1997]. *An Essay Concerning Human Understanding*. London: Penguin Classics.〔大槻春彦訳（1972, 1974, 1976, 1977）『人間知性論（一～四）』岩波書店〕

Locke, John. 1690 [1980]. *Second Treatise on Government*. Indianapolis: Hackett Publishing.〔加藤節訳（2010）『完訳 統治二論』岩波書店〕

Lorde, Audre. 1985. *I Am Your Sister: Black Women Organizing Across Sexualities*. New York: Women of Color Press.

Lovejoy, Arthur O. 1936. *The Great Chain of Being: A Study of the History of an Idea*. Cambridge, MA: Harvard University Press.〔内藤健二訳（2013）『存在の大いなる連鎖』筑摩書房〕

Lugones, Maria. 2007. "Heterosexualism and the Colonial Modern Gender System." *Hypatia* 22 (1): 186–209.

York: Routledge, pp.15–29.

Isoke, Zenzele. 2016. “Race and Racialization.” In Lisa Disch and Mary Hawkesworth, eds. *Oxford Handbook of Feminist Theory*. New York: Oxford University Press, pp. 741–760.

Jaggar, Alison and Paula Rothenberg. 1993. *Feminist Frameworks: Alternative Theoretical Accounts of the Relations between Women and Men*, 3rd edition. New York: McGraw Hill.

Jordan-Young, Rebecca. 2010. *Brain Storm: The Flaws in the Science of Sex Differences*. Cambridge, MA: Harvard University Press.

Josephson, Jyl and Thais Marques. 2017. “Unfulfilled Promises: How Queer Feminist Political Theory Could Transform Political Science.” In Marla Brettschneider, Susan Burgess, and Christine Keating, eds. *LGBTQ Politics*. New York: New York University Press, pp. 234–248.

Kant, Immanuel. 1764 [1964]. *Observations on the Feeling of the Beautiful and the Sublime*. Berkeley: University of California Press.〔上野直昭訳（1982）『美と崇高との感情性に関する観察』岩波書店〕

Kant, Immanuel. 1775 [2000]. *Of the Different Human Races*. In Robert Bernasconi and Tommy Lott, eds. *The Idea of Race*. Indianapolis: Hackett Publishing Company, pp. 8–22.〔山下正男訳（1965）「さまざまな人種について」『カント全集　第 3 巻　前批判期論集 2』理想社〕

Keating, Christine. 2017. “LGBTQ Politics in Global Context.” In Marla Brettschneider, Susan Burgess, and Christine Keating, eds. *LGBTQ Politics*. New York: New York University Press, pp. 437–438.

Kessler, Suzanne J. 1990. “The Medical Construction of Gender: Case Management of Intersexed Infants.” *Signs: Journal of Women in Culture and Society* 16 (1): 3–26.

Kessler, Suzanne J. 1998. *Lessons from the Intersexed*. New Brunswick: Rutgers University Press.

Kessler, Suzanne and Wendy McKenna. 1978. *Gender: An Ethnomethodological Approach*. New York: John Wiley.

King, Deborah. 1988. “Multiple Jeopardy, Multiple Consciousness: The Context of Black Feminist Ideology.” *Signs: Journal of Women in Culture and Society* 14 (1): 42–72.

King, Desmond and Rogers Smith. 2011. “On Race, the Silence is Bipartisan.” *New York Times*, September 2.

Koedt, Anne. 1970. “The Myth of the Vaginal Orgasm.” *Notes from the First Year*. New York: New York Radical Women, http://www.uic.edu/orgs/cwluherstory/CWLUArchive/vaginalmyth.html.

Koyama, Emi. 2003. “The Transfeminist Manifesto.” In Rory Dicker and Alison Piepmeier, eds. *Catching a Wave: Reclaiming Feminism for the 21st Century*. Boston: Northeastern University Press, pp. 244–259.

Kretsedemas, Philip. 2008. “Immigration Enforcement and the Complication of National Sovereignty: Understanding Local Enforcement as an Exercise in Neoliberal Governance.” *American Quarterly* 60 (3): 553–573.

Krook, Mona Lena and Julia Restrepo Sanin. 2016. “Violence against Women in Politics: A Defense of the Concept.” *Política y gobierno* 23 (2): 459–490.

Lagarde y de los Rios, Marcela. 2010. “Preface: Feminist Keys for Understanding Feminicide:

the 21st Century. Boulder: Westview Press.

Hayes, Cressida. 2013. "Feminist Solidarity after Queer Theory: The Case of Transgender." In Susan Stryker and Aren Aizura, eds. *The Transgender Studies Reader 2*. New York: Routledge, pp. 201–212.

Heaney, Emma. 2017. *The New Woman: Literary Modernism, Queer Theory, and the Trans Feminine Allegory*. Evanston: Northwestern University Press.

Heberle, Renee. 2016. "The Personal Is Political." In Lisa Disch and Mary Hawkesworth, eds. *Oxford Handbook of Feminist Theory*. New York: Oxford University Press, pp. 593–609.

Hegel, Georg Wilhelm Friedrich. 1820 [1967]. *The Philosophy of Right*. T. M. Knox, trans. Oxford: Oxford University Press.〔上妻精／佐藤康邦／山田忠彰訳（2021a, b）『法の哲学――自然法と国家学の要綱（上・下）』岩波書店〕

Hegel, Georg Wilhelm Friedrich. 1830 [1971]. *Encyclopaedia of the Philosophical Sciences*, Part III. Oxford: Clarendon Press.〔船山信一訳（1996）『ヘーゲル全集 3　精神哲学』岩波書店〕

Hegel, Georg Wilhelm Friedrich. 1837 [1975]. *Lectures on the Philosophy of World History*, H. B. Nisbet, trans. Cambridge: Cambridge University Press.〔長谷川宏訳（1994a, b）『歴史哲学講義（上・下）』岩波書店〕

Higginbotham, Evelyn Brooks. 1992. "African-American Women's History and the Metalanguage of Race." *Signs: Journal of Women in Culture and Society* 17 (2): 251–274.

Hird, Myra. 2004. "Naturally Queer." *Feminist Theory* 5 (1): 85–89.

Hird, Myra. 2013. "Animal Trans." In Susan Stryker and Aren Aizura, eds. *The Transgender Studies Reader 2*. New York: Routledge, pp. 156–167.

Hird, Myra and Noreen Giffney. 2008. *Queering the Nonhuman*. Farnham: Ashgate.

Hoad, Neville. 2000. "Arrested Development or the Queerness of Savages." *Postcolonial Studies* 3 (2): 133–158.

Hobbes, Thomas. 1651 [1994]. *Leviathan*. Indianapolis: Hackett Publishing.〔水田洋訳（1982, 1985, 1992）『リヴァイアサン（第 1 ～ 4 巻）』岩波書店〕

Hume, David. 1738 [1987]. *A Treatise of Human Nature*. London: Penguin Books.〔土岐邦夫／小西嘉四郎訳（2010）『人性論』中央公論新社〕

Hume, David. 1753. "Of National Character." *Essays and Treatises on Several Subjects*, https://archive.org/details/essaysandtreati24humegoog.〔田中敏弘訳（2011）「国民性について」『ヒューム道徳・政治・文学論集』名古屋大学出版会〕

Hunter, Nan and Sylvia Law. 1987. "Brief Amici Curiae of Feminist Anti-Censorship Taskforce, *et al.*, in *American Booksellers v. Hudnut*." *University of Michigan Journal of Law Reform* 21: 69–136.

IPU (Inter-Parliamentary Union). 2016. *Sexism, Harassment and Violence against Women Parliamentarians*, http://www.ipu.org/pdf/publications/issuesbrief-e.pdf.

IPU (Inter-Parliamentary Union). 2018. *Women in National Parliaments: Statistical Archives*, http://archive.ipu.org/wmn-e/classif-arc.htm.

Irving, Dan. 2013. "Normalized Transgressions: Legitimizing the Transsexual Body as Productive." In Susan Stryker and Aren Aizura, eds. *The Transgender Studies Reader 2*. New

Habermas, Jürgen. 1962 [1989]. *The Structural Transformation of the Public Sphere: An Inquiry into a Category of Bourgeois Society.* Thomas Berger and Frederick Lawrence, trans. Cambridge, MA: MIT Press.〔細谷貞雄／山田正行訳（1994）『公共性の構造転換——市民社会の一カテゴリーについての探究』第二版、未来社〕

Hall, Stuart. 1980a. "Cultural Studies: Two Paradigms." *Media, Culture, and Society* 2 (1): 57–72.

Hall, Stuart. 1980b. "Encoding/Decoding." In S. Hall, D. Hobson, A. Lowe, and P. Willis, eds. *Culture, Media, Language.* London: Hutchinson, pp. 128–140.

Hamilton, Alexander, James Madison, and John Jay. 1787 [1980]. *The Federalist Papers.* Toronto: Bantam Books.〔齋藤眞／武則忠見訳（1998）『ザ・フェデラリスト』福村出版〕

Hancock, Ange-Marie. 2007a. "Intersectionality as a Normative and Empirical Paradigm." *Politics & Gender* 3 (2): 248–254.

Hancock, Ange-Marie. 2007b. "When Multiplication Doesn't Equal Quick Addition: Examining Intersectionality as a Research Paradigm." *Perspectives on Politics* 5 (1): 63–79.

Hancock, Ange-Marie. 2011. *Solidarity Politics for Millennials: A Guide to Ending the Oppression Olympics.* New York: Palgrave Macmillan.

Hancock, Ange-Marie. 2016. *Intersectionality: An Intellectual History.* Oxford: Oxford University Press.

Haney Lopez, Ian. 1996. *White by Law.* New York: New York University Press.

Haney Lopez, Ian. 2014. *Dog Whistle Politics: How Coded Racial Appeals Have Reinvented Racism and Wrecked the Middle Class.* New York: Oxford University Press.

Haraway, Donna. 1991a. "The Promise of Monsters: A Regenerated Politics for Inappropriate/d Others." In Lawrence Grossberg, Cary Nelson, and Paula Treichler, eds. *Cultural Studies.* New York: Routledge, pp. 295–337.

Haraway, Donna. 1991b. "Gender for a Marxist Dictionary: The Sexual Politics of a Word." In *Simians, Cyborgs and Women.* New York: Routledge, pp. 127–148.〔高橋さきの訳（2017）「マルクス主義事典のための『ジェンダー』——あることばをめぐる性のポリティクス」『猿と女とサイボーグ——自然の再発明』新装版、青土社〕

Haritaworn, Jin, Adi Kuntsman, and Silvia Posocco, eds. 2014. *Queer Necropolitics.* New York: Routledge.

Harrington, Carol. 2010. *Politicization of Sexual Violence: From Abolitionism to Peacekeeping.* Burlington: Ashgate.

Harris, Dawn. 2017. *Punishing the Black Body: Marking Social and Racial Structures in Barbados and Jamaica.* Athens: University of Georgia Press.

Hartman, Saidiya. 1997. *Scenes of Subjection: Terror, Slavery, and Self-Making in Nineteenth-Century America.* Oxford: Oxford University Press.

Hausman, Bernice L. 1995. *Changing Sex: Transsexualism, Technology, and the Idea of Gender.* Durham, NC: Duke University Press.

Hawkesworth, Mary. 1997. "Confounding Gender." *Signs: Journal of Women in Culture and Society* 22 (3): 649–685.

Hawkesworth, Mary. 2006. *Feminist Inquiry.* New Brunswick: Rutgers University Press.

Hawkesworth, Mary. 2012. *Political Worlds of Women: Activism, Advocacy, and Governance in*

Ford, Andrea. 2015. "Sex Biology Redefined: Genes Don't Indicate Binary Sexes." *Stanford Medicine: Scope*. February 24, https://scopeblog.stanford.edu/2015/02/24/sex-biology-redefined-genes-dont-indicate-binary-sexes.

Foucault, Michel. 1977. *Discipline and Punish: The Birth of the Prison.* Alan Sheridan, trans. New York: Vintage Books.〔田村俶訳（1977）『監獄の誕生——監視と処罰』新潮社〕

Foucault, Michel. 1978. *The History of Sexuality*, Vol. 1. Robert Hurley, trans. New York: Vintage Books.〔渡辺守章訳（1986）『性の歴史Ⅰ——知への意志』新潮社〕

Foucault. Michel. 1994. *Dits et écrits IV*. Paris: Gallimard.

Fregoso, Rosa Linda and Cynthia Bejarano. 2010. *Terrorizing Women: Feminicide in the Americas*. Durham, NC: Duke University Press.

Freud, Sigmund. 1924. *Collected Works, vol. 5.* London: Pergamon Media.

Friedman, Susan Stanford. 1998. *Mappings: Feminism and the Cultural Geographies of Encounter.* Princeton: Princeton University Press.

Garfinkel, Harold. 1967. *Studies in Ethnomethodology.* Englewood Cliffs: Prentice Hall.〔（第五章のみ訳出）山田富秋／好井裕明／山崎敬一編訳（1987）「アグネス、彼女はいかにして女になり続けたか——ある両性的人間の女性としての通過作業（パッシング）とその社会的地位の操作的達成」『エスノメソドロジー——社会学的思考の解体』せりか書房〕

Germon, Jennifer. 2009. *Gender: A Genealogy of an Idea.* New York: Palgrave Macmillan.〔左古輝人訳（2012）『ジェンダーの系譜学』法政大学出版局〕

Gilmore, Ruth Wilson. 2007. *Golden Gulag: Prisons, Surplus, Crisis, and Opposition in Globalizing California.* Berkeley: University of California Press.

Global Network of Sex Work Projects. 2017. *Policy Brief: Sex Work and Gender Equality.* Edinburgh, Scotland, http://www.nswp.org/sites/nswp.org/files/policy_brief_sex_work_and_gender_equality_nswp_-_2017.pdf.

Gould, Stephen J. 1980. "Sociobiology and the Theory of Natural Selection." In G.W. Barlow and J. Silverberg, eds. *Sociobiology: Beyond Nature/Nurture.* Boulder: Westview Press, pp. 257–269.

Grant, Judith. 2016. "Experience." In Lisa Disch and Mary Hawkesworth, eds. *Oxford Handbook of Feminist Theory*. New York: Oxford University Press, pp. 227–246.

Grosz, Elizabeth. 1994. *Volatile Bodies: Toward a Corporeal Feminism.* Bloomington: Indiana University Press.

Grosz, Elizabeth. 1999. "Thinking the New: Of Futures Yet Unthought." In Elizabeth Grosz, ed. *Becomings: Explorations in Time, Memory, and Futures*. Ithaca: Cornell University Press, pp. 15–28.

Grosz, Elizabeth. 2004. *The Nick of Time.* Durham, NC: Duke University Press.

Grosz, Elizabeth. 2011. *Becoming Undone.* Durham, NC: Duke University Press.

Guattari, Félix. 2000. *Three Ecologies.* London: The Athlone Press.〔杉村昌昭訳（2008）『三つのエコロジー』平凡社〕

Gullette, Margaret. 2004. "The New Case for Marriage." *The American Prospect,* March 5, http://prospect.org/article/new-case-marriage.

Women's Equality. Minneapolis: Organizing Against Pornography.〔中里見博／森田成也訳（2002）『ポルノグラフィと性差別』青木書店〕
Dworkin, Ronald. 2000. *Sovereign Virtue: The Theory and Practice of Equality.* Cambridge, MA: Harvard University Press.〔小林公／大江洋／高橋秀治／高橋文彦訳（2002）『平等とは何か』木鐸社〕
Edelman, Elijah Adiv. 2014. "'Walking While Transgender': Necropolitical Regulations of Trans Feminine Bodies of Color in the Nation's Capital." In Jin Haritaworn, Adi Kuntsman, and Silvia Posocco, eds. *Queer Necropolitics.* New York: Routledge, pp. 172–190.
Edelman, Lauren. 2016. *Working Law.* Chicago: University of Chicago Press.
Elshtain, Jean Bethke. 1981. *Public Man, Private Woman.* Princeton: Princeton University Press.
Enke, A. Finn. 2012. *Transfeminist Perspectives in and Beyond Transgender and Gender Studies.* Philadelphia: Temple University Press.
Enke, A. Finn. 2013. "The Education of Little Cis: Cisgender and the Discipline of Opposing Bodies." In Susan Stryker and Aren Aizura, eds. *Transgender Studies 2.* New York: Routledge, pp. 234–247.
Evans, Peter, Dietrich Rueschmeyer, and Theda Skocpol. 1985. *Bringing the State Back In.* Cambridge: Cambridge University Press.
Fanon, Frantz. 1952 [1967]. *Black Skin, White Masks.* New York: Grove Press.〔海老坂武／加藤晴久訳（2020）『白い皮膚・黒い仮面』新装版、みすず書房〕
Farris, Sara. 2017. *In the Name of Women's Rights: The Rise of Femonationalism.* Durham, NC: Duke University Press.
Fausto-Sterling, Anne. 1985. *Myths of Gender.* New York: Basic Books.〔池上千寿子／根岸悦子訳（1990）『ジェンダーの神話――「性差の科学」の偏見とトリック』工作舎〕
Fausto-Sterling, Anne. 1993. "The Five Sexes: Why Male and Female Are Not Enough." *The Sciences* (March/April): 20–24.
Fausto-Sterling, Anne. 2000. *Sexing the Body: Gender Politics and the Construction of Sexuality.* New York: Basic Books.
Fedigan, Linda M. 1992. *Primate Paradigms.* Chicago: University of Chicago Press.
Ferguson. Kathy E. 2017. "Feminist Theory Today." *Annual Review of Political Science* 20: 269–286.
Fichte Johann Gottlieb. 1796 [1889]. *The Science of Rights.* A.E. Kroeger, trans. Philadelphia: J. B. Lippincott & Co.〔藤澤賢一郎／杉田孝夫／渡部壮一訳（1995）「知識学の原理による自然法の基礎」『フィヒテ全集 第 6 巻 自然法論』哲書房〕
Fichte, Johann Gottlieb. 1807 [2013]. *Addresses to the German Nation.* Isaac Nakhimovsky, Béla Kapossy, and Keith Tribe, trans. Indianapolis: Hackett Publishing Company.〔早瀬明／菅野健／杉田孝夫訳（2014）「ドイツ国民に告ぐ」『フィヒテ全集 第 17 巻 ドイツ国民に告ぐ・政治論集』哲書房〕
Firestone, Shulamith. 1970. *The Dialectic of Sex.* New York: William Morrow.〔森弘子訳（1972）『性の弁証法――女性解放革命の場合』評論社〕
Flemming, Roy. 2004. *Tournament of Appeals: Granting Judicial Review in Canada.* Vancouver: University of British Columbia Press.

Coulthard, Glen Sean. 2018. “Global Red Power: A Theoretical History.” Paper presented at the Political Theory Forum, University of Pennsylvania. February 22.

Crenshaw, Kimberlé. 1989. “Demarginalizing the Intersection of Race and Sex: A Black Feminist Critique of Antidiscrimination Doctrine, Feminist Theory and Antiracist Politics.” *University of Chicago Legal Forum* 4: 139–167.

Crenshaw, Kimberlé. 1991. “Mapping the Margins: Intersectionality, Identity Politics, and Violence against Women of Color.” *Stanford Law Review* 43: 1241–1299.

Currah, Paisley and Lisa Jean Moore. 2013. “‘We Won't Know Who You Are’: Contesting Sex Designations in New York City Birth Certificates.” In Susan Stryker and Aren Aizura, eds. *The Transgender Studies Reader 2*. New York: Routledge, pp. 607–622.

Daum, Courtenay. 2017. “Marriage Equality: Assimilationist Victory or Pluralist Defeat?” In Marla Brettschneider, Susan Burgess, and Christine Keating, eds. *LGBTQ Politics*. New York: New York University Press, pp. 353–373.

Davidoff, Leonore. 1998. “Regarding Some ‘Old Husbands’ Tales: Public and Private in Feminist History.” In Joan Landes, ed. *Feminism, the Public and the Private*. New York: Oxford University Press, pp. 164–194.

Defilippis, Joseph Nicholas and Ben Anderson-Nathe. 2017. “Embodying Margin to Center: Intersectional Activism among Queer Liberation Organizations.” In Marla Brettschneider, Susan Burgess, and Christine Keating, eds. *LGBTQ Politics*. New York: New York University Press, pp. 110–133.

Deleuze, Gilles and Félix Guattari. 1987. *A Thousand Plateaus*. Brian Massumi, trans. Minneapolis: University of Minnesota Press.〔宇野邦一／小沢秋広／田中敏彦／豊崎光一／宮林寛／守中高明訳（2010a, b, c）『千のプラトー――資本主義と分裂症（上・中・下）』河出書房新社〕

Delphy, Christine. 1993. “Rethinking Sex and Gender.” *Women's Studies International Forum* 16 (4): 1–9.

Descartes, René. 1637 [1998]. *Discourse on the Method of Rightly Conducting One's Reason and Seeking Truth in the Sciences*. Indianapolis: Hackett Publishing Company.〔谷川多佳子訳（1997）『方法序説』岩波書店〕

Devor, Holly. 1989. *Gender Blending: Confronting the Limits of Duality*. Bloomington: Indiana University Press.

Dietz, Mary. 1985. “Citizenship with a Feminist Face: The Problem of Maternal Thinking.” *Political Theory* 13 (1): 19–37.

Doulin, Tim. 2001. “Some Judges Fashion Punishment to Fit Crime.” *Columbus Dispatch*, November 28, C13.

Duggan, Lisa. 2003. *The Twilight of Equality? Neoliberalism, Cultural Politics, and the Attack on Democracy*. Boston: Beacon Press.

Duncan, Pamela. 2017. “Gay Relationships Are Still Criminalized in 72 Countries, Report Finds.” *Guardian*, July 27, https://www.theguardian.com/world/2017/jul/27/gay-relationships-still-criminal ise d-countries-report.

Dworkin, Andrea and Catharine MacKinnon. 1988. *Pornography and Civil Rights: A New Day for*

Endocrinologist 13 (3): 240–242.

Chawla, Swati, Dannah Dennis, Vanessa Ochs, Paromita Sen, Catalina Vellejo and Denise Walsh. 2017. “Increasing the Civic and Political Participation of Women: Understanding the Risk of Strong Resistance.” *Research and Innovative Grants Working Papers Series*. Washington, DC: USAID.

Chen, Mel. 2013. “Animals Without Genitals: Race and Transsubstantiation.” In Susan Stryker and Aren Azira, eds. *The Transgender Studies Reader 2*. New York: Routledge, pp. 168–177.

Clare, Eli. 2013. “Body Shame, Body Pride: Lessons from the Disability Rights Movement.” In Susan Stryker and Aren Azira, eds. *The Transgender Studies Reader 2*. New York: Routledge, pp. 261–265.

Clinton, Hillary. 2011. “On Gay Rights Abroad: Secretary of State Delivers Historic LGBT Speech in Geneva.” *Huffington Post*, December 6, https://www.huffingtonpost.com/2011/12/06/hillary-clintongay-rights-speech-geneva_n_1132392.html.

Cody, Lisa Forman. 2001. “Sex, Civility, and the Self: Du Coudray, D’Eon, and Eighteenth-century Conceptions of Gendered, National and Psychological Identity.” *French Historical Studies* 24 (3): 379–407.

Cody, Lisa Forman. 2005. *Birthing the Nation: Sex, Science, and the Conception of Eighteenth-Century Britons*. Oxford: Oxford University Press.

Cohen, Cathy. 2005. “Punks, Bulldaggers, and Welfare Queens: The Radical Potential of Queer Politics?” In Patrick Johnson and Mae Henderson, eds. *Black Queer Studies*. Durham, NC: Duke University Press, pp. 21–51.

Cohen, Patricia. 2015. “Public-Sector Jobs Vanish, and Blacks Take Blow.” *New York Times*, May 25, A1, B5.

Cohen, Simon Baron. 2004. *The Essential Difference*. London: Penguin.〔三宅真砂子訳（2005）『共感する女脳、システム化する男脳』日本放送出版協会〕

Colebrook, Claire. 2012. “Not Symbiosis, Not Now: Why Anthropogenic Climate Change Is Not Really Human.” *The Oxford Literary Review* 34 (2): 185–209.

Collins, Patricia Hill. 2004. *Black Sexual Politics: African Americans, Gender, and the New Racism*. New York: Routledge.

Comaroff, Jean. 1985. *Body of Power, Spirit of Resistance: The Culture and History of a South African People*. Chicago: University of Chicago Press.

Connell, R.W. 1987. *Gender and Power*. Palo Alto: Stanford University Press.〔森重雄／菊池栄治／加藤隆雄／越智康詞訳（1993）『ジェンダーと権力――セクシュアリティの社会学』三交社〕

Cooper, Brittney. 2016. “Intersectionality.” In Lisa Disch and Mary Hawkesworth, eds. *The Oxford Handbook of Feminist Theory*, New York: Oxford University Press, pp. 385–406.

Corbett, Greville. 1991. *Gender*. Cambridge: Cambridge University Press.

Cott, Nancy. 2000. *Public Vows: A History of Marriage and the Nation.Cambridge*, MA: Harvard University Press.

Coulthard, Glen Sean. 2014. *Red Skin, White Masks: Rejecting the Colonial Politics of Recognition*. Minneapolis: University of Minnesota Press.

位相』法政大学出版局〕

Bhanji, Nael. 2013. “Trans/Scriptions: Homing Desires, (Trans)sexual Citizenship and Racialized Bodies.” In Susan Stryker and Aren Aizura, eds. *The Transgender Studies Reader 2*. New York: Routledge, pp. 512–526.

Bordo, Susan. 1993. *Unbearable Weight: Feminism, Western Culture and the Body*. Berkeley: University of California Press.〔(第 7 章のみ訳出) 桝正行訳 (1991)「フェミニズム、ポストモダニズム、ジェンダー懐疑主義」『現代思想』19 (3) 110-132〕

Braidotti, Rosi. 2016. “Posthuman Feminist Theory.” In Lisa Disch and Mary Hawkesworth, eds. *Oxford Handbook of Feminist Theory*. New York: Oxford University Press, pp. 671–698.

Brownmiller, Susan. 1975. *Against Our Will: Men, Women, and Rape*. New York: Ballantine.〔幾島幸子訳 (2000)『レイプ・踏みにじられた意思』勁草書房〕

Buff, Ian. 2013. “The Body in Capitalist Conditions of Existence: A Foundational Materialist Approach.” In Angus Cameron, Jen Dickenson and Nikola Smith, eds. *Body/State*. Abingdon: Ashgate, pp. 67–83.

Bunch, Charlotte. 1972. “Lesbians in Revolt.” *The Furies* [January]: 8–9.

Burgess, Susan and Kate Leeman. 2016. *CQ Press Guide to Radical Politics in the United States*. Thousand Oaks, CA: CQ/Sage.

Burke, Edmund. 1790 [1993]. *Reflections on the Revolution in France*. L.G. Mitchell, ed. Oxford: Oxford University Press.〔半澤孝麿訳 (1997)『フランス革命の省察 新装版』みすず書房〕

Butler, Judith. 1990. *Gender Trouble*. New York: Routledge.〔竹村和子訳 (1999)『ジェンダー・トラブル――フェミニズムとアイデンティティの攪乱』青土社〕

Butler, Judith. 1993. *Bodies that Matter*. New York: Routledge.〔佐藤嘉幸監訳 (2021)『問題＝物質となる身体――「セックス」の言説的境界について』以文社〕

Cacho, Lisa Marie. 2012. *Social Death: Racialized Rightlessness and the Criminalization of the Unprotected*. New York: New York University Press.

Calhoun, Cheshire. 1994. “Separating Lesbian Theory from Feminist Theory.” *Ethics* 104 (3): 558–581.

Cameron, Angus, Jen Dickenson and Nikola Smith, eds. 2013. *Body/ State*. Abingdon: Ashgate.

Capers, I. Bennett. 2008. “Cross Dressing and the Criminal.” *Yale Journal of Law and Humanities* 20 (1): 1–30.

Carbado, Devon. 2013. “Colorblind Intersectionality.” *Signs: Journal of Women in Culture and Society* 38 (4): 811–845.

Carter, Julian. 2013. “Embracing Transition, or Dancing in the Folds of Time.” In Susan Stryker and Aren Azira, eds. *The Transgender Studies Reader 2*. New York: Routledge, pp. 130–144.

Centre for Social Research and UN Women. 2014. “Violence Against Women in Politics: A Study of India, Nepal, and Pakistan.” New Delhi, India: UN Women's Office for India, Bhutan, Maldives, and Sri Lanka.

Chambers, Clare. 2013. “The Marriage-Free State.” *Proceedings of the Aristotelian Society* 113 (2): 123–143.

Chase, Cheryl. 2003. “What is the Agenda of the Intersex Patient Advocacy Movement?”

Keating, eds. *LGBTQ Politics*. New York: New York University Press, pp. 374–393.
Anzaldua, Gloria. 1987. *Borderlands/La Frontera: The New Mestiza*. San Francisco: Spinsters/Aunt Lute.
Arikha, Noga. 2007. *Passions and Tempers: A History of the Humours*. New York: Harpers.
Aristotle. 1987. *Nicomachean Ethics*. J. E. C. Weldon, trans. Buffalo: Prometheus Books.〔渡辺邦夫／立花幸司訳（2015, 2016）『ニコマコス倫理学（上・下）』光文社〕
Aultman, B. Lee and Paisley Currah. 2017. "Politics Outside the Law: Transgender Lives and the Challenge of Legibility." In Marla Brettschneider, Susan Burgess, and Christine Keating, eds. *LGBTQ Politics*. New York: New York University Press, pp. 34–53.
Bagemihl, Bruce. 1999. *Biological Exuberance: Animal Homosexuality and Natural Diversity*. New York: St. Martin's Press.
Banton, Michael. 1998. *Racial Theories*. Cambridge: Cambridge University Press.
Barrett, Michele. 1980. *Women's Oppression Today*. London: Verso.
Bassichis, Morgan and Dean Spade. 2014. "Queer Politics and Anti- Blackness." In Jin Haritaworn, Adi Kuntsman, and Silvia Posocco, eds. *Queer Necropolitics*. New York: Routledge, pp. 191–210.
Beauchamp, Toby. 2009 [2013]. "Artful Concealment and StrategicVisibility: Transgender Bodies and State Surveillance after 9/11." *Surveillance & Society* 6 (4): 105–136. Reprinted in Susan Stryker and Aren Aizura, eds. *The Transgender Studies Reader 2*. New York: Routledge, pp. 46–55.
Beauvoir, Simone de. 1949 [1974]. *The Second Sex*. H. M. Parshley, trans. New York: Vintage.〔井上たか子／木村信子監訳（1997a, b）『決定版 第二の性（Ⅰ・Ⅱ）』新潮社〕
Beck, John and Beck, Theodric. 1863. *Elements of Medical Jurisprudence: Volume II*. Philadelphia: Desilver and Thomas.
Bentham, Jeremy. 1789 [1948]. *The Principles of Morals and Legislation*. Laurence Lafleur, ed. New York: Hafner Press.〔山下重一訳（1979）「道徳および立法の諸原理序説」関嘉彦編『世界の名著 49　ベンサム　J. S. ミル』中央公論社〕
Bergeron, Suzanne. 2006. *Fragments of Development: Nation, Gender, and the Space of Modernity*. Ann Arbor: University of Michigan Press.
Berlant, Lauren. 2007. "'Slow Death': Sovereignty, Obesity, Lateral Agency." *Critical Inquiry* 33 (4): 754–780.
Berlant, Lauren. 2011. *Cruel Optimism*. Durham, NC: Duke University Press.
Bettcher, Talia Mae. 2007. "Evil Deceivers and Make-Believers: On Transphobic Violence and the Politics of Illusion." *Hypatia* 22 (3): 43–65.
Bettcher, Talia Mae. 2014. "Trapped in the Wrong Theory: Rethinking Trans Oppression and Resistance." *Signs: Journal of Women in Culture and Society* 39 (2): 383–406.
Bettcher, Talia Mae. 2016. "Intersexuality, Transgender, and Transsexuality." In Lisa Disch and Mary Hawkesworth, eds. *Oxford Handbook of Feminist Theory*. New York: Oxford University Press, pp. 407–427.
Bhabha, Homi K. 1994. *The Location of Culture*. London: Routledge.〔本橋哲也／正木恒夫／外岡尚美／阪元留美訳（2012）『〈新装版〉文化の場所――ポストコロニアリズムの

参考文献

[第一章〜第六章]

Abu-Lughod, Lila. 2002. "Do Muslim Women Really Need Saving? Anthropological Reflections on Cultural Relativism and Its Others." *American Anthropologist* 104 (3): 783–790.〔本文献をもとに書かれた著作に Abu-Lughod, Lila. 2013. *Do Muslim Women Need Saving?* Cambridge: Harvard University Press、鳥山純子／嶺崎寛子訳（2018）『ムスリム女性に救援は必要か』書肆心水、がある。〕

Ackelsberg, Martha. 2017. "The Politics of LGBTQ Politics in APSA: A History (and its) Lesson(s)." In Marla Brettschneider, Susan Burgess, and Christine Keating, eds. *LGBTQ Politics*. New York: New York University Press, pp. 177–197.

Adams, Howard. 1989. *Prison of Grass: Canada from a Native Point of View*. Saskatoon: Fifth House Publishing.

Adams, Howard. 1999. *A Tortured People: The Politics of Colonization*. Penticton: Theytus Books.

Agamben, Giorgio. 2005. *State of Exception*. Kevin Attell, trans. Chicago: University of Chicago Press.〔上村忠男／中村勝己訳（2007）『例外状態』未来社〕

Alaimo, Stacy. 2016. "Nature." In Lisa Disch and Mary Hawkesworth, eds. *Oxford Handbook of Feminist Theory*. New York: Oxford University Press, pp. 530–550.

Alaimo, Stacy and Susan Hekman. 2008. *Material Feminisms*. Bloomington: University of Indiana Press.

Alexander, Claire. 2010. "Culturing Poverty? Ethnicity, Religion, Gender, and Social Disadvantage among South Asian Muslim Youth in the United Kingdom." In Sylvia Chant, ed. *The International Handbook of Gender and Poverty*. Cheltenham: Edward Elgar, pp. 272–277.

Alexander, Michelle. 2011. *The New Jim Crow: Mass Incarceration in the Age of Colorblindness*. New York: The New Press.

Alexander-Floyd, Nikol. 2012. "Disappearing Acts: Reclaiming Intersectionality in the Social Sciences in a Post-Black Feminist Era." *Feminist Formations* 24 (1): 1–25.

Allen, Anita. 1988. *Uneasy Access: Privacy for Women in a Free Society*. Rowman and Littlefield.

Allison, Graham. 1971. *Essence of Decision*. Boston: Little Brown.〔宮里政玄訳（1977）『決定の本質――キューバ・ミサイル危機の分析』中央公論社〕

Anderson, Benedict. 1991. *Imagined Communities: Reflections on the Origin and Spread of Nationalism*. London: Verso.〔白石隆／白石さや訳（1997）『想像の共同体――ナショナリズムの起源と流行』NTT 出版〕

Anderson, Bonnie. 2000. *Joyous Greetings: The First International Women's Movement, 1830–1860*. New York: Oxford University Press.

Anderson, Ellen Ann. 2017. "The State of Marriage? How Sociological Context Affects Why Some Same-Sex Couples Marry." In Marla Brettschneider, Susan Burgess, and Christine

■ わ行 - ん

■ ま行

■ や行

■ ら行

■ な行

■ は行

■ さ行

■ た行

人名索引

■ ま行

■ や行

■ ら行

■ わ行

■ た行

■ な行

■ は行

事項索引

原書では人名と事項が同一の索引（Index）内に収められているが、本訳書では両者を分け、人名については原書のまま、事項については原書を参考にしつつ、訳者が適宜選択もしくは追加した。

■ あ行

■ か行

■ さ行

著者・訳者紹介

［著者］

メアリー・ホークスワース（Mary Hawkesworth）

1952年生。米国マサチューセッツ大学アマースト校（政治学、1974年）卒業（最優秀学生）、米国ジョージタウン大学修士課程（政治学、1977年）および博士課程（政治学、1979年）修了。政治学博士。米国ラトガーズ大学教授、特別教授（Distinguished Professor）を経て、名誉教授。2005〜2015年　*Signs: Journal of Women in Culture and Society* 編集長。

主要著作

・*Globalization and Feminist Activism*, 2nd Edition, Rowman and Littlefield, 2018.
・*Embodied Power: Demystifying Disembodied Politics,* Routledge, 2016.
・*The Oxford Handbook of Feminist Theory,* Oxford University Press, 2016.（Lisa Disch と共編）

［訳者］（五十音順）

新井美佐子（あらい・みさこ）

名古屋大学大学院人文学研究科ジェンダー学分野教員。博士（経済学）。

左髙慎也（さだか・しんや）

名古屋大学大学院法学研究科博士後期課程。日本学術振興会特別研究員（DC1）。
専門は政治学。主たる業績（単著）に「フェミニスト制度論は、どこから来て、どこへ行くのか？（1）（2･完）――フェミニズムと制度論の統合に向けた理論的考察」『名古屋大学法政論集』第289号・290号、2021年。

島袋海理（しまぶくろ・かいり）

名古屋大学大学院教育発達科学研究科博士後期課程。
専門は教育社会学。主たる業績（単著）に「性的マイノリティに対する文部科学省による支援策の論理――性別違和と同性愛の相違点に着目して」『ジェンダー研究』第23号、2020年。

見崎恵子（みさき・けいこ）

愛知教育大学元教授。専門はフランスの社会経済史、女性・フェミニズム史。

ジェンダーと政治理論
——インターセクショナルなフェミニズムの地平

2022年4月30日　初　版　第1刷発行
2023年4月30日　初　版　第2刷発行

著　　者　メアリー・ホークスワース
訳　　者　新井美佐子
左高慎也
島袋海理
見崎恵子
発行者　大江道雅
発行所　株式会社 明石書店
〒101-0021 東京都千代田区外神田6-9-5
電話 03（5818）1171
FAX 03（5818）1174
振替　00100-7-24505
https://www.akashi.co.jp/
装丁　明石書店デザイン室
印刷　株式会社文化カラー印刷
製本　本間製本株式会社

（定価はカバーに表示してあります）　ISBN978-4-7503-5385-2